칠레의 모든 기록

가브리엘 가르시아 마르케스 지음
조구호 옮김

칠레의 모든 기록

지은이 | 가브리엘 가르시아 마르케스
옮긴이 | 조구호

초판 발행일 | 1989년 2월 10일
개정판 발행일 | 2005년 6월 7일
개정판 2쇄일 | 2011년 8월 30일

펴낸곳 | 간디서원
펴낸이 | 김강옥
등 록 | 제382-2010-000006호

주 소 | (156-814) 서울시 동작구 사당동 64-140
전 화 | 02)3477-7008 팩시밀리 02)3477-7066
이메일 | gandhib@paran.com

ISBN 978-89-964325-8-6 03870

※잘못된 책은 바꾸어 드립니다.

칠레의 모든 기록
망명 감독 미겔 리틴의 칠레 잠입기

간디서원

저자 서문

  1985년 초, 귀국이 절대 금지된 오천 명의 국외 추방자 명단에 포함되어 있던 칠레 출신 영화감독 미겔 리틴은 비밀리에 진행될 영화 촬영을 위해 칠레에 잠입, 육 주일 동안 머무르면서 군부 독재가 시작된 지 십이 년이 흐른 조국 칠레의 현실을 칠천 미터가 넘는 필름에 담았다.
  미겔 리틴은 얼굴과 옷 등 몸 전체를 변장하고, 말투까지 외국인으로 바꾼 채 위조 여권을 가지고 귀국했다. 그는 국내외에서 비밀리에 활동하던 칠레 민주인사 단체들의 원조와 보호하에 독재자 피노체트의 집무실이 있는 '라모네다 궁' 내부를 포함하여 칠레 국내의 전반에 걸쳐 심도 있는 촬영을 위해 그가 입국할 무렵 각기 합법적인 신분으로 거의 동시에 입국해 있던 세 개의 외국 촬영 팀과 칠레에서 조직된 여섯 개의 국내 저항 단체 청년 촬영 팀을 비밀리에 지휘했다.
  그런 은밀한 촬영 작업 결과 텔레비전 방영을 위한 네 시간짜리 영화와 극장 상영을 위한 두 시간짜리 영화가 각각 한 편씩 제작되었고, 극장 상영용 영화는 전세계에서 상영되기 시작했다.

약 여섯 달 전 마드리드에서 만난 미겔 리틴은 내게 그동안 자신이 무슨 일을 어떻게 했는지에 대해 이야기해주었다. 그 이야기를 들은 나는 그가 만들어 상영하고 있는 영화 뒤에는 하마터면 발표되지 않고 사장될 뻔한, 아직 만들어지지 않은 또 다른 긴박감 넘치는 드라마가 있을 거라고 생각했다. 그런 연유로 미겔 리틴을 집요하게 설득하자 그는 인터뷰를 수락했다. 그 인터뷰는 거의 일 주일에 걸쳐 진행된 진을 빼는 작업이었다. 인터뷰 결과 그가 비밀리에 영화를 촬영하는 동안 겪은 드라마의 전모가 열여덟 시간 분량의 테이프에 녹음되었다. 그렇게 해서 그의 직업적·정치적 의미가 모두 내포된 인간적인 모험이 완성되었고, 나는 그가 모험을 결심하고 완성하기까지의 전 과정을 열 개의 장으로 압축하여 집필했다.

이 글에 등장하는 사람들 가운데 지금도 칠레에서 활동하고 있는 몇몇 인물들을 보호하기 위해 그들의 이름은 가명을 사용했고, 많은 상황을 개작했다.

나는 이 이야기를 만들어가면서 미겔 리틴의 개인적인—가끔씩은 내밀하기까지 한—톤을 유지하기 위해 독자들을 현혹시키는, 값싼 흥미를 유발시키거나 이야기를 터무니없이 과장하는 일은 배제한 채 미겔 리틴이 내게 들려준 대로 일인칭 서술자 시점을 유지하고자 했다.

본래 한 작가가 가지고 있는 그만의 독특한 목소리는 바꿀 수 없는 것이고, 게다가 약 육백여 쪽에 달하는 원래 이야기를 백오십 쪽 미만으로 줄여 꾸몄기 때문에 이 책에 최종적으로 드러난 문체는 나의 것이 될 수밖에 없었다. 하지만 나는 이 글의 화자인 리틴이 내게 이야기를 들려줄 때 사용한 칠레 고유의 독특한 방언을 대부분 그대로 사용했고, 어떤 부분은 내 생각과 일치하지 않더라도 리틴의 생각을 모두 존중하려고 노력했다.

《칠레의 모든 기록(원제: *La aventura de Miguel Littín clandestino en Chile*)》은 글이 씌어진 방식이나 소재의 특성을 감안해서 촬영 작업 리포트의 형식을 띠게 되었지만 실제로는 그보다 훨씬 더 소중한 가치가 있다. 이 글은 칠레 군부 정권의 무모하고 위험한 행위들을 조롱하는 영화를 만든다는 원래의 의도와 촬영 작업을 성공적으로 마무리한 것에 대한 단순한 기록이라기보다는 그 결말이 훨씬 더 마음에 사무치고 충격적인 한 편의 모험을 감동적으로 재구성해놓은 작품이기 때문이다. 미겔 리틴도 자신의 행적에 대해 이렇게 말했다.

"그것은 내 삶의 가장 영웅적인 행위라기보다는 가장 품위 있는 행위였다."

그의 말은 분명 옳다. 그리고 나 역시 미겔 리틴의 그런 점이 위대하다고 생각한다.

가브리엘 가르시아 마르케스

※ 차 례 ※

저자 서문 __ 4

칠레 잠입 드라마 __ 9
과거의 문 __ 27
자살자의 노래 __ 49
추억의 산티아고 __ 69
분신 __ 88
영원히 죽지 않는 두 거인 아옌데와 네루다 __ 109
좁혀드는 포위망 __ 127
위험한 접촉 __ 148
어머니와의 재회 __ 165
행복한 탈출 __ 189

역자 주해 __ 211
미겔 리틴과의 대화 __ 아옌데 정권의 칠레 영화 __ 221
시나리오 __ 칠레의 모든 기록 __ 239
역자 후기 __ 노벨문학상 수상작가와 진보적 영화감독이 쓴 칠레 현대사 __ 289

칠레 잠입 드라마

파라과이 아순시온을 출발한 라데코 항공사의 115편 비행기가 예정보다 한 시간이 넘게 지연되어 칠레의 산티아고 공항에 착륙하려는 순간이었다. 비행기 왼편으로는 해발 칠천 미터에 이르는 거대한 아콘카과 산이 휘영청 밝은 달빛을 받아 은빛으로 채색된 거대한 쇳덩이처럼 솟아 있었다. 비행기는 금방이라도 왼쪽 날개를 덮쳐버릴 듯 현기증이 나도록 선회하더니 음산하게 삐걱거리는 쇳소리를 내며 직진했다. 그리고 잠시 후 캥거루처럼 땅에 세 번 톡톡 퉁기면서 착륙해 완전히 멈춰섰다.

에르난과 크리스티나 부부의 아들이며, 칠레의 영화감독이고, 귀국이 절대 금지된 오천 명의 추방자 가운데 한 사람인 나 미겔 리틴은 십이 년 간의 망명 생활을 한 후 비록 위조 신분증과 위조 여권을 가지고 가짜 아내까지 대동하고 있었지만 내면으로는 아직도 추방자라고 생각하면서 그리던 조국 땅을 다시 밟고 있었다. 옷과 화장으로 변장한 내 얼굴과 모습이 어찌나 다르게 변해 있었던지 며칠 뒤 밝은 전등 불빛 아래서 나를 본 어머니조차도 알아보시지 못할 정도였다.

세상에서 나의 그런 은밀한 비밀을 알고 있었던 사람은 몇 명 되지 않았는데, 나와 동행한 엘레나도 그들 중 한 명이었다. 엘레나는 젊고 매력적인 여인으로, 칠레 비밀 저항 조직의 멤버로서 국내 비밀 결사 조직과의 교신을 담당하고, 비밀 접선을 진행시키고, 회합에 필요한 적절한 장소를 선정하고, 작전 진행 상황을 평가하고, 접선 약속을 주선하고, 우리들의 안전을 담당하도록 비밀 저항 조직에서 특별히 임명한 인물이었다.

내가 만약 칠레 경찰에게 발각되거나, 행방불명되거나, 사전에 정해진 접선 약속을 이십사 시간 이내에 지키지 않을 경우, 엘레나는 내가 칠레에 머무르다가 위기 상황에 처하게 되었음을 전세계에 공포하기로 사전에 약속되어 있었다.

비록 엘레나와 나의 신분증에 우리가 정식 부부로 기록되어 있지는 않았지만 스페인 마드리드를 출발하여 비행기를 일곱 번이나 갈아타며 지구를 반 바퀴나 돌아오는 동안 우리는 줄곧 금실 좋은 부부로 행동해왔다. 그러나 비행 시간 한 시간 반이 걸리는 마지막 비행기 안에서 우리는 따로 떨어져 앉아 있었고, 비행기에서 내릴 때도 서로 모르는 사이인 것처럼 행동하기로 합의했다. 그리고 만약 일이 잘못될 경우 엘레나가 자기 편 사람들에게 알릴 수 있도록 그녀는 내 뒤를 따라 출입국 심사대를 통과하기로 했다. 그러나 모든 일이 순조롭게 잘 진행된다면 우리는 공항 출입구를 나서는 순간부터 다시 평범한 부부처럼 행동하기로 했다.

　우리의 목적은 아주 단순했지만 실제 작업은 엄청난 위험을 내포하고 있었다. 그것은 다름아니라 십이 년 동안 계속된 군부 독재 치하의 칠레 현실에 대한 비밀 다큐멘터리를 촬영하는 것이었다. 그런 생각은 오래 전부터 내 머리 속에서 맴돌던 하나의 꿈이었다. 그동안 내가 간직하고 있던 조국에 대한 이미지는 장장 십이 년에 걸친 망명 생활 동안 이미 향수(鄕愁)의 안개 속으로 사라져버렸는데, 영화 제작에 종사하고 있는 한 사람으로서 조국의 내부 상황을 촬영하러 조국으로 돌아가는 것보다 더 확실하게 잃어버린 조국을 되찾을 수 있는 다른 방법은 없다고 생각했다.

　그 꿈을 실현시켜야겠다는 생각은 칠레 정부가 귀국을 허용하는 추방자 명단을 계속해서 발표했지만 그 어떤 명단에도 내 이름이 빠져 있다는 것을 확인하고서부터 더 다급해졌다. 그후 귀국이 절대 불가능한 오천 명의 추방자 명단이 최종적으로 발표되었고, 나도 그들 중 한 사람이라는 사실을 발견했을 때 나의 꿈은 실망의 끝에 이르게 되었다. 어떻게 해볼 도리가 없이 실의에 가득 찬 나날을 보내고 있을 때 마침내 나의 계획이 구체화될 기회가 아주 우연하게 찾아왔다. 그동안 품어왔던 꿈을 실현시키려는 희망을 버린 지 이미 이 년이 지났을 무렵이었다.

　1984년 가을, 스페인 바스코 지방의 산세바스티안이라는 도시에서였다. 나는 극영화 한 편을 촬영하기 위해 아내 엘리와 세 아이들을 데리고 여섯 달 전에 그 도시에 가 머물고 있었는데, 영화 촬영 개시 일 주일을 앞둔 상태에서 제작자들이 갑자기 작업을 취소해버렸다. 안타깝고 막막하기만 했다. 그러나 그곳에서 개최되었던 영화제 기간 동안에 어느 대중 식당에서 열린 친구들과의 저녁 모임에서 이런저런 이야기를 나누다가 나는 내가 간직했던 옛 꿈에 관한 이야기를 다시 꺼냈다. 식탁에 둘러앉아 있던 친구들은 지대한 관심을 보이며 내 이야기를 경청한 후 각자 다양한 의견을 제시했다. 친구들은 그런 작업이 명백히 정치적으로 큰 반향을 불러일으킬 수 있는 중요한 일일 뿐만 아니라 독재자 피노체트의 압제에 대한 조롱이 될 수도 있겠다는 생각들이었다.

그렇지만 그 자리에 참석했던 사람들 가운데 그 작업이 어느 망명 영화감독의 단순한 환상 이상의 결과를 맺게 되리라고 생각하는 사람은 아무도 없었다. 그런데도 우리는 거의 날이 밝을 때까지 그 문제에 관해 이야기했다. 기나긴 토론을 마치고 우리가 깊은 잠에 빠져 있는 옛 도시의 길을 따라 집으로 돌아가고 있을 때 줄곧 침묵을 지키고 있던 이탈리아의 영화 제작자 루치아노 발두치가 은밀하게 내 팔을 잡아끌었다. 우리는 아주 자연스럽게 일행으로부터 떨어져나왔다.

"당신이 필요로 하는 사람이 파리에서 당신을 기다리고 있소."

그가 이렇게 말했다.

정말 그랬다. '내가 필요로 하는 사람'은 당시 파리에 머무르고 있던 칠레 저항 조직의 고위 멤버로서, 그의 계획은 일부 세부적인 형식면에서 내 계획과 약간 차이가 날 뿐이었다. 나는 떠들썩한 분위기가 감도는 카페 '쿠폴(Coupole)'에서 그를 만났고, 루치아노 발두치의 적극적인 주선으로 우리는 장장 네 시간에 걸쳐 대화를 나누었다. 그리고 바로 그 자리에서 단 한 번의 대화 끝에 우리는 내 망명 생활 동안 공상의 불면 속에서 잉태되었던 환상을 실현시키기 위한 아주 세밀한 부분에까지 합의했다.

첫번째로 해야 할 작업은 촬영을 위한 기본 팀들을 칠레로 보내는 것이었다. 이탈리아 촬영 팀, 프랑스 촬영 팀, 그리고 유럽 국적을 가지고 있으면 어느 나라 팀이든 상관없으나 네덜란드 정부의 보증서를 가져야 하는 촬영 팀, 이렇게 세 팀이면 될 것 같았다. 작업에 참가할 모든 팀은 합법적이어야 하고, 합법적인 작업 승인을 받아야 했으며, 그리고 칠레에서의 작업은 각국 대사관의 통상적인 보호하에 이루어져야 했다.

작업에 동참하겠다고 선뜻 나선 이탈리아 출신의 여기자가 지휘하기로 한 이탈리아 팀은 준비 단계로 건축사 조아킨 토에스카(Joaquin Toesca)의 작품인 '라모네다 궁'[1] 촬영에 특별히 비중을 두면서 이탈리아인의 칠레 이민에 대한 다큐멘터리를 촬영하기로 했다. 프랑스 팀은 칠레 지리에 대한 생태학적 다큐멘터리를 제작하기 위한 허가를 받기로 했다. 그리고 세 번째 팀은 칠레의 최근 지진에 관해 촬영하기로 했다.

세 팀 중 어느 팀에게도 자신들말고 또 다른 두 팀이 우리의 작업에 참여하고 있다는 사실을 모르게 했다. 자기 분야에서 이름있는 전문가로서 정치적 소양이 있고 그들이 겪을 수도 있는 위험에 대해 충분히 감지하고 있는 각 팀의 책임자 이외에는 팀의 멤버들 그 누구도 그들이 실제로 해야 할 작업이 무엇에 관한 것인지, 또 누가 배후에서 촬영을 지휘하고 있는지에 대해서도 모르게 했다. 일의 비밀을 지키고 팀 멤버들이 서로를 모르게 하는 것은 사실 가장 쉬운 일이었다. 내가 각 팀의 소속 국가에 직접 가서 잠시 머무르면서 따로따로 교섭했기 때문이다. 세 팀은 서류상 공식 허가를 받아 합법적인 계약을 맺은 후 이미 칠레에 입국하여 내가 도착한 날 밤에 내려올 지시 사항을 기다리고 있었다.

변장 드라마

실제로 가장 어려웠던 과정은 내가 다른 사람으로 바뀌는 일이었다. 인간의 개성을 바꾸는 일은 그렇게 결정한 사람이 자신의 결심에 반하여 수시로 본래의 모습으로 되돌아가 살고 싶어하는 마음과 싸우는 매일매일의 투쟁이기 때문이다. 사실 변장을 하는 데 있어 가장 큰 어려움은 흔히 생각할 수 있는 단순히 모습을 바꾸는 것을 배우는 것이 아니라 육체의 겉모습은 물론 지금까지 몸에 배어 있던 행동까지 바꾸어야 한다는 데서 오는 무의식적인 거부감이었다.

나는 항상 그래 왔던 '본래의 나'를 바꾸기 위해 스스로를 포기해야 했고, 내가 조국을 떠나지 않고는 못 배기도록 온갖 수단과 방법을 가리지 않고 위협했던 폭압적인 경찰로부터 의심받지 않도록, 그리고 친한 친구들까지도 나를 알아보지 못하도록 전혀 다른 사람으로 완벽하게 변모해야만 했다.

심리학자 두 사람과 영화 전문 여자 분장사 한 사람이 특별한 비밀 작업 전문가로서 칠레 내에서 명성이 자자한 변장 책임자의 지휘 아래 '본래의 나'로 계속 남고자 하는 나의 본능적인 욕망을 억누르며 끊임없이 노력한 결과, 작업을 시작한 지 삼 주일이 채 못 되어 기적 같은 결과를 얻을 수 있었다.

첫번째 변화는 나의 수염이었다. 그것은 단순히 수염을 깎는 문제가 아니라 수염이 내게 형성시켰던 나만의 개성으로부터 스스로 탈피하는 일이었다. 아주 젊었을 때, 그러니까 처음으로 영화를 만들던 때부터 나는 수염을 기르기 시작했다. 그후 몇 차례에 걸쳐 수염을 깎은 적이 있긴 하지만 수염을 기르지 않고서는 절대로 영화를 만들지 않았다. 그것은 마치 나의 수염이 영화감독으로서의 내 정체성과 불가분의 관계가 있는 것처럼 생각되었기 때문이다. 또 내 삼촌들도 수염을 기르고 다녔는데, 그러한 사실들이 나에게 수염에 대해 강한 애착을 갖도록 영향을 미쳤음에 틀림없을 것이다.

몇 년 전 멕시코에 머무르고 있을 때 수염을 깎은 적이 한 번 있었는데, 친구들에게나 가족들로부터 수염을 깎은 내 얼굴은 크게 호감을 받지 못했다. 내 자신에게는 더욱더 그랬다. 모두 내가 어디서 불쑥 찾아온 낯선 사람이나 되는 것처럼 생경한 인상을 받았지만 그래도 나는 수염을 깎은 모습이 더 젊게 보이리라고 믿었기 때문에 더 이상 수염을 기르지 않겠다고 고집했다. 그런데 막내딸 카탈리나가 나의 망설임을 없애주었다.

"수염이 없으니까 더 젊어보이긴 해요. 그치만 너무 얼굴이 못생겼어요."

아무튼 칠레로 잠입하기 위해 다시 수염을 깎는다는 것은 얼굴에 비누 거품을 바르고 면도날을 대는 따위의 단순한 문제가 아니라 훨씬 심오한 탈인격의 과정이었다. 전문가들은 내 수염이 여기저기 조금씩 잘려나갈 때마다 얼굴이 어떻게 변모하는지 유심히 관찰하고 내 외모와 개성이 지니고 있던 여러 효과들을 평가하면서 조금씩 조금씩 자르기 시작했고, 마침내 내 얼굴은 맨살만 남게 되었다. 그후 내가 다시 거울 앞에 서는 용기를 갖기까지는 며칠이나 걸렸다.

그 다음에는 머리카락이었다. 내 머리카락은 짙은 검은색으로 그리스 출신 어머니와 팔레스타인 출신 아버지로부터 물려받은 유산이었는데, 아버지를 닮아서인지 나도 역시 젊어서부터 대머리가 될 소지가 다분했다. 전문가들이 맨 처음 내게 했던 작업은 머리카락을 밝은 갈색으로 물들이는 일이었다. 그리고 나서 여러 가지 방법으로 빗질을 해보았지만 별다른 효과가 나타나지 않자 그냥 자연스런 상태로 놔두기로 결정했다. 그러나 결국 그들은 나이를 먹어감에 따라 이미 진행되고 있던 나의 대머리를 감추겠다는 처음 의도와는 달리 머리를 완전히 뒤로 빗어넘겼고, 그것도 모자랐던지 얼마 남지 않은 앞머리카락을 집게로 뽑아 대머리를 더욱더 강조해버렸다.

거짓말처럼 들릴지 모르겠지만, 얼굴 모양을 감쪽같이 바꿀 수 있는 아주 기묘한 방법이 있다. 당시 나는 살이 빠져 평소의 몸무게보다는 몇 킬로그램이 덜 나갔다고는 하지만 여전히 얼굴은 보름달처럼 둥그스름했는데, 양 눈썹의 바깥쪽을 많이 뽑아내자 얼굴이 아주 길어보였던 것이다. 특이했던 것은 그렇게 함으로써 내 얼굴은 태어날 때부터 가지고 있던 것보다 더 동양적으로 변모되었고, 그런 얼굴이 오히려 내 태생의 뿌리와 더 걸맞는 것 같았다는 점이다.

맨 마지막 단계는 렌즈에 눈금을 그려넣은 특수 안경을 끼는 것이었다. 처음 며칠 동안은 심한 두통에 시달렸으나 시간이 흐름에 따라 눈의 형태뿐만 아니라 바라보는 눈초리까지 변모되었다.

몸을 바꾸는 것은 훨씬 더 쉬운 일일지 모르지만 내게는 엄청난 정신적인 노력이 요구되었다. 얼굴을 바꾸는 것은 근본적으로 화장술로도 가능한 문제였지만 반면에 몸을 바꾸는 것은 특별한 심리적인 훈련과 고도의 집중력이 요구되었다. 근본적으로 나의 사회적 신분이나 직업의 변화가 나타나는 곳은 바로 몸이었기 때문이다.

나는 거의 항상 입고 있던 작업복 바지와 사냥꾼들이 입는 작업복 조끼 대신에 고급 영국제 천으로 만든 유럽 유명 메이커 양복, 맞춤 와이셔츠, 사슴가죽 구두, 꽃무늬가 새겨진 이탈리아제 넥타이 등을 착용해야 했고, 그 복장에 습관을 들여야 했다. 또 악센트를 주지 않고 빠르게 말하는 칠레 농촌 사람들의 억양 대신에 우루과이 부유층의 억양을 배워야 했다. 그것은 우루과이 사람으로 위장하는 것이 내 새 신분으로는 가장 적합하고 여러모로 편리했기 때문이다. 그리고 나는 평소에 커다란 소리로 특이하게 웃곤 했는데 이제는 다소곳이 웃는 법을 배워야 했고, 점잖게 걷는 법은 물론 대화에서 호소력이 있는 사람처럼 보이도록 하기 위해 손짓을 사용하면서 세련되게 말하는 법도 배워야 했다.

결국 나는 내가 이 세상에서 가장 되기 싫어했던 사람, 즉 거드름을 피우며 만족스러워하는 부르주아로 변모하기 위해 나만의 세계 속에서 오랜 세월을 살아왔던 가난하고 반정부적인 영화감독을 포기해야만 했다. 우리 칠레 사람들이 말하는 소위 '모미오(귀족 취향의 부자)'가 되어야만 했던 것이다.

내 모습이 다른 사람으로 변모되자마자 나는 엘레나와 함께 파리의 16번 지역에 있는 저택에서 살게 되었다. 거기에서 생전 처음으로 내가 아닌 다른 사람에 의해 사전에 설정된 규칙을 따르고, 팔십칠 킬로그램이나 나가던 체중을 십 킬로그램이나 감량하기 위해 마치 거지처럼 적게 먹는 다이어트를 하면서 위장 결혼한 엘레나와 함께 사는 법을 배웠다. 그곳은 내 집이 아니었고 내 집과 비슷한 점이라곤 하나도 없었지만 머리 속에 그 집의 모든 것들이 내 것으로 기억되도록 노력해야 했다. 그 작업은 앞으로 생활하면서 불시에 불거져나올지도 모를 내 행동과 생각들의 모순을 피할 수 있도록 부유층 부부로 변장한 우리들만의 추억을 가꾸기 위한 것이었다.

엘레나와 함께 살며 했던 작업은 내 삶에 있어서 가장 특이한 경험 중 하나였다. 엘레나는 개인적으로는 성품이 상냥하고 진지했지만 그녀와 함께 산다는 것은 절대 불가능할 거라는 사실을 나는 금방 깨달았다. 전문가들이 그녀의 직업적·정치적인 소양을 보고 나의 위장된 아내로 선택했지만 그녀는 나에게 개인적인 그 어떤 틈도 허용하지 않았고, 철길 위를 걷는 것처럼 한치의 오차도 없이 생각하고 행동하도록 강요했다. 자유 창작인으로서의 내 성격은 거기에 거부 반응을 일으켰다.

그렇지만 나중에 모든 일이 다 잘되고 난 후에서야 비로소 나는 그 당시에 내가 그녀에게 공정하지 못했다는 것을 깨달았다. 그녀에게 거부 반응을 일으켰던 이유는 아마도 당시 그녀와 함께 생활한다는 것이 내 삶과 죽음을 조건 짓는 중요한 일이라는 사실을 알고 있으면서도 무의식적으로나마 그녀를 내가 안주하기 거부하는 '다른 나'의 세계의 여자로 생각했기 때문일 것이다.

지금 나는 그 특이한 경험을 떠올리면서 여하간에 우리가 완벽한 부부는 아니었다고 생각해본다. 우리는 한 지붕 아래서 서로 참고 살긴 했지만 겨우 견딜 수 있을 정도였기 때문이다.

엘레나에게는 신분상의 문제가 전혀 없었다. 그녀는 십오 년 전부터는 칠레에서 계속 살지는 않았지만 칠레 시민권을 가지고 있었고, 세계 어느 나라 경찰로부터도 추방당하거나 추적을 받은 적이 없었기 때문에 신분이 완벽했다. 또 엘레나는 여러 나라에서 중요한 정치적 임무를 수행한 경험이 많았기 때문에 자기 나라 안에서 비밀 영화를 만든다는 것은 그녀에게 매력적인 일이었다.

어려운 문제는 내게 있었다. 여러 가지 기술적인 동기를 고려하여 가장 편리하다고 생각되었던 우루과이 국적 때문에 나는 원래의 나와는 전혀 다른 사람의 성향에 대해 배워야 했고, 내가 잘 알지 못하는 나라에 살고 있는 전혀 모르는 사람의 과거를 나의 것으로 꾸며대야만 했다. 하지만 예정된 훈련 기간이 채 끝나기도 전에 나는 누군가가 내 가짜 이름을 부르면 거의 반사적으로 고개를 돌려 응답하게 되었고, 우루과이의 수도 몬테비데오에 대해서 아주 특이한 것을 묻는다거나 몬테비데오에 있는 내가 알지도 못하는 나의 위장 주택으로 갈 때 타야 하는 버스 번호를 물어도 척척 대답할 수 있었다. 심지어는 '이탈리아 거리'의 어느 약국에서 두 블록, 그리고 새로 생긴 슈퍼마켓에서 한 블록 떨어진 곳에 위치한 11번 초등학교를 이십오 년 전에 졸업한 동기 동창생들의 근황에 대해서까지도 나는 거침없이 대답할 수 있었다.

그러나 내가 그때까지도 여전히 못 고쳤던 것은 웃는 법이었는데, 내 웃음소리는 어찌나 독특했던지 가면을 쓰고 웃어도 사람들이 나를 알아볼 수 있을 정도였다. 나의 변장 작업을 책임지고 있던 사람이 그 사실을 알고서 그가 지을 수 있는 최대로 심각한 표정으로 내게 이렇게 경고했다.

"당신은 웃기만 하면 죽게 되오."

웃는 것보다는 차라리 무표정하게 있는 편이 훨씬 더 나았다. 웃을 줄도 모르는 목석 같은 표정은 큰 사업을 하는 국제적인 장사꾼의 경우 이상할 것이 전혀 없기 때문이리라.

그즈음 칠레에 새 계엄령이 선포되었고, 그로 인해 천신만고 끝에 얻은 칠레에서의 영화 촬영 기회가 무산되는 것이 아닌가 하고 불안했다. 칠레 경제를 좌우하던 일명 '시카고 사단'[2] 경제 각료들이 모험적인 경제 정책을 시행했다가 엄청난 참패를 당하자 크게 상처입은 군부 독재는 공동 전선 형태로 처음 결성된 반대파들의 일치된 저항 앞에 그런 식으로 대응했던 것이다.

1983년 5월 처음으로 칠레에서 가두 시위가 시작되었다. 그런 시위는 젊은이들의 열렬한 참여로 일 년 내내 지속되었고 무엇보다도 여성들의 시위 참여가 두드러졌는데, 곧 이어 독재 정권의 피비린내 나는 탄압이 뒤따랐다.

합법적이거나 불법적인 반정부 세력들에 부르주아 계층의 가장 진보적인 세력들이 처음으로 가세했고, 반정부 세력들은 하루 동안의 국민 총파업을 실시했다. 총파업이 사회적인 힘과 결의의 과시로서 전개되자 불안해진 군부 독재가 계엄령 선포를 서둘렀던 것이다. 실의에 빠진 피노체트는 이렇게 소리쳤고, 그 말은 연설회장을 장식했던 악단 반주와 더불어 온 세상에 퍼졌다.

"이런 식으로 계속된다면, 우리는 다시 한 번 '9월 11일'[3]을 맞게 될 것입니다."

칠레에서 벌어졌던 이런 상황들은 군부 독재 치하의 칠레 현실을 가장 작은 요소들까지 포착하려는 우리들의 영화를 위해서는 호의적인 것으로 보였으나 동시에 경찰의 통제가 훨씬 더 강화되고, 억압이 더 가혹해질 것이며, 통행금지의 실시로 인해 우리가 유용하게 보낼 수 있는 시간이 줄어들 것으로 예상되었다.

그러나 국내 저항 조직은 국내에서 일어나고 있던 모든 상황을 다각적으로 면밀히 평가하고 나서 우리가 촬영 작업을 계획대로 진행시키는 게 좋겠다는 의사를 전해왔는데, 그게 바로 내가 원하던 바였다. 그렇게 해서 우리는 예정된 날짜에 순풍에 돛 단 듯 출발할 수 있었던 것이다.

십이 년 만의 귀국

처음으로 닥친 힘든 시련은 우리가 출발하던 날 마드리드 공항에서 벌어졌다. 나는 그동안 아내 엘리와 큰딸 포치, 아들 미겔리토, 그리고 막내딸 카탈리나를 한 달 이상이나 만나지 못했다. 가족들과 전화나 편지조차 하지 못했는데, 그것은 내 안전을 책임지고 있던 사람들 대부분이 이별의 고통을 조금이라도 줄이기 위해서는 차라리 연락하지 않고 그냥 떠나는 것이 더 낫겠다고 생각했기 때문이다. 또한 작업 실행의 첫단계에서는 모든 사람이 최대한 차분히 일을 진행시킬 수 있도록 내 가족이 그 사실을 모르는 것이 더 낫겠다고 했다. 그러나 우리는 곧 그것이 별 의미가 없다는 것을 깨달았다.

반대로 생각해보면 내 뒤를 받쳐줄 만한 적임자로서 아내 엘리만한 사람도 없었다. 엘리는 마드리드와 파리, 파리와 로마를 왕래하거나 부에노스아이레스까지 왔다갔다하면서 내가 칠레로부터 조금씩 보내게 될 필름을 받거나 현상하는 문제를 잘 처리할 수 있고, 경우에 따라서는 부족할지도 모를 자금까지 구해올 수 있는 가장 적절한 사람이었다. 정말 그랬다.

또 한편으로는, 막내딸 카탈리나가 내가 떠나기 위한 막바지 준비를 하는 과정에서 나의 평소 삶의 방식이나 취향과는 전혀 다른 새 옷들이 내 옷장에 잔뜩 쌓이는 것을 보고는 당황해하고 너무나 이상하게 생각했던 것이다. 나는 가족들을 모두 모아놓고 내가 계획하고 있던 작업의 진행 상황을 설명해주는 수밖에 없었다.

내 이야기를 들은 가족들은 마치 우리가 집 안에서 장난 삼아서 가끔씩 생각해내곤 하던 그런 영화들 중 한 편 안에서 살고 있는 자기들의 모습을 발견하기라도 한 것처럼 흥미로워했고, 자기들도 공범이나 되는 듯 동조했다. 그러나 출발하던 날 공항에서 평소 나와는 전혀 다른 우루과이 출신 성직자처럼 근엄한 모습으로 변모된 나를 본 가족들뿐만 아니라 나 자신까지도 그 영화는 아주 중요하고 위험한 실생활의 드라마이며, 그것이 우리 모두에게 시작되고 있다는 것을 깨달았다. 그러나 가족들은 합창하듯 내게 말했다.

"중요한 것은 말이에요. 피노체트에게 아주 길다란 당나귀 꼬리를 달아주는 거예요."

가족들은 어린이가 두 눈을 가린 채 판지에 그려진 당나귀에게 꼬리를 달아주는, 당시 어린이들 사이에 널리 유행하던 놀이에 대해 내게 이야기하고 있었던 것이다.

"약속하지. 그 꼬리의 길이가 칠천 미터는 될 거야."

나는 내가 만들 영화의 길이를 계산하고서 가족들에게 그렇게 대답했다.

가족들과 작별한 지 일 주일이 지나서야 엘레나와 나는 칠레의 산티아고 공항에 도착할 수 있었다. 우리의 여행은 완벽하게 위조된 여권에 따라 새로 탄생된 우루과이 사람으로서의 나를 길들이기 위한 과정으로 칠레의 산티아고로 가기에 앞서 유럽의 일곱 개 도시를 예정된 경로도 없이 돌아다니는 일종의 순례처럼 시작되었다.

내가 가지고 있던 여권은 사실 정식 명의자의 성명, 서명 등 모든 사항이 다 기재된 진짜 우루과이 사람의 것으로, 그것의 진짜 주인은 우리가 칠레에 입국하기 위해 자기 여권을 조작하여 이용하려는 것을 알고서도 그것을 정치적인 기부로 생각하고 우리에게 기증했던 것이다. 여권을 받고 나서 우리가 했던 일이라고는 거기에 있던 사진을 떼어내고 변장한 후에 찍은 내 사진을 붙인 것뿐이었다. 그리고 여권에 있는 이름에 따라 내 물건들을 준비했다. 와이셔츠에 내 이름의 첫글자를 수놓았고, 서류가방에 내 성명의 이니셜을 표시했고, 명함을 인쇄했고, 일반 메모장도 샀다. 몇 시간에 걸친 연습 끝에 나는 여권에 있는 명의자의 서명을 주저 없이 그려낼 수 있었다. 시간이 촉박한 관계로 준비할 수 없었던 유일한 것은 여권의 이름으로 된 크레디트 카드들이었다. 그것은 위험한 결점이었다. 내가 위장하고 있는 우루과이 출신 부자가 여행하는 데 필요한 그 많은 비행기 티켓들을 크레디트 카드 한 번 사용하지 않고 모두 현금으로 지불했을 거라고 이해하기는 쉽지 않을 것 같았기 때문이다.

엘레나와 나는 실제로 함께 사는 부부 사이였다면 이혼할 수밖에 없을 정도로 많은 대립이 있었음에도 불구하고 함께 살기 시작한 이틀 후부터는 심각한 가정적인 문제가 발생해도 극복할 수 있는 능력 있는 부부처럼 행동하는 법을 배웠다. 그 결과 엘레나와 나는 각자 서로의 위장된 과거와 부르주아 계층의 기호를 잘 기억하게 되었기 때문에, 누군가 우리에게 아주 자세한 사항에 대해 꼬치꼬치 묻더라도 심각한 오류를 범할 거라고는 믿지 않았다. 우리들이 지어낸 이야기는 완벽했으니까.

우리는 파리에 지부가 있는 광고 회사의 간부들로서, 돌아오는 가을에 유럽 시장에 출시할 신제품 향수의 판촉 광고를 찍기 위해 광고 제작 팀과 함께 칠레에 입국하는 걸로 되어 있었다. 칠레는 언제라도 태양이 작열하는 여름 해변에서부터 만년설에 이르기까지 사계절의 풍치와 분위기를 느낄 수 있는 세계에서 몇 안 되는 나라 가운데 하나이기 때문에 광고영화 촬영지로 칠레를 선택했노라고 미리 입을 맞추었다.

유럽의 고급 의상을 입고 있는 엘레나에게서는 머리를 풀어 헤친 채 체크무늬 치마를 입고 고등학생들이 신는 투박한 랜드로버를 신고서 파리의 거리를 활보하던 본래의 모습은 흔적도 없이 사라졌고, 이제는 상류층 부인의 여유가 질투심을 느끼게 할 정도로 배어나왔다. 나도 역시 기업가의 새 껍질을 두르고서도 매우 편안했는데, 마드리드 공항에서 거울을 통해 짙은 양복에 빳빳한 칼라, 그리고 넥타이 차림의 돈벌이에 집착하는 사업가의 분위기를 물씬 풍기는 나의 모습을 보았을 때는 속이 메스꺼워졌다.
"한심하군! 이건 내가 아니라 영락없는 사업가야."
나는 이렇게 중얼거렸다. 그 당시 내 본래의 모습과 일치되는 유일한 물건은, 비행기만 탔다 하면 찾아오는 지독한 고소공포증을 벗어나기 위해 십오 년 전부터 비행기를 탈 때면 으레 가방 속에 넣어 가지고 다니던 쿠바 출신의 대소설가 알레호 카르펜티에르의 다 닳아빠진 소설 《잃어버린 길》[4] 한 권뿐이었다. 그런 책을 가지고 다녔어도 나는 다른 사람의 여권을 소지하고 있다는 불안감을 없애기 위해서 세계 여러 공항의 수많은 출입국 심사대에서 고통스러울 정도로 마음 고생을 해야 했다.
첫번째 출입국 심사는 스위스의 제네바에서였다. 모든 수속이 아주 정상적으로 순조롭게 잘 진행되어가고 있었다. 그러나 그때 내가 겪은 일은 남은 생애 동안 절대 잊혀지지 않을 것이다. 출입국관리소의 한 직원이 내 여권을 한 페이지, 한 페이지 넘기면서 샅샅이 살피더니 내 얼굴을 찬찬히 훑어보면서 여권에 있는 사진과 비교하기 시작했다. 여권에 붙은 사진이 소지하고 있던 물건 중 그래도 유일하게 내 것이긴 했지만 나는 숨을 죽인 채 그의 두 눈을 바라보았다.

그래도 그때 일은 내가 칠레까지 가는 데 필요한 큰 경험이었다. 한 번 크게 당하고 나니 나중에는 그런 상황에 처해도 대수롭지 않게 여겨졌다. 그 이후로는 죽음과 같은 정적 속에 묻혀 있는 칠레의 산티아고 공항에 도착해 비행기의 문이 열릴 때까지 구토증과 심장이 뒤죽박죽되는 것 같은 그런 느낌을 다시는 느끼지 않았다. 그리고 나는 십이 년 만에 다시 안데스 산맥 정상에서 불어오는 차가운 공기를 마실 수 있었다. 공항 건물 위에는 커다랗게 푸른색 글씨가 씌어 있었다.

"칠레는 질서와 평화 속에 전진한다."

나는 손목시계를 보았다. 통행금지 시각까지는 아직 한 시간이 남아 있었다.

과거의 문

■■■■■■■■■■■■■■■■■

나는 공항 출입국관리소 직원이 내 여권을 펼쳤을 때 만약 그가 고개를 들어 나를 쳐다본다면 틀림없이 내 여권의 위조 여부에 대해 어떤 낌새를 알아챘기 때문일 것이라는 강한 예감을 가지고 있었다. 입국 업무를 담당하는 수속대가 세 개 있었고, 모두 제복을 입지 않은 남자들이 검사를 하고 있었다. 나는 그중 가장 젊은 남자가 앉아 있는 수속대를 통과하기로 결정했다. 그가 가장 빠르게 일을 처리하는 것처럼 보였기 때문이다.

엘레나는 우리가 마치 서로 모르는 사이인 것처럼 다른 줄에 서 있었다. 한 사람에게 문제가 발생하면 다른 한 사람이 공항을 빠져나가 문제가 발생했다는 사실을 알려야 했기 때문이다. 그러나 그런 불상사는 일어나지 않았다. 직원들이 다른 여행객들처럼 통행금지에 걸릴까봐 일을 서둘러 진행시키느라 여권만 슬쩍 보고서 승객들을 통과시켰기 때문이다. 나를 검사했던 직원은 내 여권의 비자 유무도 확인하지 않았다. 인접국인 우루과이 시민은 칠레 입국 비자가 필요하지 않다는 걸 그 직원은 알고 있었기 때문이다. 그는 여권을 쭉 넘겨보다가 공란이 나타나자 입국 사증을 찍고 나서 여권을 돌려주면서 나를 뚫어지게 쳐다보았다. 그 순간 잠시 내 가슴속은 얼어붙는 것 같았다.

"감사합니다."

그렇지만 나는 의연한 목소리로 말했다.

그러자 직원은 활짝 웃으며 대답했다.

"칠레에 오신 것을 환영합니다."

비행기에서 내려온 짐들이 세계의 다른 공항에서라면 이상하게 보일 정도로 빨리 나오고 있었는데, 그것 역시 세관 직원들이 통행금지가 되기 전에 집으로 돌아가고 싶어 서둘렀기 때문이다.

나는 짐을 집어들었다. 시간을 벌기 위한 방편으로 내가 먼저 입국 심사대를 통과해서 엘레나의 짐까지 들고 나오기로 사전에 약속이 되어 있었기 때문에 나는 그녀의 짐까지 집어들고서 세관 검사대 앞으로 갔다. 세관원들 역시 다른 승객들과 마찬가지로 통행금지 때문에 마음이 급했던지 짐을 건성건성 검사하면서 오히려 빨리빨리 나가라고 승객들을 채근하고 있었다. 내가 짐 두 개를 막 검사대 위에 올려놓자마자 세관원이 물었다.

"혼자 오십니까?"

나는 그렇다고 대답했다. 세관원은 가방 두 개를 대충 쓱 훑어보더니 다급한 목소리로 말했다.

"됐어요, 가세요."

그러나 그때까지 눈에 띄지 않던 여자 감독관이—그녀는 능직(綾織) 제복을 입은 금발머리의 남자 같은 여자로, 전형적인 감독관의 모습이었다—어디선가 나타나 안쪽에서 소리쳤다.

"그 승객 조사해보세요."

전혀 예상치 않은 일이었다. 그 말을 듣자 순간적으로 왜 남자인 내가 여자 옷이 들어 있는 가방을 가지고 있는지 명확히 해명할 수 없을 거라는 생각이 들었다. 그리고 그 여자 감독관이 가방을 검사하는 것보다 더 특별하거나 심각한 문제가 아니라면 갈 길 바쁜 수많은 여행객들 중에서 특별히 나를 지목했을 이유가 없을 거라는 생각도 들었다.

세관원이 다시 내 가방 안에 든 옷을 자세히 조사하는 동안 여자 감독관이 내게 여권을 달라고 해서 주의 깊게 살펴보았다. 그때 비행기가 이륙하기 전에 승무원이 승객에게 나누어주었던 캐러멜이 있다는 사실이 생각났다. 나는 아무도 모르게 캐러멜을 입에 넣었다. 그 이유는 틀림없이 세관원이 내게 뭔가를 물어올 텐데, 그때 내가 칠레인이라는 사실을 나의 서투른 우루과이 억양 뒤에 숨길 수 있을지 확신할 수 없었기 때문이다. 첫번째 질문은 남자 검사원이 던졌다.

"여기서 오랫동안 머무르실 겁니까, 손님?"

"아주 오래요."

캐러멜이 입 속에서 거치적거려 나 자신도 내가 한 말을 제대로 알아들을 수 없을 정도였지만, 그 세관원은 아랑곳하지 않고서 내게 다른 가방을 열라고 했다. 그 가방은 잠겨 있었다. 나는 어찌해야 할 바를 몰라 불안한 눈빛으로 엘레나를 찾았다. 그러나 엘레나는 가까운 곳에서 일어나고 있던 그런 극적인 상황을 아는지 모르는지 출입국 심사를 받으려고 길게 늘어서 대기하고 있던 사람들 사이에 태평하게 서 있었다.

그때 나는 단지 그 순간뿐만 아니라 우리가 계획하고 있는 모험의 전반적인 면에서 준비가 얼마나 부족하고 허술했던가를 처음으로 깨달았다. 나는 자신의 멍청하고 무모한 결정이 가져올 결과에 대해서는 아무 생각도 하지 않고서 엘레나가 그 가방의 주인이라고 솔직히 말해버리는 게 낫겠다고 생각했다. 바로 그때 여자 감독관이 내게 여권을 돌려주면서 세관원에게 다음 사람의 짐을 검사하라고 지시했다. 나는 다시 엘레나가 있는 곳을 바라보았으나 그녀는 벌써 그 자리에 없었다.

조금 전까지도 줄을 서 있던 엘레나가 내 눈앞에서 순식간에 사라져버렸던 것은 아직까지도 어떻게 설명할 수 없는 마술 같은 일이었다. 다른 줄에 서 있던 엘레나도 자기 가방을 끌고 세관 검사대 앞에서 대기하고 있던 나를 발견하고는 내가 자기 가방을 맡기로 한 우리의 결정이 신중치 못했다고 생각하며 불안해했는데, 내가 세관을 무사히 통과하는 것을 보고 안심했노라고 나중에 내게 말했다.

나는 세관 검사대를 통과하자마자 내 짐가방을 실은 포터의 뒤를 따라 썰렁한 공항 로비를 가로질러서 나갔다. 그리고 거기서 나는 정말 고국에 돌아왔다는 사실을 처음으로 실감했다.

그러나 내가 생각하고 있었던 군부 독재는 산티아고 국제공항 그 어느 곳에서도 눈에 띄지 않았고 비참함의 흔적 같은 것도 없었다. 그리고 나는 이내 십이 년 전 비가 추적추적 내리던 10월의 어느 날 밤, 강제로 조국으로부터 멀어진다는 처참한 기분에 사로잡힌 채 시작되어야만 했던 나의 망명이 거대하고 음울한 '로스세리요스' 구(舊)공항에서 이루어졌던 것이 아니라 군사 쿠데타가 일어나기 전 잠시 머문 적이 있던 현대식 '푸다우엘' 신(新)공항에서 이루어졌다는 것을 깨달았다. 그러나 어찌되었든 내가 그런 충격을 받았던 것은 나의 주관적인 인상 때문만이 아니었다. 곳곳에 산재되어 있으리라고 예상했던 군·경의 무기 같은 것은 그 어느 곳에서도 찾아볼 수 없었다. 무엇보다도 계엄령이 선포되어 있었던 시기였는데도 말이다.

화사하고 경쾌한 색깔의 광고판이 여기저기에 붙어 있었고, 수입 물품들을 가득 진열해놓은 큰 가게들이 들어찬 공항은 깨끗했으며, 휘황찬란한 불빛으로 환하기 그지없었다. 그리고 낯선 곳을 찾아온 여행객에게 편리한 정보라도 건네줄 만한 경비원 한 명 눈에 띄지 않았다. 승강장에서 대기하고 있던 택시들도 털털거리는 구형이 아니라 동일한 모델에 잘 단장된 최신형 일제(日製) 차량들이었다.

그러나 그런 한가한 생각이나 하고 있을 때가 아니었다. 엘레나가 나타나지 않았던 것이다. 나는 이미 가방들을 택시에 실어놓은 상태였고, 내 손목시계의 시계바늘은 통행금지 시각을 향해 현기증 나도록 질주하고 있었다. 어떻게 해야 좋을지 정말 망설여졌다.

우리가 정해놓은 규칙은 만약 두 사람 중 어느 한 사람이 특별한 이유 없이 지체될 경우, 다른 한 사람은 계획된 대로 일을 진행하면서 위급한 상황이 발생했을 때 연락하기로 사전에 정해놓은 곳들로 전화를 해 그 사실을 알리기로 되어 있었다. 그러나 엘레나를 남겨두고 나 혼자서 먼저 간다는 것은 무척 난감한 일이었다. 우리가 어느 호텔에 묵을 것인지조차 결정해놓지 않은 상태였기 때문이다. 나는 입국 서류에는 '엘 콘키스타도르 호텔'에 묵겠다고 적어놓았다. 그곳은 사업가들이 주로 이용하는 호텔로, 우리들의 위장된 이미지와 어울릴 것 같았기 때문이다. 게다가 나는 이탈리아 촬영 팀이 이미 그 호텔에 묵고 있다는 것을 알고 있었다. 그러나 엘레나는 그 사실을 모를 거라는 생각이 들었다.

내가 초조와 추위로 벌벌 떨면서 기다리는 것을 포기하고 막 떠나려는 순간 이쪽으로 헐레벌떡 달려오고 있는 엘레나의 모습이 보였고, 그 뒤를 사복 경찰관으로 보이는 남자가 짙은 색 레인코트를 흔들며 쫓아오고 있었다. 순간 내 몸은 화석처럼 굳어버렸고, 나는 최악의 경우에 대비했다. 그때 마침 그 남자가 엘레나를 따라잡아 그녀에게 코트를 건네주었다. 엘레나가 실수로 세관 검사대에 코트를 놔두고 그냥 와버렸던 것이다.

엘레나가 늦어졌던 데는 다른 이유가 있었다. 나를 조사했던 그 여자 감독관이 엘레나가 짐가방 하나 없이 여행하는 것을 수상하게 여겨 신분증 및 서류에서부터 화장품에 이르기까지 그녀의 핸드백 속에 들어 있는 것을 샅샅이 검사하도록 했기 때문이다.

물론 세관원들은 엘레나가 가지고 있던 작은 일제 라디오 수신기가 특별 주파수를 통해 우리가 국내 저항 조직과 교신할 때 쓰는 장비라는 것은 상상도 하지 못했을 것이다. 그렇지만 나는 나대로 엘레나보다 더 불안하고 초조했다. 엘레나가 삼십 분 이상이나 늦는다고 생각했기 때문이다. 그러나 엘레나는 택시 안에서 자기의 시계를 보여주며 단지 육 분 정도밖에 늦지 않았다고 말했다. 택시 운전사도 통행금지 시각이 되려면 내가 생각했던 것처럼 이십 분밖에 남지 않은 것이 아니라 아직 팔십 분이나 남아 있다는 사실을 말해주어 나를 안심시켰다. 그때 내 시계는 브라질의 리우데자네이루 시각에 맞추어져 있었던 것이다. 실제로는 칠흑같이 깜깜하고 얼어붙은 산티아고의 밤 열 시 사십 분이었다.

휘황찬란한 불빛 뒤에 가려진 현실

택시가 산티아고 시내에 가까이 다가갈수록 그리운 고국에 돌아왔다는 사실로 인해 가졌던 감격의 눈물이 쏟아질 거라는 가슴 설렘은 차츰 불안감과 초조감으로 바뀌었다. 사실 로스세리오스 공항으로 통하는 도로는 군사 쿠데타의 피비린내 나는 억압을 당했던 영세한 공장들과 오두막집들이 모여 있는 지역을 통과하는 구도로였던 반면 현재 국제공항으로 난 도로는 다른 선진국들의 도로처럼 시원하게 뚫린 최신 고속도로였다.

그처럼 번드르르한 외양만을 접하게 된 것은 독재의 폐악을 익히 알고 있을 뿐만 아니라 거리에서, 일상 생활에서, 그리고 사람들의 복장에서 독재의 폐해를 보고 그것을 촬영해 전 세계에 널리 알리고자 하는 나에게는 별로 좋지 않은 시작이었다. 우리가 조금씩 시내 쪽으로 다가갈수록 가슴속 깊이 느끼던 고통과 우려는 점차 실망으로 변해갔다. 엘레나도 나중에 이야기하기를, 칠레에 여러 번 가보았지만 자신도 역시 그 당시 나와 똑같은 혼란스러움을 느꼈노라고 했다.

우리가 그렇게 생각했던 데는 그럴 만한 이유가 있었다. 산티아고는 우리가 망명 생활 중 외국에서 들었던 바와는 달리 탄성을 자아낼 정도로 화려한 최신식 건물들로 가득 차 있었고, 거리 또한 깨끗해 그야말로 잘 정비되고 세련된 현대 도시의 전형적인 모습이었기 때문이다. 민중의 삶을 억압하는 경찰의 모습이나 총기들은 오히려 파리나 뉴욕에서보다 덜 보였다. 끝없이 이어지는 '베르나르도 오이긴스[5] 거리'의 모습이, 파리의 에펠 탑을 만들었던 구스타브 에펠(Gustave Eiffel)이 직접 건설한 유서 깊은 중앙역으로부터 우리의 눈앞에 빛의 홍수처럼 펼쳐지고 있었다. 길 반대편 보도에서 호객 행위를 하면서 서성거리던 밤의 꽃들까지도 그전보다 덜 궁핍하고 덜 애처롭게 보였다.

택시가 달리는 차선 옆으로 '라모네다 궁'이 불쾌한 유령처럼 그 거대한 모습을 드러냈다. 마지막으로 보았던 '라모네다 궁'은 온통 재를 뒤집어쓴 계란 껍질 같은 형상이었다. 그러나 새로 단장되어 다시 사용하게 된 지금의 '라모네다 궁'은 프랑스식 정원 안에 서 있는 꿈의 저택처럼 보였다.

차창 밖으로는 도시의 거대한 상징물들이 행진을 하듯 스쳐 지나가고 있었다. 대자본가들이 칠레 정치의 끈을 조정하는 곳으로 사용하는 '유니언 클럽' 건물, 대학의 불 꺼진 창, 산 프란시스코 성당, 위압적인 국립 도서관, 파리 백화점 등이 보였다.

내 옆자리에 앉아 있던 엘레나는 당장에 해결해야 할 현실적인 문제를 담당하고 있었다. 엘레나는 손님을 소개시켜 주면 사례금조로 얼마를 받을 수 있는 호텔로 가자고 우기는 운전사에게 엘콘키스타도르 호텔로 가야 한다고 설득하고 있다. 그러면서도 엘레나는 운전사의 화를 돋우거나 쓸데없는 빌미를 제공하지 않도록 세심한 주의를 기울였다. 산티아고의 많은 택시 운전사들이 경찰의 숨겨진 끄나풀이라는 사실을 엘레나도 잘 알고 있었기 때문이다. 그렇지만 내가 그들의 승강이에 끼어들기에는 머리가 너무 혼란스러웠다.

우리를 태운 택시가 산티아고 시내로 들어감에 따라 나는 독재 정권이 사만 명이 넘는 사망자, 이천 명이 넘는 행방불명자, 그리고 백만 명에 이르는 추방자들에게 가했던 피비린내 나는 흔적을 지우기 위해 새로 단장해놓은 그 번쩍거리는 건물들을 바라보며 그저 감탄이나 하고 있기를 거부했다.

그리고 나는 아마도 통행금지가 임박했기 때문인지 총총걸음으로 걷고 있던 사람들의 모습을 바라보았다. 그러나 나의 가슴을 파고들었던 것은 비단 그들의 걷는 모습뿐만이 아니었다. 사람들의 영혼은 차가운 바람에 노출되어 있던 그들의 얼굴처럼 꽁꽁 얼어붙어 있는 것 같았다. 사람들은 마치 낯선 도시에 혼자 떨어져 있는 것처럼 아무도 말을 하지 않았다. 그리고 웃음기 가신 얼굴에 시선을 고정시키지 못하고 굳은 표정만 짓고 있을 뿐 어두운 색깔의 외투 속에 몸을 숨긴 채 자기의 기분을 드러내려는 그 어떤 동작도 취하지 않았다. 모두 아무 것도 드러내지 않은 백지 상태의 얼굴들이었다. 그들의 얼굴에서는 두려움조차도 엿볼 수 없었다.

그때 갑자기 내 마음이 바뀌었고, 나는 택시에서 내려 군중들 속에 섞이고 싶은 강한 유혹을 더 이상 참을 수 없었다. 엘레나가 타당한 이유를 다 들어가면서 간절히 말렸지만 그녀로서도 택시 운전사가 들을까봐 하고 싶은 이야기를 직접적으로 다 할 수는 없었다. 참을 수 없을 정도로 격한 감정에 사로잡힌 나는 달리던 택시를 멈추게 한 다음 혼자 내려섰다. 그리고 택시 문을 쾅 닫았다.

나는 통행금지가 임박해 있다는 게 마음에 걸렸기 때문에 채 이백 미터 정도도 걷지 않았다. 약 백 미터쯤 걷는 것으로도 내가 살았던 도시를 되살리기에는 충분했다. 나는 '에스타도 거리', '우에르파노스 거리'를 걸어보았다. 부에노스아이레스의 '플로리다 거리'나 로마의 '콘도티 거리', 파리의 '부부르 광장', 멕시코시티의 '소나로사'처럼 보행자들의 편의를 위해서 차량통행이 금지된 거리를 이리저리 걸어보았다. 차량통행이 금지된 거리는 독재가 만들어낸 또 다른 좋은 창작품이었다. 앉아서 이야기를 나눌 수 있는 벤치가 설치되어 있었고, 휘황찬란한 불빛이 들뜬 분위기를 자아내고 있었으며, 잘 손질된 화분들이 놓여 있었지만 그곳에는 엄연한 현실이 투영되어 있었다.

구석에서 대화를 나누고 있던 몇몇 사람들은 여기저기 산재되어 있는 압제 정치의 많은 귀들이 들을까 두려웠던지 아주 낮은 목소리로 이야기하고 있었다. 여러 가지 잡동사니들을 잔뜩 들고서 팔러 다니는 상인들도 눈에 띄었고, 많은 어린이들이 행인들에게 돈을 구걸하는 모습도 보였다. 그 무엇보다도 내 관심을 끌었던 것은 그들의 말을 들으려고 모여 있는 사람들에게 영원한 행복의 양식(樣式)을 팔려고 애쓰는 전도사들이었다.

그런 다양한 사람들을 지나쳐 막 모퉁이를 돌았을 때 뜻밖에도 나는 산티아고에 도착한 이후 처음으로 무장한 경찰관과 마주쳤다. 그 경찰관은 아주 차분하게 보도의 이쪽 끝에서 저쪽 끝으로 왔다갔다하면서 순찰하고 있었고, 우에르파노스 거리 모퉁이에 있는 경비 초소 안에는 여러 명의 경찰관들이 있었다.

갑자기 위가 텅 비는 것 같고 다리가 후들후들 떨리기 시작했다. 경찰관을 볼 때마다 그런 증세를 느낀다는 사실에 내 자신에게 화가 났다. 그러나 나는 곧 그들도 불안한 눈길로 행인들을 지켜보면서 긴장하고 있다는 사실을 깨달았다. 그리고 그들이 나보다 더 두려워하고 있을지도 모른다고 생각하자 위안이 되었다. 그들이 두려워하는 데는 다 그럴 만한 이유가 있었다. 그 경비 초소는 내가 칠레에 도착한 며칠 후 비밀 저항 단체가 던진 다이너마이트에 의해 폭파되어버렸다.

피로 물들었던 산티아고 거리를 다시 밟으리

시내에서 내가 마주친 것들은 내 과거의 문을 여는 열쇠였다. 그곳에 내가 처음으로 영화 수업을 시작했던 옛 텔레비전 방송국과 라디오 방송국의 추억 어린 건물이 있었다. 열일곱 살의 소년이었던 내가 지방에서 갓 올라와 내 인생에 결정적인 계기가 되었던 입학시험을 치른 연극학교도 바로 그곳에 있었다. 우리는 그곳에서 '인민연합(Unidad Popular)'[6]의 정치집회를 열곤 했으며, 나는 내 인생에서 가장 결정적인 영향을 받았던 어려운 시절을 보냈다.

나는 시티 극장 앞으로 걸어갔다. 그 극장은 영화감독인 내게 아직까지도 영화에 관한 예술적 소명을 주고 있는 여러 거장들의 영화를 본 곳이었다. 그런 영화들 가운데 가장 잊을 수 없는 작품은 〈내 사랑 히로시마〉였다.

그때 갑자기 어떤 사람이 파블로 밀라네스의 노래를 부르며 내 곁을 지나갔다.

"피로 물들었던 산티아고의 거리를 다시 밟으리."[7]

너무나 갑작스럽고 우연하게 들어보는 노래여서 목구멍에서 무언가 울컥 치밀어오르는 것을 참을 수 없었다. 나는 뼛속 깊이 스며드는 감동에 몸을 떨며 시간의 흐름을 잊었고, 우루과이 여권 소지자임도 잊었으며, 추방당한 영화감독으로서 비밀리에 입국하여 있는 나의 처지도 잊었다.

나는 잠시 다시 찾은 나의 도시에서 그 누구도 아닌 '본래의 나'로 돌아갔다. 그러나 나는 온 힘을 다해 내 이름을 소리쳐 부르며 '본래의 나'를 당당히 밝히고 싶은, 그리고 자기 집에 머무를 권리가 있는 사람으로서 떳떳이 마주서고 싶다는 현실적으로는 비이성적인 충동을 애써 억눌러야만 했다.

나는 통행금지 시각이 임박해서야 눈물을 흘리면서 호텔로 돌아왔고, 호텔 수위는 방금 전에 잠근 호텔 문을 다시 열어야 했다.

엘레나는 이미 호텔 프런트에서 우리의 숙박계를 작성하고 나서 방에 들어가 휴대용 라디오의 안테나를 설치하고 있었다. 엘레나는 안정을 찾은 듯 차분하게 있었는데, 그토록 늦은 시각에 내가 방 안으로 들어서는 것을 보고 모범적인 가정주부처럼 깜짝 놀랐다. 내가 통행금지 시각이 다 되도록 혼자서 거리를 쏘다닐 정도로 무모하게 행동하며 위험을 무릅쓴 것을 도저히 이해할 수 없다는 태도였다.

그러나 나는 엘레나의 잔소리를 들을 기분이 아니었다. 그래서 나도 역시 평범한 남편처럼 행동했다. 나는 문을 쾅 닫으며 방을 나와 같은 호텔에 머물고 있던 이탈리아 촬영 팀을 만나러 갔다.

우리 방보다 두 개 층 아래에 있는 306호실 문을 두드렸다. 그리고 두 달 전에 이탈리아 촬영 팀 여자 감독과 로마에서 약속해두었던 긴 암호를 혼동하지 않으려고 다시 한 번 상기해보았다. 내가 방문을 두드리자 반쯤 졸린 듯한 목소리가—그라치아의 부드럽고 포근한 목소리는 특별히 신경을 쓰지 않아도 금방 알아들을 수 있었다—방 안에서 이렇게 물어왔다.

"누구세요?"

"가브리엘이오."

"그리고요?"

"천사장들."

"성 호르헤와 성 미겔인가요?"

그라치아의 목소리는 대답이 구체화되어갈수록 차분해지는 것이 아니라 점점 더 떨리기 시작했다. 이상한 일이었다. 그라치아라면 이탈리아에서 나와 많은 시간 대화를 나누었으므로 내 목소리를 익히 알고도 남았기 때문이다. 내가 천사장들은 '성 호르헤와 성 미겔'이라고 확실히 대답했는데도 그라치아는 계속해서 암호를 늘어놓았다.

"사르코."

사르코는 내가 스페인의 산세바스티안에서 촬영하려다 제작자들의 중지 요청으로 중도에 포기한 영화 〈사계절의 여행자〉에 등장하는 인물의 성(姓)이었다. 그래서 나는 그 인물의 이름을 댔다.

"니콜라스."

여러 가지 어려운 일들에 익히 단련된 기자인 그라치아는 그 정도로 시험해놓고도 믿지를 못했다.

"몇 피트짜리 영화죠?"

그라치아가 물었다.

그때서야 나는 그라치아가 아직도 많이 남아 있는 암호를 끝까지 계속하길 원한다는 것을 깨달았다. 그리고 우리가 그런 이상한 스무고개 같은 놀이를 하고 있는 것을 옆방에 투숙해 있는 사람들이 들을까 겁이 났다.

"장난 그만 치고 이제 문 열어요."

내가 정색을 하며 말했다.

그렇지만 그라치아는 이것저것 하나도 빠짐없이 꼬치꼬치 따지고 물으면서 내가 암호를 모두 댈 때까지 문을 열어줄 기미를 비치지 않았다.

"이런 빌어먹을. 여자들이란 다 마찬가지라니까."

나는 엘레나뿐만 아니라 아내인 엘리까지 떠올리면서 투덜거렸다. 하지만 내 생애에서 가장 당혹스러운 그런 질문들에 대답을 계속해나가는 수밖에 없었는데, 그것이 바로 잘 길들여진 남편들이 가지고 있는 온순함이 아닐까. 우리가 마지막 순서에 다다랐을 때에야 내가 이탈리아에서 만났던 그 젊고 매력적인 그라치아가 스스럼없이 문을 열었다. 그러나 그라치아는 나를 마치 도깨비라도 되는 듯이 바라보더니 겁에 질린 듯한 표정을 지으며 문을 닫아버렸다. 나중에야 그녀는 내게 이렇게 말했다.

"언젠가 한 번 본 적이 있는 얼굴 같았지만 글쎄 누구였는지 생각이 잘 안 나더라니까요."

이해할 수 있었다. 이탈리아에서 그라치아가 만났던 미겔 리틴은 수염을 기르고 안경도 쓰지 않았으며 아무런 옷이나 걸치고 여기저기 자유롭게 활보하던 사람이었는데, 지금 자기 방문을 두드렸던 남자는 대머리에 두꺼운 안경을 쓰고 말끔하게 수염을 깎고 마치 은행원처럼 옷을 입고 있었기 때문이다.

"괜찮으니 문 열어요. 나 미겔이에요."

나는 그라치아를 안심시켰다.

그라치아는 나를 더 자세히 조사한 뒤에 자기 방으로 들어오도록 허락하고 나서도 한참 동안이나 아무 말도 하지 않고 나를 찬찬히 살펴보았다. 그라치아는 나에 대한 의구심을 떨쳐버리고 나서 내게 그동안의 안부를 묻기 전에 혹시 옆방 투숙객들이 우리의 대화를 듣거나 방 안에 설치되어 있을지도 모를 도청기에 녹음될지도 모른다는 생각에서였는지 라디오의 볼륨을 크게 높였다. 그러나 그라치아는 차분했다.

그라치아는 촬영 팀 멤버 세 명과 함께 일 주일 전에 칠레에 도착해, 칠레 주재 이탈리아 대사관의—물론 대사관 직원들은 우리의 진짜 목적이 무엇인지는 상관도 하지 않았다—도움을 받아 이미 촬영 작업을 위한 신임장과 허가를 받아놓은 상태였다.

　더욱이 그들은 이미 며칠 전 밤에 이탈리아 대사관 주최로 시립극장에서 열린 〈마담 버터플라이〉의 특별 공연에 초대받은 군부 정권의 고위 인사들을 촬영했다. 피노체트 장군도 초대를 받았지만 마지막 순간에 불참을 통보했다고 말했다. 아무튼 이탈리아 촬영 팀이 그 공연에 참석하여 촬영했다는 사실은 우리에게는 아주 중요한 것이었다. 그렇게 함으로써 이탈리아 촬영 팀의 칠레 내 활동을 공식화할 수 있었고, 그 다음날부터는 어떤 의심도 받지 않고 거리로 나가 작업을 할 수 있었기 때문이다.

　또 한편으로는 '라모네다 궁' 내부를 촬영하기 위한 허가 문제가 처리 중에 있었는데, 그 허가를 신청한 사람들은 당국으로부터 어떤 장애도 없으리라는 확답을 구두로나마 받아놓은 상태였다.

　그러한 소식에 너무나도 고무된 나는 당장이라도 일을 시작하고 싶은 충동을 느꼈다. 통행금지만 아니었더라면 나는 그라치아에게 사람들을 깨워 내가 고국으로 돌아온 첫날 밤에 대한 증거를 촬영하러 가자고 졸랐을 것이다. 그라치아와 나는 날이 새자마자 촬영을 시작할 수 있도록 구체적인 계획을 짰다. 그러나 팀의 다른 멤버들에게는 우리의 프로그램에 대해 사전에 전혀 모르게 하고, 그라치아가 작업을 지휘하는 것처럼 해야 한다는 데 의견의 일치를 보았다. 또 나는 그라치아조차 그 영화를 만드는 데 또 다른 두 팀이 참여하고 있다는 사실을 절대로 모르게 했다.

　그라치아가 여행할 때마다 부적처럼 가지고 다니는 '그라파'라는 이탈리아 소주를 홀짝홀짝 나눠 마시면서 작업 계획을 상당히 진척시키고 있을 때 갑자기 전화 벨이 울렸다. 우리는 동시에 자리를 박차고 일어났다. 그라치아가 잽싸게 전화 수화기를 집어들었다. 그리고 잠시 후 수화기를 내려놓았다. 옆방에 투숙한 사람이 라디오 소리 때문에 잠을 잘 수 없다고 불평해왔다며 프런트에서 라디오 볼륨을 줄여달라고 요청하는 전화였다.

섬뜩한 정적

단 하루 동안에 겪은 것으로는 너무나 많은 감동들이었다. 내가 방으로 돌아왔을 때 엘레나는 평화로운 꿈의 바다를 항해하고 있었고, 내 침대 탁자의 스탠드는 켜져 있었다. 나는 너무나 피곤했기 때문에 푹 자기 위해 옷을 벗었다. 엘레나가 깨지 않도록 소리가 나지 않게 조심해서 옷을 벗고 침대에 누웠다. 그러나 잠을 이룬다는 것은 불가능했다. 침대에 몸을 눕히자마자 통행금지의 소름 끼치는 고요함이 느껴졌던 것이다. 이 세상에서 이렇게 고요한 정적이 있을 수 있을까 싶었다. 나의 가슴을 짓누르는 정적. 그것은 끊임없이 내 가슴을 무겁게 짓눌렀다. 불이 꺼진 그 거대한 도시에서는 소리 하나 들리지 않았다. 수도관에 물 흐르는 소리도, 엘레나의 고른 숨소리도, 내 자신 속에 있는 내 육체가 살아 움직이는 소리조차 들리지 않는 것 같았다.
마음이 심란해진 나는 거리의 차가운 공기를 마시고 황량하기 이를 데 없지만 실제 현실인 산티아고 시의 모습을 보려고 침대에서 몸을 일으켜 창가로 다가갔다. 언제였는지 정확히 기억할 수 없는 내 유년 시절의 어느 날 내가 처음으로 이 도시에 도착한 이후로 그처럼 황량하고 처량한 모습은 본 적이 없었다. 건물 오 층의 유리창은 어둠 속에 묻힌 높은 담벼락으로 둘러싸인 좁은 골목과 마주하고 있었는데, 하늘을 덮은 잿빛 구름 사이로 내비친 한 조각 하늘이 담벼락 위로 보였다. 그리던 조국에 와 있다는 느낌도, 실제 현실 속에 있다는 느낌도 가질 수 없었고, 단지 내가 마르셀 카르네[8]가 만년에 만든 영화들 속에 나오는 감옥에 갇힌 죄수 같다는 느낌뿐이었다.

십이 년 전, 아침 일곱 시에 육군 상사 한 사람이 순찰차를 몰고 와서 내 머리 위로 기관 단총을 갈겨대면서 내 일터인 '칠레 필름(Chile Films)'[9] 건물을 향해 끌려가고 있던 사람들 사이로 들어가라고 명령했다. 도시는 온통 폭탄 투하, 기관총 소리, 금방이라도 도시를 스칠 듯 아슬아슬하게 지나다니는 비행기의 굉음으로 전율하고 있었다. 나를 체포한 상사도 뭐가 뭔지 갈피를 잡지 못하고 있었는데, 오히려 내게 무슨 일이 일어나고 있는지 아느냐고 물었다. 그리고 그는 "우리는 중립입니다"라고 말했다. 그러나 나는 당시 그가 왜 그런 말을 하는지, '우리'라는 복수형 단어에 누구를 포함시키는지 알지 못했다. 잠시 후 우리 둘만이 있게 되자 그 상사가 이렇게 물었다.

"당신은 〈나우알토로의 표범(El chacal de Nahualtoro)〉[10] 이라는 영화를 만든 사람이죠?"

나는 그렇다고 대답했다. 그러자 상사는 누가 총을 쏘는지, 폭탄을 터뜨리는지, 대통령궁을 폭격하는지, 주변에서 일어나고 있는 일에는 도무지 관심이 없다는 듯 영화에서 가짜로 죽은 사람의 몸에 난 상처에서 피가 솟아나오는 것처럼 하려면 어떻게 하는지를 설명해달라고 나를 졸랐다. 내가 그것을 설명해주자, 그는 신기하다는 듯한 표정을 지었다. 그러나 그 순간도 잠시, 상사는 곧 현실로 돌아왔다.

"뒤돌아보지 마. 그랬다가는 대갈통을 날려버릴 테니까."

상사가 우리들에게 소리를 질렀다.

우리는 불과 몇 분 전 거리에서 첫번째 사망자와 그 누구의 도움도 받지 못한 채 피를 흘리며 보도에 쓰러져 있는 부상자, 그리고 살바도르 아옌데 대통령 지지파들을 향해 몽둥이를 휘둘러대는 무리를 보지 못했더라면 그것이 실제가 아니라 한낱 장난이라고 믿었을 것이다. 우리는 체포되어 담벼락에 등을 기대고 서 있던 한 무리의 사람들과 그들을 향해 총을 발사하려는 군인들을 보았다. 그러나 우리를 끌고 가던 군인들조차도 무슨 일이 일어나고 있는지 궁금해하면서 이렇게 주장하곤 했다.

"우리는 중립입니다."

산티아고에서는 소동과 혼란이 극도에 이르고 있었다.

'칠레 필름' 건물은 군인들에 의해 둘러싸여 있었는데, 그들은 기관총 부리를 정문을 향하게 삼각대 위에 고정시켜 놓고 있었다. 검은색 베레모를 쓴 경비원 하나가 사회당 깃발을 들고 우리들이 있는 곳으로 나왔다.

"아, 이분이 바로 여기서 일어나고 있는 일에 모든 책임이 있는 리틴 씨예요."
 그 경비원은 나를 가리키며 이렇게 소리쳤다.
 상사가 그를 밀어 땅바닥에 쓰러뜨렸다.
 "가서 똥이나 처먹어, 이 호모 같은 자식아!"
 상사가 경비원에게 소리를 질렀다.
 경비원은 무서운지 네 발로 기면서 내게 물었다.
 "커피 한 잔 안 드시겠어요, 리틴 씨? 커피 한 잔요?"
 상사는 내게 도대체 무슨 일이 일어나고 있는지 전화로 확인 좀 해보라고 부탁했다. 나는 이리저리 알아보려 애를 썼지만 그 누구와도 연락이 되지 않았다.
 수시로 한 장교가 들어와 명령을 내리면 잠시 후 다른 장교가 들어와 그 반대로 하라고 했다. 한 사람이 우리에게 담배를 피우라고 하면 다른 사람은 피우지 마라. 한 사람이 앉으라고 하면 다른 사람은 서라…… 이렇게 삼십 분 정도 흘렀을 때 애송이 병사 한 명이 오더니 총부리로 나를 가리키며 상사에게 말했다.
 "상사님, 저기서 한 금발머리 아가씨가 이 사람에 대해서 묻던데요."
 병사가 말한 금발머리 아가씨는 틀림없이 엘리였을 것이다. 상사는 그 금발머리 아가씨를 만나러 나갔다. 그사이 군인들은 우리에게 이런저런 이야기를 해주었다. 그들은 새벽부터 차출되었는데 아침밥도 먹지 못했고, 특별한 명령 없이는 아무 것도 허용하지 말라는 명령을 받았으며, 춥고 배고프다고. 우리가 그 군인들에게 해줄 수 있었던 유일한 것은 가지고 있던 담배를 나눠주는 것뿐이었다.

우리가 그러고 있을 때 상사가 중위 한 사람을 데리고 돌아왔다. 그 중위는 체포된 사람들을 경기장으로 데려가기 위해 신분을 확인하기 시작했다. 내 차례가 되었을 때 상사는 내가 뭐라 대답할 겨를도 없이 중위에게 말했다.

"아닙니다, 중위님. 이 사람은 아무 상관이 없습니다. 이 사람은 이웃 사람들이 몽둥이로 자기 자동차를 산산조각 내서 진정하러 왔답니다."

중위는 당황스러운 표정으로 나를 바라보았다.

"이런 때 그따위 일로 진정하러 오는 얼치기 인간이 어디 있어! 빨리 꺼지라고 해!"

도망치려 했기 때문에 그럴 수밖에 없었다는 도망자에 대한 영구불변한 핑계를 대며 그들이 내 등을 향해 총을 발사하리라고 생각하고서 나는 냅다 내달리기 시작했다. 그러나 그들은 그렇게 하지 않았다. 당시 내가 '칠레 필름' 건물 앞에서 총살되었다는 소식을 어느 친구로부터 들은 엘리는 내 시체를 거두러 갔었다고 했다. 거리에 늘어서 있던 여러 집에서는 깃발이 올라가고 있었다. 그것은 군인들이 자기 편이 누구인지를 알기 위해 미리 정한 표시였다.

한편으로 우리가 정부와 관계를 맺고 있고, 내가 살바도르 아옌데 대통령의 선거전에 열렬히 참여했으며, 군부 쿠데타가 임박했을 때 우리 집에서 회합이 열리곤 했다는 것을 알고 있는 어느 이웃 여자에 의해 우리는 이미 쿠데타 군에 고발된 상태였다. 그래서 우리는 집으로 돌아갈 수가 없었다. 꼭 필요한 몇 가지 것들만 겨우 준비하여 세 아이를 데리고 우리를 향해 한 발짝 한 발짝 다가오고 있던 죽음을 피해 한 달 동안을 이리저리 옮겨다니며 살았다. 그리고 마침내 포위망이 우리를 향해 좁혀져와 숨막힐 지경에 이르렀을 때 우리는 어쩔 수 없이 망명이라는 터널 속으로 들어가 숨었다.

자살자의 노래

■ ■ ■ ■ ■ ■ ■ ■ ■ ■ ■ ■ ■ ■ ■ ■ ■ ■ ■ ■

　나는 아침 여덟 시에 엘레나에게 나 혼자만 알고 있던 전화번호를 주면서 그곳으로 전화를 걸어 한 남자를 찾아보도록 부탁했다. 이 책에서는 그를 '프랑키'라는 가명으로 부르고 싶다. 엘레나가 전화를 걸자 프랑키가 직접 전화를 받았다. 그녀는 자세한 설명도 없이 그냥 가브리엘이라는 사람의 부탁을 받고 전화하는 건데, 엘콘키스타도르 호텔 501호실로 와달라는 말만 하고 끊었다.
　프랑키는 전화를 건 지 삼십 분도 채 되지 않아 호텔에 도착했다. 그때 엘레나는 이미 외출 준비를 끝내놓고 있었지만, 나는 그냥 침대에 누워 있었다. 누군가 호텔 방문을 두드리는 소리가 들리자마자 나는 이불을 머리 위까지 뒤집어썼다. 나와 프랑키 사이에 이미 약속해두었던 대로 프랑키는 가브리엘이라는 이름으로 자기에게 전화를 건 사람들은 모두 내 부탁을 받은 사람들이라는 것을 알고 있었지만 실제로 누구를 만나게 될지는 모르고 있었다. 프랑키는 그 며칠 사이에 영화감독 가브리엘이라는 이름으로 전화를 걸어왔던 사람이 그라치아를 포함해서 세 명이나 되었기 때문에 이번에 또 같은 내용의 전화를 한 사람이 설마 나일 거라고는 미처 생각하지 못했던 것이다.

프랑키와 나는 '인민연합' 활동을 하기 훨씬 전부터 친구 사이였다. 우리는 내가 영화감독 초기에 만들었던 몇 편의 영화에서 함께 일했고 여러 영화제에도 함께 참석했으며, 작년에 멕시코에서 마지막으로 만났다. 그런데 정작 내 얼굴을 본 프랑키는 나를 알아보지 못했다. 마침내 나는 남들이 절대로 따라 할 수 없는 내 특유의 너털웃음을 터뜨렸다. 프랑키조차도 속아넘어간 나의 변장이 아주 만족스러웠다.

나는 작년 말에 프랑키를 내 영화 작업의 일원으로 스카우트해 제작에 참여시켰다. 프랑키는 사전에 별도로 지시 사항들을 받아서 각 촬영 팀들에게 통보하고, 엘레나의 지휘 방침에 크게 벗어나지 않는 선에서 우리들의 영화 작업을 용이하게 할 수 있는 일련의 기본적인 조치들을 취하는 책임을 맡고 있었다.

프랑키는 활동하는 데 법적인 하자가 전혀 없었다. 그는 칠레 출신으로, 군부 쿠데타가 일어나자 자기에게 부당한 책임이 전가되기 전에 스스로 결정하여 베네수엘라의 카라카스로 망명했고, 그후부터 칠레 국내에서 다양한 불법 임무를 완수했다. 그는 흠잡힐 것 없는 완벽한 신분 덕분에 완전한 자유를 구가하며 종횡무진 활동했다. 영화 관계자들 사이의 인기와 타의 추종을 불허하는 개인적인 친화력, 상상력, 대담함

등으로 인해 사람들은 그를 우리들이 계획했던 모험의 가장 이상적인 파트너로 생각하는 데 주저하지 않았다. 그에 대한 내 평가도 역시 빗나가지 않았다. 사전에 계획된 대로, 프랑키는 예정된 세 개의 외국 촬영 팀들을 개별적으로 맞이하고 각 촬영 팀의 작업을 조정하기 위해 벌써 일 주일 전에 단신으로 페루에서 육로를 통해 칠레에 들어와 있었고, 그 세 촬영 팀들도 칠레에 도착해 이미 작업을 진행하고 있었다.

프랑스 촬영 팀은 그 팀의 감독과 내가 이미 몇 개월 전에 파리에서 협의한 세부 사항에 따라 칠레 북부 '아리카'에서 '발파라이소'까지 촬영하고 있었다. 네덜란드 촬영 팀은 칠레 남부 지방에서 작업하고 있었다. 그리고 이탈리아 촬영 팀은 산티아고에 남아 나의 지휘 아래 작업하면서 예상치 못한 순간에 갑자기 일어날 수 있는 사건들을 언제 어디서라도 생동감 있게 촬영할 수 있도록 만반의 준비를 갖추어놓고 있었다.

세 촬영 팀들은 모두 각자가 맡은 분야의 작업을 하면서도 특별한 위험이나 사람들의 의심을 받지 않는 범위 내에서 살바도르 아옌데 전 대통령에 대한 칠레인들의 생각을 기회 있을 때마다 인터뷰하라는 지시를 받고 있었다. 나라를 위해 순교했던 전 대통령 살바도르 아옌데에 대한 평가가, 현재 나라가 처해 있는 상황과 미래의 가능성과 관련해서 칠레 사람들 각자가 가지고 있는 견해를 알아보기 위한 가장 좋은 참고 사항일 거라고 생각했기 때문이다.

프랑키는 언제라도 각 지역에서 작업하고 있는 촬영 팀들과 연락이 가능하도록 그들이 묵을 호텔의 리스트를 확보해놓고 작업 일정과 옮겨다니는 장소를 정확히 파악하고 있었기 때문에 나는 필요할 때마다 전화로 각 팀에게 지시를 내릴 수 있었다. 프랑키는 내가 최대한 안전하게 활동할 수 있도록 삼사 일에 한 번씩 렌터카 회사를 바꾸어 가면서 빌린 차의 운전사 역할까지 했다. 그래서 육 주일에 걸친 촬영 기간 동안 프랑키와 내가 떨어져 있었던 적은 몇 번 되지 않았다.

목잘린 투사 셋이 장군 하나를 넘어뜨리다

우리는 오전 아홉 시부터 작업을 시작했다. 호텔에서 몇 블록 떨어진 곳에 위치한 '아르마스 광장(La Plaza de Armas)'[11]에는 거대한 나무 사이로 남반구 가을의 창백하고 여린 햇빛이 비치고 있었다. 실제로 돌아와 다시 보니 그동안 추억 속에서 생각했던 것보다 훨씬 더 감동적이었다. 매주마다 화분이 새로 교체되기 때문에 항상 활짝 피어 있는 것 같은 꽃들은 그 어느 때보다도 더 싱그럽고 화사해보였다.

이탈리아 촬영 팀 멤버들은 내가 도착하기 한 시간 전부터 이미 시민들의 오전 일상 생활을 촬영하고 있었다. 나무 벤치에 앉아 한가로이 신문을 읽고 있는 퇴직자들, 비둘기들에게 먹이를 주고 있는 노인들, 잡동사니를 팔고 있는 상인들, 검은색 플라스틱으로 둘러싸인 구식 카메라를 들고 손님을 기다리는 사진사들, 삼 분 안에 즉석 초상화를 그려내는 화가들, 독재 체제의 정보원으로 활동하는 의심 많은 구두닦이들, 아이스크림을 파는 수레 앞에서 형형색색의 풍선을 들고 서 있는 어린이들, 대성당에서 나오는 사람들로 광장은 붐비고 있었다.

 광장 구석에는 매일매일 나와서 그날 열리는 파티에서 일할 수 있기만을 학수고대하는 일용직 예술가들 한 무리가 모여 있었다. 그들은 이름이 제법 알려진 음악가들, 어린이들을 위해 동방박사의 옷을 입거나 광대처럼 꾸민 사람들, 진짜 성(性)이 무엇인지 분간하기 어려울 정도로 특이한 의상을 입고 화장을 한 성전환자들이었다.

 그날 오전 아름다운 광장에는 어젯밤에 보았던 것과는 달리 단단히 무장을 한 수많은 경찰관들이 뭔가를 찾는 듯한 눈초리로 사람들을 주시하면서 쫙 깔려 있었고, 경찰 버스들의 강력한 스피커에서는 볼륨을 최대한으로 높인 노래가 흘러나오고 있었다.

 거리에 경찰의 통제가 뜸해보였던 것은 산티아고에 막 도착한 사람들이 흔히 가질 수 있는 한낱 환상에 불과했다는 것을 나는 나중에야 깨달았다. 주요 지하철역이나 도로 한편에 주차되어 있는 고압 분출 물 호스를 장착한 시위 진압 차량들 안에는 전투경찰들이 매일같이 일어나는 수많은 반정부 기습 시위를 언제든지 야만적인 방법으로 진압할 준비를 하고서 하루 종일 잠복해 있었다. 산티아고의 심장부라고 할 수 있는 '아르마스 광장'에는 가장 삼엄한 경비가 펼쳐지고 있었다.

 그 광장 한쪽에는 '단합의 관구(Vicaría de la Solidaridad)' 본부가 있었다. 그 단체는 '실바 엔리케스' 추기경의 후원을 받는 반독재의 보루로 가톨릭 신자들뿐만 아니라 칠레 민주주의의 회복을 위해 투쟁하는 모든 사람들로부터 원조를 받았다. 그런 점들이 그 '단합의 관구'에 함부로 거역할 수 없는 도덕적인 권위를 주었고, 스페인 식민지 시대에 지어진 '단합의 관구' 본부 사무실의 양지바른 넓은 정원은 하루 종일 사람들로 북새통을 이루어 마치 시장을 방불케 했다. 정치적 박해를 받으며 쫓기는 사람들은 '단합의 관구'에 은신처와 인도주의적인 보호를 요청하면 피부색에 관계없이 그들에게 항상 따뜻한 온정을 베풀었다. 특히 정치범들이나 그의 가족들을 도왔다. '단합의 관구'로부터 독재 정권의 잔학한 고문 사례가 폭로되고 실종자들을 찾기 위한, 그리고 모든 종류의 불의에 항거하기 위한 투쟁이 촉진되었다.

내가 비밀리에 칠레로 돌아오기 몇 개월 전 군부 독재 정권은 '단합의 관구'를 향해 피비린내 나는 결투를 신청했다. 그 결과 엄청난 부담이 군사위원회에 돌아갔고, 그로 인해 군부 독재 정권은 위기에 처했다.

1985년 2월 말경 실제로 군부 독재에 반대하던 투사들 세 명이 군부가 힘을 과시하기 위해 저지른 납치 사건으로 행방불명되었고, 그 납치 사건의 주범들이 누구였는지는 의심할 여지가 없었다. '단합의 관구' 총무인 사회학자 호세 마누엘 파라다는 자기의 어린 자식들이 공부하는 학교 앞에서, 더군다나 그 어린 자식들이 지켜보는 가운데 납치되었다. 그가 납치되는 동안에 주변 세 블록의 교통이 경찰관들에 의해 차단되었고, 그 지역이 모두 공중에 떠 있는 군용 헬리콥터에 의해 통제되었다.

다른 두 사람도 몇 시간의 차이를 두고 산티아고의 각기 다른 장소에서 납치되었다. 한 명은 마누엘 게레로라는 사람으로 '칠레 교육 노조'의 지도자였고, 나머지 한 명은 산티아고 나티노라는 사람으로 그 분야에서 명성이 자자한 그래픽 디자이너였다. 그러나 납치 사건이 일어나기 전까지만 해도 그가 그토록 투철한 투쟁 정신을 가진 투사였는지는 그리 잘 알려져 있지 않았다.

나라가 온통 혼미스러운 가운데 목이 잘린 시체 세 구가 잔혹하기 이를 데 없는 학살의 흔적과 더불어 1985년 3월 2일 산티아고 국제공항 근처의 외딴 길에서 발견되었다. 경찰 총수이자 통치위원회 위원이었던 세사르 멘도사 두란 장군은 그 세 사람이 처참하게 살해당한 것은 모스크바로부터 지령을 받고 칠레에서 암약하던 공산주의자들의 내분에 의한 것이라고 언론에 공포했다. 그러나 칠레 국민들의 들끓는 여론에 의해 그 말은 거짓으로 판명이 났고, 세사르 멘도사 두란 장군은 민의에 의해 그 학살을 뒤에서 주도한 사람으로 지명되어 정부를 떠나야 했다.

그 이후로 '아르마스 광장'에 연결된 네 개의 도로 가운데 하나인 '푸엔테 거리'라는 이름은 알 수 없는 손들에 의해 지워졌고, 그 자리에 '호세 마누엘 파라다 거리'라는 이름이 새겨져서 지금도 그렇게 불리고 있다.

불운에 처한 산티아고 사람들

그 야만스러운 드라마의 불쾌한 분위기는 프랑키와 내가 평범한 관광객으로서 '아르마스 광장'에 간 그날 오전 그곳에 여전히 남아 있었다. 나는 이탈리아 촬영 팀이 지난밤에 그라치아와 내가 합의했던 장소에 도착해 있는 것을 보았고, 그라치아도 우리가 광장 주변에서 거닐고 있다는 것을 눈치챘다. 그러나 당시 그라치아는 카메라맨에게 아무런 지시도 하지 않고 있었다. 그때 프랑키가 내게서 떨어져나갔고, 나는 세 촬영 팀의 감독들과 미리 설정해놓았던 방법에 따라 영화 촬영을 지휘했다.

내가 처음으로 했던 일은 보도 블록이 깔린 길을 사전에 한번 둘러보면서 촬영에 관한 사항을 체크하는 것이었는데, 나는 그렇게 돌아다니면서 여러 군데에서 잠깐 동안 멈춰섬으로써 카메라가 촬영할 순간과 방향을 그라치아가 알 수 있도록 했고, 내가 다시 그 길을 걸어가면 미리 지시해둔 대로 촬영하기로 되어 있었다. 그라치아와 나는 그때 거리에 몸을 숨긴 채 쫙 깔려 있던 압제적인 독재 체제가 드러날 만한 그 어떤 사소한 것도 촬영하지 않아야 했다. 그날 오전에는 사람들의 행동에 특별히 역점을 두면서 그냥 여느 날과 다름없는 하루의 분위기만을 촬영했다.

그런데 내가 공항에 도착하던 날 밤에 느꼈던 것처럼 사람들은 과거 그 어느 때보다도 대화가 없는 것 같았다. 내 기억으로는 내가 망명을 떠날 무렵 칠레에 남아 있던 사람들이나 지금까지 망명 생활을 하고 있는 사람들 모두가 그렇듯이 현재 자신들이 가고 있는 길에서 일어나는 일에는 거의 관심도 없다는 듯 더욱 바삐 걸었고, 대화를 하고 있던 사람들조차도 손짓 같은 것은 전혀 사용하지 않은 채 비밀 이야기라도 하듯이 소곤소곤 이야기를 나누었다. 나는 그때 우리가 하고 있던 그날의 일차적인 촬영을 더 원활하게 조정하는 데뿐만 아니라 영화를 총체적으로 완성시키는 데 소용될 만한 내용을 녹음하기 위해 와이셔츠 주머니에 고성능 소형 녹음기를 감춘 채 이야기를 나누고 있는 사람들 사이로 걸어갔다.

나는 그라치아에게 촬영 지점을 정해준 뒤 메모를 하기 위해 벤치에 앉아서 햇볕을 쬐고 있던 어느 부인 옆으로 가 앉았다. 초록색 페인트가 칠해진 벤치의 나무 판자에는 여러 세대에 걸쳐 그 벤치를 이용했을 연인들이 칼로 새겨넣은 사랑하는 사람의 이름이나 하트 모양이 있었다.

나는 건망증 때문에 메모장을 빠뜨리고 다니기 일쑤였는데. 그때도 파리에서 듬뿍 샀던 프랑스 유명 브랜드 '지탕' 담뱃갑 뒷면에 메모하기 시작했다. 촬영 작업이 계속되는 동안 줄곧 그런 식으로 메모했다. 이 책을 출판할 때 활용하기 위해 의도적으로 보관한 것은 아니었지만 담뱃갑 종이에 적힌 메모들은 이 책에서 내가 촬영하러 돌아다니면서 겪은 상세한 일들을 재구성하는 데 마치 항해 일지처럼 긴요하게 사용되었다.

그날 오전 '아르마스 광장'에서 메모하는 동안 나는 옆에 앉아 있는 부인이 흘끔흘끔 나를 쳐다보고 있다는 것을 눈치 챘다. 나이가 지긋한 그 부인은 아주 오랫동안 사용했던 것으로 보이는 낡은 모자를 쓰고 목 칼라가 가죽으로 된 외투를 입고 있었는데, 유행이 지난 옷차림새로 보아 중하층 계급인 것 같았다. 나는 그 부인이 혼자서 입을 꾹 다물고 시선을 한 곳에 고정시키지도 않은 채 비둘기들이 우리 머리 위에서 날개를 퍼덕거리며 날아다니거나 구두 끝을 쪼아대도 눈 하나 깜짝하지 않고서 도대체 무엇을 하고 있는 건지 이해할 수가 없었다. 나중에 그 부인이 미사에 참석하는 동안 너무 추워서 지하철을 타기 전에 잠시 몇 분 동안이라도 햇볕을 쬐려고 그렇게 앉아 있다는 말을 하지 않았다면 그 행위를 결코 이해할 수 없었을 것이다.

나는 신문을 읽는 척하면서 그 부인이 나를 머리 끝에서 발끝까지 유심히 살펴보고 있다는 것을 눈치챘는데, 그럴 만도 했던 것이 나는 당시 그 시각에 광장에 나오는 사람들이 흔히 입는 것과는 좀 색다른 옷을 입고 있었던 것이다. 내가 그 부인을 바라보면서 살짝 미소를 짓자 부인이 내게 어디서 왔느냐고 물었다. 바로 그때 나는 부인이 눈치채지 못하도록 와이셔츠 주머니에 들어 있던 녹음기의 버튼을 조심스럽게 눌렀다.

"우루과이 사람입니다."

"아하, 그렇군요. 우루과이 사람들은 참 운이 좋아요. 좋으시겠어요."

그 부인은 우루과이의 자유선거 제도의 부활에 대한 이야기를 꺼내더니 과거에 대한 아련한 그리움으로 칠레의 선거에 대해 이야기했다. 나는 그녀가 이야기를 더 많이 하도록 하기 위해 짐짓 알아듣지 못한 척하며 말을 이어갔으나 그 부인이 칠레의 현 상황에 대해 솔직하게 이야기하도록 하는 데는 실패하고 말았다. 하지만 그 부인은 칠레에서는 개인의 자유가 제한되어 있다는 것과 실업으로 인해 발생한 여러 가지 문제점들에 대해서는 어느 정도 솔직하게 의견을 이야기했다. 이야기가 어느 정도 진행되고 있을 때 그 부인은 수가 점점 불어나고 있던 실업자들, 광대들, 음악가들, 성전환자들이 앉아 있는 벤치들을 가리켰다.

"저 사람들 좀 보세요. 저들은 일자리가 없기 때문에 하루 종일 누군가의 도움을 기다리면서 보낸답니다. 우리 나라엔 배고픈 사람들이 많이 있어요."

나는 그 부인이 말을 계속하도록 가만히 있었다. 첫번째 촬영을 시작한 지 삼십 분쯤 지났을 무렵, 나는 광장을 두 번째로 돌기 시작했다. 그러자 그라치아가 카메라맨에게 내게 너무 가까이 접근하지 말고, 경찰관들에게 쓸데없는 빌미를 주지 않기 위해 나의 모습을 너무 튀지 않도록 조심스럽게 촬영하라고 지시했다. 그러나 문제는 그 반대였다. 오히려 경찰관들에게서 눈을 뗄 수 없었던 사람은 바로 나였던 것이다. 거리에 깔려 있는 뭔가를 감시하는 듯한 눈초리의 경찰관들을 보고 있자니, 어떻게 해서든지 그들의 대화를 녹음하고 그들의 모습을 촬영해야겠다는 거부할 수 없는 충동이 일어났기 때문이다.

칠레에는 거리에서 물건을 파는 잡상인들이 항상 있었지만 지금처럼 많은 잡상인들이 거리로 나왔던 적은 일찍이 없었다. 칠레의 여러 상업 지역들 가운데 길을 따라 말없이 길게 늘어서 있는 잡상인들로 넘치지 않는 곳이 없을 정도였다. 거리의 잡상인들은 무엇이든지 다 내다팔았고, 그 수가 어찌나 많고 각양각색인지 그들의 모습만 보아도 현재 칠레 사회에서 일어나고 있는 드라마의 전모를 알아볼 수 있을 정도였다. 좋았던 시절에 입었던 옷들을 아무 가격에나 팔고 있는 퇴역 의사, 몸이 쇠약해져서 일을 할 수 없는 엔지니어, 한때는 지체 높은 어느 가문의 마나님이었을 법한 부인, 그리고 그 옆에서 훔쳐온 물건들을 팔고 있는 어린이들, 집에서 만들어온 빵을 파는 행색이 초라한 여인네들…… 등이 뒤섞여 늘어서 있었다.

한때는 자기 분야에서 명성을 날렸지만 지금은 과거에 사용했던 물건들을 팔러 거리로 나오게 된 불운에 처한 대부분의 사람들은 그럼에도 그들의 품위를 가능하면 최소한이라도 간직하려 했다. 그들은 온갖 싸구려 잡동사니를 펼쳐놓은 좌판 뒤에서 마치 과거의 자기들의 화려했던 사무실에 있는 것처럼 복장을 갖춰입고 서 있었다. 나는 산티아고 시내를 둘러보기 위해 택시를 탔는데, 한때는 떵떵거리던 섬유 제품 상인이었다는 그 택시 운전사는 여러 시간에 걸쳐 산티아고 시내를 반이나 돌고 난 후에도 팁을 받으려 하지 않았다.

카메라맨이 광장의 이런저런 분위기를 촬영하는 동안 나는 나중에 영화에서 각 장면에 대한 보충 설명 자료가 될 수 있도록 사람들이 나누는 대화를 녹음하기 위해 사람들 사이를 돌아다녔다. 그러나 그 대화의 주인공 가운데 단 한 명이라도 나중에 영화 화면에서 신분이 노출되어 곤욕을 치르지 않도록 신중을 기했다.

그라치아는 다른 방향에서 나를 주의 깊게 관찰하고 있었고, 나 역시 그녀를 관찰하고 있었다. 그라치아는 카메라의 초점을 가장 높은 건물들의 꼭대기에 맞추고 촬영하다가 차츰차츰 아래로 내리고 나서 옆으로 이동시켜 주변을 찍을 때 경찰관들까지 찍으면서 끝내도록 하라는 내 지시 사항을 지키고 있었다.

우리는 정오가 가까워지면서 광장에 늘어나기 시작한 사람들의 열기가 고조됨과 동시에 눈에 띄게 변해가는 그들의 얼굴에 나타난 긴장감도 찍고 싶었다. 그러나 경찰관들은 곧 카메라의 초점이 자기들을 따라 이동하고 있다는 것을 눈치채고서 그라치아에게 거리에서 촬영할 수 있는 허가를 받았는지 물으며 촬영 허가증을 요구했다. 그라치아가 촬영 허가증을 보여주자 그 경찰관이 금세 수긍하는 표정을 짓는 것을 보고 나는 가벼운 마음으로 계속해서 광장을 둘러보기 시작했다.

나중에 나는 그 경찰관이 그라치아에게 자신들을 찍지 말라고 요청했을 때 그녀가 그에게 촬영 팀이 소지하고 있는 촬영 허가증에는 경찰을 찍어서는 안 된다는 예외 조항이 없다고 항의했으며, 자기는 이탈리아 여기자로서 그런 무모한 요구는 받아들일 수 없다는 점을 분명히 하니까 경찰관이 군소리를 하지 않더라는 얘기를 들었다. 그것은 내게 흥미로웠다. 그 사건은 사실 우리가 예상했던 대로, 칠레에서 유럽 촬영 팀이 가지고 있던 장점이 어떤 것이었는가를 실제로 보여주었기 때문이다.

자살한 어느 여가수의 노래

경찰관들과 대화를 나누어야 한다는 생각은 내게 하나의 강박관념으로 자리잡았다. 나는 그들과 대화를 나눌 기회를 엿보면서 여러 차례 그들의 주위에서 서성거렸다. 그러다가 갑자기 어떻게 제어할 수 없는 강한 충동을 느꼈고, 나는 어느 순찰대 경찰관에게 접근하여 지난해 3월에 발생한 지진으로 인해 파괴되었다가 현재 복구 중인 식민지 시대 건물인 시 청사에 대해서 몇 가지 물어보았다.

내 질문을 받은 경찰관은 나를 쳐다보지도 않고서 대답했다. 광장에서 일어나고 있는 것을 단 하나라도 놓쳐서는 안 되었기 때문이다. 그 경찰관 옆에 있던 다른 경찰관의 행동도 역시 마찬가지였다. 그러나 내가 그의 말문을 열어보려고 심사숙고하면서 일부러 하찮은 질문들을 계속 던지자 그는 나에 대한 궁금증을 참지 못하겠는지 가끔씩 곁눈질로 나를 바라보곤 했다. 그러다가 마침내 그는 나를 정면으로 바라보더니 험악한 인상을 지으며 명령했다.

"저리 가시오!"

그러나 나는 자신에게 걸어둔 마법을 스스로 깨뜨려버렸다. 그러자 그때까지 나를 둘러싸고 있던 불안감은 순식간에 사라졌고, 나도 모르는 사이에 알 수 없는 흥분에 휩싸였다. 그래서 나는 그 경찰관의 말에 복종하는 대신에 한가하고 평화롭게 관광하고 있는 어느 외국인 여행자의 호기심을 유발시킬 정도로 삼엄한 경찰의 경비 행위에 대해 일장 연설을 늘어놓기 시작했다. 그러나 그 순간 나는 내가 사용하고 있는 우루과이 억양이 그런 어려운 이야기들을 늘어놓기에는 허술하다는 생각을 전혀 하지 못했다.

경찰관은 시민 의식 넘치는 내 연설을 듣는 데 짜증이 났는지 마침내 신분증을 보여달라고 요구했다. 영화 촬영을 위해 유럽을 떠난 후 그 순간처럼 무시무시한 중압감을 느낀 적은 없었을 것이다. 나는 모든 상황에 대해 생각해보았다. 시간을 끌 것인가, 반항을 할 것인가, 아니면 곧 잡히고 말겠지만 전

속력으로 도망칠 것인가.

나는 그때 도대체 어디에 있는지 감감무소식인 엘레나를 생각했고, 카메라맨이 제발 내가 위기에 처한 채 경찰관들 앞에 있는 모습이나 체포되는 광경을 하나도 놓치지 않고 낱낱이 촬영하여 내가 경찰관들에게 체포되었다는 거부할 수 없는 증거를 외부에 알릴 수 있기만을 간절히 바라고 있었다.

한편으로는, 프랑키가 내 근처에 있고 그가 어떤 인물이라는 것을 알고 있었으므로 그가 나를 놓치지 않았으리라고 믿었다.

물론 가장 쉽게 해결하는 방법은 이미 여러 공항을 통해서 칠레까지 오는 동안 검증을 받았다시피 내가 가지고 있던 위조 여권을 경찰에게 내밀어 신분을 밝히는 것이었다. 그렇지만 경찰관이 여권을 보고 나서도 내 몸을 수색할까봐 걱정스러웠다. 바로 그 순간 나는 평소 꼼꼼하지 못한 나의 성격으로 인해 생긴 치명적인 잘못을 생각해냈던 것이다. 여권을 넣어둔 지갑 안에 무신경하게 그냥 넣어두었던 내 본래의 칠레 신분증과 내 진짜 이름으로 되어 있는 크레디트 카드가 함께 들어 있었던 것이다.

나는 내게 닥칠 위험이 그렇게 심각하지 않을 수도 있다고 자위하면서 경찰관에게 태연하게 여권을 제시하는 것 이외에는 다른 뾰족한 방법이 없다고 생각하고서 여권을 경찰관에게 보여주었다. 경찰관은 내가 가짜 여권을 가지고 입국한 반정부 망명 영화감독이라는 사실은 차마 생각지도 못했고, 또 무고한 외국인 관광객을 귀찮게 하는 것이 썩 잘하는 행동인지 확신이 없었던지 여권에 붙어 있는 사진을 한 번 쓱 훑어보더니 아까보다는 덜 거친 동작으로 되돌려주었다.
"선생께서 저 건물에 대해 알고 싶은 게 도대체 뭡니까?"
경찰관이 내게 물었다.
나는 안도의 한숨을 내쉬며 이렇게 대답했다.
"아무 것도 아니에요. 그냥 심심해서 한 번 물어보았던 것뿐이에요."

그런 고비를 한 번 넘기고 나자 그동안 칠레 경찰관들이 내게 야기했던 불안감은 남은 촬영 작업을 위해 이곳 저곳을 돌아다니는 동안 더 이상 나를 괴롭히지 않았다. 그 이후로 나는 합법적이고 정상적인 칠레 사람들이나 그 수가 무수히 많을 것으로 예상되는 다른 추방자들처럼 아주 자연스럽게 경찰관들을 바라볼 수 있었고, 오히려 촬영 기간 동안 두세 번 정도는 경찰관들에게 우연하게 도움을 요청한 적까지 있었는데, 그때마다 그들은 문제를 아주 잘 해결해주었다.

다른 무엇보다도 정말 경찰 덕을 톡톡히 보았던 것은, 이 책의 뒷부분에서 상세히 밝히겠지만, 내가 칠레에 잠입해 육 주일 동안 비밀리에 활동하면서 산티아고에 있었다는 것을 경찰들이 알아차리기 몇 분 전에 국제선 비행기 출발 시각에 맞추기 위해 경찰 순찰차의 인도를 받으며 쏜살같이 공항에 도착했던 일일 것이다.

아무튼 엘레나는 내가 단지 나의 긴장을 해소하기 위해 경찰에게 무모하게 도전하는 것 같은 행위는 이해할 수가 없다는 태도였다. 우리들의 업무적인 관계는 이미 여러 가지 아슬아슬한 균열이 발생해 있었고, 마침내 금이 가기 시작했다.

그나마 다행스러웠던 것은 엘레나나 그 밖의 다른 사람 누군가가 나의 경솔한 행동들에 대해 충고하기 전에 내가 먼저 자신의 경솔함을 깨우치고 반성했다는 것이다. 나는 경찰관이 내 여권을 되돌려주자마자 그라치아에게 촬영을 끝마치라는 우리들만이 알고 있는 신호를 보냈다.

프랑키는 광장의 한쪽에서 나만큼이나 불안해하며 나와 경찰관 사이에 일어났던 일을 쭉 지켜보다가 내가 아무 일없이 경찰들과 헤어지자마자 급히 내게로 달려왔다. 그러나 나는 점심 시간 후에 나를 호텔로 데려가달라고 프랑키에게 부탁했다. 혼자 있고 싶었다.

나는 그날 발간된 신문을 읽기 위해 벤치에 앉았다. 그러나 청명하기 이를 데 없는 가을날 오전에 내가 그곳에 앉아 있다는 감동으로 정신을 집중할 수가 없었기 때문에 신문을 읽는 것이 아니라 그냥 쓱 훑어볼 뿐이었다.

그때 멀리서 정오를 알리는 대포소리가 들렸고, 광장에서 한가로이 노닐던 비둘기들이 대포소리에 놀라 하늘로 솟구쳐 올랐다. 대성당의 스피커에서는 비올레타 파라[12]의 아주 감동적인 노래 〈삶에 감사를〉이 흘러나오고 있었다. 그 노래를 듣고 있으려니 참을 수 없는 격정이 솟구쳐올랐다. 나는 비올레타를 생각하고서 그녀의 배고픔, 그리고 파리에서 그녀가 지붕 없이 보냈던 무수한 밤들을 떠올렸다. 아무도 침범할 수 없는 그녀의 권위를 생각했다. 그리고 항상 그녀를 거부했던, 단 한 번도 그녀의 노래를 인정해주지 않았던, 오히려 그녀의 반항을 비웃었던 우리의 정치·사회제도를 생각했다.

한 영광스러운 대통령은 온 힘을 다해 싸우다가 생을 마감해야 했고, 칠레는 대통령의 순교라는 역사상 가장 피비린내 나는 고통을 맛보아야 했으며, 비올레타 파라는 조국이 인간의 심오한 진실과 자기 노래의 아름다움을 발견하기를 바라면서 스스로의 손에 의해 죽어야 했다.

광장에서 시민들의 동태를 감시하던 독재 정권의 하수인인 경찰관들조차도 그 노래를 부르고 있는 여가수가 누구인지, 그녀가 무엇을 생각하고 있었는지, 왜 울지 않고 노래하는 것인지, 그녀가 화사하고 청명하기 이를 데 없는 그 가을 정오에 광장에서 벌어지고 있는 기적 같은 광경을 지켜보면서 그곳에 있었더라면 경찰관 자신들을 얼마나 혐오할지, 아무런 생각도 없이 그저 노래를 잘 부른다는 듯이 열심히 듣고 있었다.

나는 과거를 하나하나 되짚어보고 싶은 열망에 사로잡혀 아내 엘리와 연애할 때 점심을 먹곤 하던 산티아고 시내의 언덕빼기에 위치한 식당으로 혼자 걸어갔다. 그 식당은 예전의 그 장소에 그대로 있었다. 노천에 있는 탁자들은 여전히 플라타너스와 활짝 핀 수많은 꽃들 아래에 있었지만 그곳은 아주 오래 전부터 이미 예전의 그 식당이 아니었음을 암시하는 어떤 분위기를 풍기고 있었다.

식당은 식사하는 사람 하나 없이 썰렁하기만 했다. 손님이 와도 접대할 생각을 하지 않는 식당 측에 내가 주문을 받으라고 항의하고서도 거의 한 시간이나 지난 후에야 불에 구운 알량한 고기 한 조각을 가져왔다.

막 식사를 끝마쳤을 때 엘리와 내가 그 식당의 단골이었던 때 이후로 한 번도 만난 적이 없는 한 쌍의 남녀가 식당으로 들어섰다. 남자의 본명은 '에르네스토'인데 '네토'라는 이름으로 더 알려져 있었고, 함께 온 여자는 '엘비라'였다. 에르네스토는 그 식당에서 불과 몇 블록밖에 안 떨어진 곳에서 성인들의 모습이 그려진 스탬프나 메달, 묵주, 유골함, 장례식에 쓰는 장식품 등 사람의 마음을 약간 울적하게 하는 물건들을 팔았다. 그런데 그 부부는 그런 사업을 하는 사람들처럼 보이지 않았다. 그들은 장난을 좋아하고 성격이 재기발랄한 사람들로, 우리는 날씨가 좋은 토요일이면 가끔씩 포도주를 마시고 카드놀이를 하면서 그들의 가게에서 아주 늦은 시각까지 놀곤 했다.

 나는 그 두 사람이 항상 그랬듯이 다정하게 손을 마주잡고 식당으로 들어오는 것을 바라보고는 세상이 그처럼 많이 변했는데도 여전히 같은 식당을 이용하는 그들의 충직함에 놀랐을 뿐만 아니라 그들이 너무나 나이가 들어보여서 마음이 찡했다. 나는 그들을 흔히 볼 수 있는 평범한 부부가 아니라 열애 중인 한 쌍의 활기 넘치는 나이가 지긋한 연인들로 기억하고 있었는데, 그때 내 앞에 나타난 두 사람은 세월의 살이 붙고 육체가 시든 노인네들처럼 보였다. 그들의 모습은 곧 다가올 내 노년의 모습이 담긴 거울을 보는 것 같았다. 만약에 그들이 나를 알아보았더라면, 틀림없이 그들도 나와 똑같은 생각을 하면서 놀라 나를 바라보았을 것이다. 그러나 내가 걸치고 있던 우루과이 출신 부유한 사업가의 껍데기가 나를 보호해주었다.

 그들은 내가 앉아 있던 탁자에서 그리 멀지 않은 곳에 앉아 밝은 목소리로 시끌벅적하게 대화하면서 식사했다. 그러나 이제 그들에게서 예전의 그런 열정은 찾아볼 수 없었다. 그들은 식사하면서 호기심 어린 눈길로 가끔씩 나를 흘끔흘끔 쳐다보

앉는데, 내가 같은 탁자에 앉아서 자기들과 즐거운 시간을 보냈던 바로 그 사람이라고는 추호도 생각하지 못했을 것이다.
　나는 그 순간 비로소 내가 추방당해 망명 생활을 한 지가 얼마나 오래되었으며, 그 지난한 세월이 우리의 삶을 얼마나 황폐하게 만들었는지를 깨달았다. 비단 우리처럼 고국을 떠난 사람들에게만 그 세월이 길었고 삶을 황폐하게 만들었던 것이 아니라 남아 있는 사람들에게도 마찬가지였던 것이다.

추억의 산티아고

■■■■■■■■■■■■■■■■■■■■■

　우리는 산티아고에서 닷새를 더 체류하며 촬영했다. 그 정도의 시간이면 우리 촬영 시스템의 유용성을 시험해보기에 충분했다. 그동안 나는 칠레 북부 지방에서 작업하고 있던 프랑스 촬영 팀과 남부 지방에서 작업하고 있던 네덜란드 촬영 팀과 전화로 계속 접촉했다. 엘레나의 교섭 작업은 매우 효과적이어서, 비밀리에 활동 중인 지도자들의 인터뷰에 관한 사항은 차츰차츰 진척되어가고 있었다. 그런 식으로, 합법적으로 활동 중인 정치인들과도 인터뷰하기로 되어 있었다.

　나는 이미 '본래의 내'가 아닌 다른 사람으로 머무는 것을 포기했다. 어머니를 비롯하여 보고 싶은 친척들과 친구들이 너무나 많았고, 또 돌이키고 싶은 내 젊음의 순간들이 수없이 많았기 때문에 계속 '위장된 나'로 행세하며 조국에 머무른다는 것은 내게 너무나 견디기 힘든 희생이었기 때문이다. 그러나 그들은 내게 금지된 세계에 살고 있었기 때문에 나는 적어도 우리가 영화 촬영을 끝마칠 때까지만이라도 그들에 대한 애정을 억눌러야만 했다. 그리고 추방당한 몸으로 비밀리에 입국해 내 나라, 내 땅에서 활동하고 있는 나의 특수한 조건을 수용해야만 했는데, 그것이 바로 추방된 사람이 겪어야 하는 가장 큰 고통일 것이다.

내가 거리에 보호자 없이 혼자 나선 것은 몇 번 되지 않았다. 그러나 나는 항상 혼자 있다는 느낌을 가졌다. 내가 어느 곳에 있든지 나 자신도 눈치채지 못할 정도로 국내 비밀 저항 조직의 눈들이 항상 어디에선가 나를 보호하고 있었다. 절대적으로 신뢰할 수 있는 사람들을 만나 이야기를 나눌 때나 친한 친구들을 만날 때면 나는 경호원들이 개입하는 것을 원치 않았으므로 경호를 해제해달라고 사전에 부탁하곤 했다.

나중에 엘레나가 우리의 작업을 본궤도에 올리기 위해 그동안 맡았던 임무를 다 끝마쳤을 때 나는 이미 나 혼자 활동하는 데 충분히 훈련이 되어 있었고, 어떠한 불상사도 일어나지 않았다. 영화 촬영은 우리가 예상했던 대로 진행되었고 협조자들 가운데 나의 부주의나 실수로 인해 조금이라도 불편을 느꼈던 사람은 아무도 없었다. 그런데도 우리가 작업을 무사히 마치고 이미 칠레를 벗어났을 때 우리 작업의 책임자 가운데 한 사람이 유머러스하게 내게 이렇게 이야기했다.

"지구가 생긴 이래로 그 많은 안전 수칙을 그토록 여러 번, 그렇게 위험하게 위반한 사람은 감독님말고는 단 한 명도 없을 겁니다."

어찌되었든지 아주 중요한 점 한 가지는 우리가 일 주일 이내에 산티아고에서의 촬영 계획을 초과달성해버렸다는 것이다. 아주 유연한 계획을 가지고 있었기 때문에 작업 현장에서 뭐든지 바꿀 수 있었고, 그것이 실제로 매순간 우리에게 놀라움을 주고 선명한 영감을 주는 예측할 수 없는 도시에서 활동하는 유일한 방법이라는 것이 증명되었던 것이다.

일 주일 동안 우리는 호텔을 세 번이나 바꾸었다. 엘콘키스타도르 호텔은 안락하고 실용적이었으나 위치상으로 경찰들의 단속과 검문이 많은 지역의 한가운데에 있었고, 실제로 그 호텔이 산티아고 시내에 있는 호텔 가운데서 가장 감시를 많이 받는 곳이라고 생각할 만한 충분한 이유도 있었기 때문이다. 경찰들의 감시는 항상 외국인들로 붐비는 별 다섯 개짜리 특급 호텔에서는 여지없이 진행되고 있었다. 외국인들은 원칙적으로 독재 정권의 시녀들에게는 가장 그럴듯한 혐의자들이었기 때문이다.

그렇지만 이류 호텔들에서도 출입에 대한 통제가 엄격하기 십상이어서, 그런 호텔에 묵게 된다면 우리들이 경찰들의 주의를 더 끌 것 같아 두려웠다. 그래서 가장 안전한 방법으로 호텔의 등급에는 아랑곳하지 않고 이삼 일마다 옮겨다니는 것을 택했는데, 한 번 묵었던 호텔은 절대 다시 가지 않기로 했다. 나는 위기를 겪은 곳에 다시 돌아가면 항상 좋지 않은 일이 일어난다는 징크스를 가지고 있었기 때문이다.

그런 믿음은 1973년 9월 11일 전폭기가 '라모네다 궁'을 폭격하고 산티아고가 온통 혼란의 도가니에 빠져 있을 때 더욱 확실해졌다. 그 당시 나는 항상 함께 일하던 동료들과 쿠데타에 대항하는 문제를 협의하기 위해 '칠레 필름' 사무실에 가 있었는데, 협의를 마치고 특별한 문제없이 무사히 사무실을 빠져나올 수 있었다. 사무실에서 나온 나는 생명의 위협을 느낄 만한 충분한 이유를 가지고 있던 친구들을 내 차에 태워 포레스탈 공원까지 데려다주고는 다시 '칠레 필름' 사무실로 돌아가는 결정적인 실수를 범하고 말았다. 앞에서 이미 언급한 바 있듯이, 나는 그곳에서 기적적으로 살아날 수 있었다.

호텔을 세 번째로 바꾸고 나서 엘레나와 나는 혹시 모를 사고를 더욱더 확실하게 예방하기 위해 부부가 아니라 각자 독자적인 개인으로 행세하며 방을 따로 쓰기로 결정했다. 가끔씩은 호텔에 투숙할 때 숙박부에 나는 사장으로, 엘레나는 비서로 기입하기도 했고, 또 어떤 때는 서로 모르는 사람인 것처럼 따로따로 기입하기도 했다. 그건 그렇다고 치고, 그렇게 점차적으로 따로 방을 쓰기 시작하면서 우리의 관계도 위장된 부부가 아니라 영화감독과 협조자라는 본연의 위치로 되돌아가기 시작했고, 개인적으로는 조금씩 멀어져갔지만 작업은 훨씬 더 잘되어갔다.

한 가지 밝히고 넘어가야 할 점은 우리가 머물렀던 많은 호텔 가운데 두 곳에서 약간의 불안을 느낄 만한 일이 발생했던 것이다. 첫번째는 세라톤 호텔에서였다. 호텔에 투숙한 바로 그날 밤, 내가 막 잠들었을 때 침대 옆 탁자 위에 있던 전화벨이 울렸다. 그날 엘레나는 어느 비밀 회합에 참석하러 갔다가 모임이 예상보다 늦게 끝나 호텔로 돌아오는 도중에 통행금지 시각에 걸릴까 두려운 나머지 전에도 여러 번 그런 적이 있듯이 그 집에서 자느라 호텔 방에는 없었다.

나는 순간 비밀리에 입국해 산티아고에 머물고 있다는 생각을 하기는커녕 다른 사람으로 변장해 행세하고 있다는 사실조차 잊은 채 깜짝 놀라서 엉겁결에 전화를 받았다. 칠레 억양을 사용하는 여자가 내 위조 이름을 대면서 나를 찾았다. 나는 하마터면 그런 사람을 모른다고 대답할 뻔했다. 바로 그 순간 누가 하필이면 내 위조 이름을 대면서 그 시각에 그 호텔에서 나를 찾을까 하는 생각에 정신이 번쩍 들었다.

 전화를 건 여자는 장거리 시외전화가 왔다고 알리는 호텔의 교환원이었다. 나는 순간적으로 엘레나와 프랑키말고는 그 누구도 우리가 묵고 있는 호텔을 아는 사람이 없다는 사실을 깨달았다. 그리고 만약 전화를 건 사람이 두 사람 가운데 한 명이라고 해도 죽고 사는 것 같은 다급한 문제가 발생하지 않았다면 새벽이 다 된 그 시각에 교환원을 통해야만 하는 장거리 시외전화를 걸 리가 없다고 생각했기 때문에 나는 그렇다고 대답하기로 결정했다. 전화를 받자 영어를 사용하는 여자가 나를 'darling'이라고 부르기도 하고 'sweetheart' 또는 'honey'라고 마구 뒤섞어 부르면서, 알아들을 수 없는 말들을 다정한 목소리로 말했다. 내가 영어를 할 줄 모른다는 것을 인식시키기 위해 가까스로 틈을 열었을 때, 그 여자는 'shit'라는 달콤한 한숨을 내쉬면서 전화를 끊었다.

 호텔의 여자 교환원에게 어디서 걸려온 전화인가를 알아봐달라고 부탁했지만, 그 호텔에 내 위조 여권에 있는 이름과 비슷한 이름을 가진 남자 두 사람이 투숙해 있다는 사실 이외에 특별히 알아낸 사항은 없었다. 나는 그날 밤 한숨도 잘 수 없었고, 엘레나가 아침 일곱 시에 호텔 방으로 돌아오자마자 우리는 다른 호텔로 옮겨가버렸다.

 두 번째로 놀랐던 것은 오래된 호텔 카레라에—호텔 방 앞

유리창에서 내려다보면 '라모네다 궁'이 완전히 다 보인다—묵을 때였는데, 생각만 해도 소름 끼치는 일이었다. 사실 우리가 그 호텔에 묵은 지 며칠이 지나지 않아 신혼여행을 다니는 것으로 보이는 아주 젊은 남녀 한 쌍이 우리가 투숙해 있던 옆방에 자리를 잡았다. 그런데 그들은 사진기용 삼각대 위에 시한 장치가 설치된 바주카 포를 '라모네다 궁'의 피노체트 집무실을 향해 고정시켜 놓았다. 바주카 포의 성능이나 자동적으로 발사되는 메커니즘은 완벽했고, 피노체트는 포가 발사될 시각에 집무실에 있었다. 그러나 정작 바주카 포가 발사되는 순간 충격을 받은 삼각대가 벌어져버렸고, 방향을 잃은 포탄은 방 안에서 터지고 말았다.

다섯 명소들

우리가 작업을 시작한 지 두 번째 주 금요일, 프랑키와 나는 다음날부터 자동차를 이용해 콘셉시온에서 시작하여 칠레 전역을 돌아보기로 결정했다. 당시 산티아고에서는 합법적으로 활동 중인 지도자들과 비밀리에 활동 중인 지도자들과의 인터뷰와 '라모네다 궁'의 내부 촬영 작업만 남겨놓은 상태였다. 인터뷰를 하기 위해서는 아주 복잡한 준비와 절차가 필요했는데, 엘레나는 감탄스러울 정도로 부지런하게 인터뷰 준비를 해나갔다. '라모네다 궁' 내부 촬영에 대한 승인은 구두로 받았고, 문서화된 공식 허가는 다음주에 나오기로 되어 있었다. 그래서 프랑키와 나는 칠레 국내에서 해야 할 작업에 할

당된 시간 가운데 남는 자투리 시간을 최대한 이용하기로 했던 것이다.

우리는 여행을 떠나기에 앞서 모든 작업이 계획된 시간 안에 원활하게 이루어질 수 있도록 프랑스 촬영 팀에게는 북부 지방에서의 계획된 작업을 끝마치는 대로 산티아고로 돌아오라고 전화로 지시했고, 네덜란드 촬영 팀에게는 남부 지방의 촬영 계획을 푸에르토몬트까지 계속해나가고 작업이 끝나면 거기서 새로운 지시를 기다려달라고 요청했다. 그리고 나는 항상 그랬던 것처럼 이탈리아 팀과 일을 계속해나갈 예정이었다.

미리 예정되어 있었다시피, 독재 권력의 시녀들이 칠레에서 우리의 영화 촬영을 지휘한 사람이 바로 나였다는 사실을 나중에 부인할 수 없도록 하기 위해 그 금요일에 거리를 촬영할 때 내 모습을 필름에 같이 담기로 했다. 우리는 산티아고 시에서 가장 특징적인 다섯 군데의 장소에서 작업을 했다. 나의 모습을 담을 장소는 '라모네다 궁' 외부, 포레스탈 공원, 마포초 강의 다리들, 산크리스토발 언덕, 그리고 산프란시스코 성당이었다.

한 장소에서 두 시간씩 촬영해 열 시간 만에 모두 끝내기로 이미 계획되어 있었기 때문에 그라치아는 단 일 분도 허비하지 않도록 며칠 전부터 그 장소들을 파악하고 카메라를 설치할 자리들을 탐색하느라 아주 분주했다. 나는 정해진 장소에 촬영 팀이 자리를 잡은 지 십오 분 정도 지난 후에 도착해서 촬영 팀 그 누구와도 이야기를 나누지 않고, 이미 그라치아와 협의해둔 대로 촬영에 관한 것을 지시하면서 각 장소에 있는 사람들 속에 자연스럽게 끼여들어가기로 되어 있었다.
 '라모네다 궁'은 정사각형 모양의 한 블록을 다 차지하고 있는데, 주요 두 면 중 현재 외무부 청사가 있는 한쪽 면은 '알라메다 거리'에 있는 불레스 광장과 맞닿아 있고, 대통령부 청사가 자리잡고 있는 다른 쪽 면은 '콘스티투시온 광장'과 맞닿아 있다. 9월 11일에 있었던 공중 폭격으로 인해 건물이 파괴된 후 대통령부 사무실의 잔해들은 그대로 방치되어 있었다.
 정부는 과거 유엔 무역개발위원회(UNCTAD)가 사무실로 사용했던 이십 층 건물로 옮겼는데, 군사 정부는 정통성을 획득해야겠다는 생각에 조바심이 나서 칠레 자유주의파의 리더였던 디에고 포르탈레스[13]의 이름을 그 건물에 붙였다. 대통령부는 그 건물에서 약 십 년 전까지, 그러니까 '라모네다 궁'의 지하에 방호벽으로 둘러싸인 지하실, 비밀 통로, 비상 탈출구, 그 훨씬 이전부터 도로 밑에 있어왔던 주차장에 이르는 비상 통로 등을 신축하거나 복구해 철옹성 같은 지하실을 건축하는 것을 포함한 기나긴 복구 작업이 끝날 때까지 머물렀다가 현재의 위치로 옮겼다.
 '라모네다 궁'을 그렇게 완벽하게 고쳐놓았음에도 불구하고 산티아고 사람들은 형식적인 것을 좋아하는 피노체트라고 해도 칠레에서 권위의 정통성을 상징하는 오이긴스의 휘장만은 걸칠 수 없었다고 수군거렸다. 그 휘장은 9월 11일 공중 폭격으로 인해 훼손되어버렸던 것이다. 언젠가 군부 권력의 부하한 사람이 공중 폭격 때 '라모네다 궁'을 점거했던 첫번째 경찰들에 의해 그 휘장이 화염 속에서 구해졌다는 그럴듯한 이야기를 꾸며댔다. 그러나 그 이야기는 널리 퍼지지 못한 너무나 유치한 희망 사항이었을 뿐이다.

오전 아홉 시가 되기 조금 전에 이탈리아 촬영 팀은 칠레 건국의 아버지인 베르나르도 오이긴스를 기리는 기념비가 있는 '라모네다 궁'의 알라메다 거리 쪽 촬영을 마쳤다. 그 기념비에는 지금도 프로판 가스를 이용해 피우는 영원히 꺼지지 않는 성화 '자유의 불꽃'이 타오르고 있다.

그러고 나서 '라모네다 궁'의 다른 면을 촬영하기 위해 자리를 옮겼다. 새로 옮겨간 곳은 '라모네다 궁' 경비대의 매끈하게 차려입은 거만한 엘리트 대원들이 더 잘 보이는 곳으로, 그들은 하루에 두 번씩 임무 교대를 위한 의식을 거행하는데 세상 사람들의 호기심을 유발시킬 정도까지는 아니지만 영국의 버킹검 궁전에서와 같은 그 엄청난 규모에 놀랄 따름이었다. 그쪽 면은 경계도 더 삼엄했다. 그래서인지 경비 경찰들이 촬영을 준비 중이던 이탈리아 촬영 팀을 보자마자 달려들어 조금 전 알라메다 거리 쪽을 찍을 때 이미 요구했던 촬영 허가 서류를 또다시 보여달라고 했다. 그것은 우리가 촬영을 하면서 단 한 번도 빠지지 않고 일어났던 일이다. 산티아고 시내 어디에서건 카메라가 나타나기만 하면 매번 경찰들이 나타나서 촬영 허가 서류를 요구했던 것이다.

나는 경찰관들이 촬영 허가 서류를 요구하던 바로 그 순간 현장에 도착했다. 우고라는 이름의 카메라맨은 연이어 계속되는 모험을 호기심 많은 일본 사람처럼 즐기던 사근사근하고 대담한 청년이었다. 그는 경찰관이 신분증을 보여달라고 요구하자 한 손으로는 카메라를 들고서 눈치채지 않도록 경찰관을 촬영해가면서 다른 한 손으로는 자기의 신분증을 보여주기 위해 교묘하게 손을 놀리고 있었다.

프랑키는 십오 분쯤 지난 후에 나를 촬영 현장으로 데려갈 예정으로 경찰관이 카메라맨 우고의 신분증을 검사하던 곳에서 네 블록 떨어진 곳에 머물도록 했다. 그날은 칠레 초가을의 전형적인 날씨로 안개가 자욱하게 낀 쌀쌀한 오전이었는데, 나는 겨울 외투를 입었으면서도 추위로 벌벌 떨고 있었다. 나는 굳은 몸을 풀기 위해 바삐 걷고 있는 군중들 틈에 끼여 네 블록을 급히 걸어갔고, 촬영 팀이 신분 확인 작업을 다 끝낼 때까지의 남은 시간을 보내기 위해 내친김에 두 블록을 더 걸어갔다.

내가 촬영 장소로 돌아왔을 때 촬영 팀은 '라모네다 궁' 앞으로 걸어가는 나의 모습을 특별한 문제없이 찍었다. 그리고 십오 분이 지난 후 촬영 팀은 기구들을 집어들고 다음 촬영지로 옮겨갔다. 나는 '로스에로에스 지하철역' 앞에 있는 '리켄메 거리'에서 프랑키의 차를 탔고, 우리는 다음 촬영지를 향해 차를 돌렸다.

포레스탈 공원에서의 촬영 작업은 예정보다 시간이 덜 걸렸다. 실제로 다시 가서 보고는 내가 그동안 그 공원에 대해 가지고 있었던 관심이라는 것이 순전히 나의 주관적인 판단에 의한 것임을 인식했기 때문이다. 사실 포레스탈 공원은 아주 아름다운 곳으로 산티아고에서 특징적인 장소임에는 틀림없었다. 무엇보다도 마음을 차분하게 가라앉히는 금요일의 노랗게 물든 나뭇잎 아래로 불어오는 바람은 더욱더 그랬다. 그러나 그 어떤 것보다도 나의 마음을 끌었던 것은 추억에 대한 향수였다.

 그곳에는 예술대학이 있었는데, 지방에서 갓 올라온 내가 처음으로 연출했던 연극을 그 대학 야외 공연장에서 공연했다. 나중에 갈 길이 요원한 초보 영화감독이 되고 나서 나는 일을 마치고 집으로 돌아갈 때면 거의 매번 그 공원을 가로질러갔다. 해질 무렵에 푸르른 잎사귀에 반사되던 석양빛이 내가 영화감독 초기에 만들었던 몇 편의 영화들에 대한 기억과 함께 영원히 내 가슴에 지워지지 않는 빛으로 남아 있다. 그 이외에는 특별히 기억할 만한 것이 없었다. 그래서 그곳에서의 작업은 보슬보슬 내리는 비를 맞아 잎사귀들이 떨어지는, 추억이 깃들여 있는 짧은 오솔길을 걷는 나의 모습을 잠시 촬영하는 것으로 충분했다. 그리고 나는 프랑키가 기다리고 있던 쇼핑 센터로 갔다.

 날씨는 계속해서 청명하고 쌀쌀한 가운데 안데스 산맥이 내가 산티아고에 도착한 이후 처음으로 그 웅장한 모습을 선명하게 드러냈다. 산티아고 시는 산으로 둘러싸인 분지에 있기 때문에 평소에는 모든 것이 자욱하게 낀 오염된 안개 사이로 희미하게 보인다.

 항상 그렇듯이 오전 열한 시의 에스타도 거리에는 수많은 사람들이 웅성거리고 있었는데, 조조 프로가 상영될 시각이 되자 사람들이 영화관들 안으로 들어가기 시작했다. 렉스 극장에는 내가 평소에 그토록 보고 싶었던 밀로스 포맨 감독의 〈아마데우스〉를 상영한다는 광고판이 붙어 있었다. 나는 극장 안으로 들어가고 싶은 불같이 일어나는 충동을 참느라 상당히 애를 써야 했다.

길모퉁이에서 마주친 장모님

지난 며칠 동안 이탈리아 촬영 팀과 작업하러 이리저리 돌아다니는 과정에서 과거에 알고 지냈던 많은 사람들과 마주치곤 했다. 신문기자들이며 정치인들, 문화계 인사들이었다. 그들은 나를 보고서도 전혀 알아차리지 못했는데, 그런 사실이 내 변장에 대한 신뢰감을 더해주었다.

그러나 금요일에 언젠가는 반드시 일어나고야 말 일이 드디어 벌어졌다. 길을 걷다가 반대편에서 나를 향해 걸어오고 있는 어느 우아한 자태의 부인을 발견했던 것이다. 그 부인은 날씨가 따뜻할 때처럼 외투도 걸치지 않은 채 베이지 색깔의 면직 투피스만 입고 있었는데, 나는 그 부인이 내 앞 약 삼 미터 정도까지 왔을 때에야 비로소 누구인지 알아볼 수 있었다. 그 부인은 다름아닌 내 장모님 '레오'셨던 것이다. 우리는 고작해야 여섯 달 전에 스페인에서 만났고, 장모님이 당신 사위인 내 얼굴을 너무나도 잘 알고 계셨을 텐데도 그토록 가까운 거리에서 나를 보고도 알아보지 못하신다는 것은 불가능해보였다.

나는 장모님이 날 알아보지 못하고 스쳐지나가시면 뒤따라가 만나볼까도 생각했으나 바로 그 순간, 그런 자연스런 충동을 억눌러야만 한다는 충고를 떠올렸는데, 그동안 그런 충고를 귀에 못이 박이도록 들어왔던 것이다. 외부적으로는 아무 문제도 없이 지냈던 수많은 비밀 입국자들이 뒤에서 발각이 되는 경우가 허다했기 때문이었다.

나는 장모님이 나를 알아보신다 해도 별일이 아닌 것처럼 아주 자연스럽게 행동하실 수 있는 분이라는 것을 익히 알고 있었지만, 장모님은 혼자가 아니라 일행이 있었다. 장모님은 어느 부인과 팔짱을 끼고서 걷고 계셨다. 그 부인은 장모님의 누이동생인 '미나' 이모님으로, 그분도 평소에 나를 잘 알고 계셨다. 장모님은 당신의 누이동생과 거의 소곤거리듯이 아주 낮은 목소리로 이야기하면서 걷고 계셨다. 만약 내가 합법적으로 입국해 활동하고 있는 상황에서 마주쳤다면 별로 문제가 될 게 없었겠지만 두 분이 나를 알아보시고 놀랄까봐 염려스러웠다. 사람들이 북적대는 대로에서 장모님과 처이모님이 나를 알아보시고서 격한 감정에 사로잡혀 "아이, 미겔! 아니 이 사람아, 언제 들어왔는가? 이런 꿈 같은 일이!"라고 소리를 지르게 될 것은 당연할 것 같았다. 모든 일이 다 그런 법이니까. 게다가 내가 비밀리에 칠레에 들어와 활동하고 있다는 비밀을 그 두 분이 아시게 되는 것은 매우 위험한 일이었다.

  나는 어떤 행동도 취할 수 없는 무기력한 상황 앞에서 혹시 장모님이 나를 알아차리신 것 같은 눈치가 보이면 곧바로 사람들의 눈에 띄는 행동을 하지 못하도록 제어해야 한다는 생각으로 장모님을 예의 주시하면서 앞을 보고 걸어갔다. 장모님은 미나 이모님과 계속해서 이야기를 나누며 내 옆을 지나치면서 잠시 시선을 드셨는데, 순간 장모님의 눈과 나의 불안한 눈이 마주치고 말았다. 그때 장모님은 길에서 스쳐지나가는 타인을 대하듯 나를 바라보실 뿐이었다. 우리는 서로의 몸이 스칠 듯이 지나쳤는데, 장모님의 몸에서는 은은한 향수 냄새가 풍겨져나왔다. 나는 장모님의 아름답고 그윽한 두 눈을 보았고, 장모님이 처이모님께 하시는 말씀을 아주 뚜렷하게

들을 수 있었다.
"자식들이란 다 키워놓고 나면 문제가 더 많다니까."
장모님은 가시던 길을 계속 걸어 이내 내 시야에서 사라져 버렸다.
나는 얼마 전에 마드리드에서 장모님께 전화를 걸어 그때의 상황을 이야기해드렸다. 그러자 장모님은 깜짝 놀라며 그 사실을 믿으려 하지 않으셨다. 그때 그 일은 내 가슴을 온통 휘저어놓는 것 같은 우연이었다. 나는 흥분을 억제할 수가 없어 잠시 생각할 수 있는 장소를 찾았다. 거의 포르노 영화나 다름없는 〈행복의 섬〉이라는 이탈리아 영화를 상영하던 작은 극장으로 들어갔다. 그리고 그 극장 안에서 약 십 분 정도를 머물렀다. 낙원의 한켠에서 눈부시게 찬란한 태양 아래 바닷속으로 뛰어들던 날씬한 남자들과 아름답고 명랑한 여자들이 어울려 즐겁게 놀고 있었다. 그러나 나는 그냥 멍하게 앉아 있었다. 극장 안의 어둠이 나 자신을 차분하게 돌이켜볼 시간을 주었고, 그 순간 나는 비로소 칠레에 잠입하기 전까지의 내 나날들이 얼마나 안일하고 한가했던가를 깨달을 수 있었다.
열한 시 십오 분에 프랑키가 에스타도 거리와 알라메다 거리가 교차하는 길모퉁이에서 나를 태우고 다음 촬영 장소인 마포초 강 다리로 데려갔다.
마포초 강은 양 둑을 돌로 쌓은 수로를 통해 흐르며 산티아고 시를 관통하는 강인데, 그 위에 세워진 다리들은 아름답기 이를 데 없을 뿐만 아니라 다리의 철골 구조가 어찌나 단단한지 지진이 몇 번 일어났어도 끄떡도 하지 않고 버티고 있다. 비가 오지 않는 건기에는—우리가 갔을 때도 바로 그런 때였는데—수량이 줄어들어 강물이 한 줄기 묽은 진흙처럼 보이는데, 강 가운데 부분의 물은 마치 강가에 즐비하게 늘어서 있는 초라한 움집들 사이에 고여 있는 것처럼 보인다. 우기에는 안데스 산맥에서 흘러내려온 물로 강이 불어 범람하는데 움집들은 진흙탕물로 가득 찬 바다에서 표류하는 작은 배들처럼 물 위에 떠 있게 된다.

마포초 강은 군사 쿠데타가 일어난 후 몇 개월 동안 쿠데타 군인들이 산티아고의 소외된 계층이 살고 있던 유명한 지역에 대해 야간 습격을 하고 난 후면 강물에 둥둥 떠다니던 처참한 시체들 때문에 전세계에 널리 알려졌다. 그런데 몇 년 전부터 마포초 강에서는 일 년 내내 재래식 시장으로부터 하수구를 타고 내려온 음식 찌꺼기들을 서로 먼저 차지하겠다고 굶주린 사람들과 개들, 그리고 남미 독수리 콘도르 떼들이 서로 다투는 진풍경이 벌어지고 있다. 그것이 바로 '시카고 사단'으로부터 최고의 영감(靈感)을 받은 군사위원회가 실행한 칠레 기적의 뒷모습이다.

칠레는 아옌데 정부 때까지만 해도 겸손한 나라였을 뿐만 아니라 보수적인 부르주아 계층은 검약을 국가적인 미덕으로 숭상했다. 그러나 즉각적인 번영을 상징하는 화려하고 인상적인 외양만을 강조하려는 독재 정부의 군사위원회가 아옌데 대통령이 국유화시켰던 것들을 다시 사유화시켰고 나라를 개인 자산과 다국적 기업에 팔아넘겼다. 그 결과 칠레는 화려하고 삐까번쩍하지만 쓸모 없는 물품들로 넘칠 지경이 되었고, 여기저기에서 허황된 번영의 환상만을 심어주는 겉치레 공공 사업이 난무했다.

국유화되었던 산업을 사유화하는 과정에서 생긴 돈으로 칠레 국립 은행에 의해 평가된 달러화 신용 자산 때문에 군부 독재가 탄생한 지 오 년 만에 지난 이백 년 동안에 수입한 것보다 더 많은 물건들이 수입되었다. 게다가 미국과 국제 신용 기구들이 공모하여 수입 지불금의 나머지를 보증했지만 막상 수입 대금을 지불할 때가 되자 현실은 냉혹하기만 했다. 육 년 혹은 칠 년 동안 부풀어올랐던 신기루는 단 일 년 만에 사라져버렸다.

  아옌데 정부 마지막 해의 외채는 사십 억 달러였는 데 반해 현재 외채는 거의 이백삼십억 달러에 이르고 있다. 그런 낭비가 가져온 백구십억 달러로 인해 칠레가 지불해야 했던 사회적 비용이 과연 무엇이었던가를 살펴보려면 마포초 강가에 형성되어 있는 재래식 시장을 한 번 돌아보는 것으로도 충분하다. 군부의 기적은 소수의 부자들을 더욱더 부유하게 만든 반면 나머지 가난한 칠레 민중을 더욱더 가난하게 만들었던 것이다.

모든 것을 지켜본 다리

  그런데도 마포초 강 위에 있는 레콜레타 다리는 삶과 죽음의 행렬이 지나가는 곳으로, 말하자면 묘지로 가는 길로서뿐만 아니라 시장으로 가는 길로서 유용하게 사용되는 중립적인 장소로 사람들로부터 사랑을 받고 있다. 낮에는 장례행렬들이 군중 틈을 헤치고 지나간다. 밤이 되면 통행금지가 시작되기 전까지 그 다리는 탱고 클럽들로 가기 위해서는 반드시 지나야 하는 통로다. 그런 탱고 클럽들은 고통스러운 삶의 추억 어린 도피처로서, 주로 공동묘지에서 일하는 사람들이 춤을 추면서 밤을 보내는 곳이다.

그러나 그런 성스러운 장소들에 가보지 못한 지 십 몇 년이 흐른 후, 그 금요일에 무엇보다도 내 관심을 끌었던 것은 무덤들 속에 묻혀 있는 사람을 위해 놓아둔 화사한 꽃들이 꽂힌 화병들 사이에서 입맞춤을 하거나, 다리 아래로 무심히 흐르는 끊임없는 시간에는 아랑곳하지 않고 느긋하게 사랑을 나누면서 허리를 껴안고 강 위의 발코니를 거니는 수많은 젊은이들의 모습이었다.

몇 년 전 나는 유럽의 도시들 가운데서도 파리에서만 유독 거리에 넘쳐흐르는 젊은이들의 사랑을 느꼈다. 나는 산티아고를 무언가 형용할 수 없는 슬픔으로 가득 찬 도시로 기억하고 있었는데, 지금 파리에서는 차츰차츰 사그라들고 세상에서 사라졌다고 믿었던 생기발랄한 광경을 바로 거기서 만났던 것이다. 그 순간 마드리드에 머물고 있을 당시 누군가가 내게 했던 말이 기억났다.

"사랑은 가장 고통스러운 순간에 꽃이 핀다오."

'인민연합' 이전부터 어두운 색깔의 옷을 입고 우산을 들고 다니던 칠레 남자들, 유럽의 고상한 것과 경박한 것에 도취되어 있던 여자들, 하다못해 토끼처럼 옷을 입고서 유모차에 앉아 있는 아이들까지도 너나할것없이 비틀스의 혁신 바람에 휩쓸렸었다. 소위 '유니섹스'라고 하는 일종의 성의 구분을 모호하게 하는 패션이 대유행하고 있었다. 여자들은 머리를 거의 박박 깎은 반면, 남자들은 머리를 길게 길렀고, 엉덩이는 꽉 조이고 다리 부분은 넓은 나팔바지가 남자들 차지가 되었다.

그러나 그런 것들은 종국에 가서는 모두 독재의 위선적인 광신에 의해 뿌리뽑혔다. 반란군들이 쿠데타를 일으킨 후 처음 며칠 동안 수없이 자행했던 일이기도 하지만, 군부 경찰이 총검으로 위협하면서 머리를 깎기 전에 한 세대가 전부 스스로 머리를 짧게 깎았다.

사실 그 금요일에 마포초 강의 다리들을 방문하기 전까지만 해도 나는 칠레 젊은이들이 변하기 시작했다는 사실을 느끼지 못했다. 도시는 내 이후 세대에 의해 점유되어 있었다. 내가 칠레를 떠났을 때 우리가 겪었던 재앙을 거의 이해할 수조차 없었던 열 살짜리 어린이들이 지금은 스물두 살의 청년이 되어 거리를 가득 메우고 있다.

나중에 우리는 아무데서나 공공연하게 사랑을 속삭이는 그 새로운 세대가 자신들을 유혹하는 끊임없는 휘파람으로부터 스스로를 보호하기 위해 습득해야만 했던 삶의 방식들에 대한 새로운 증거들을 찾아야 했다. 독재 정권이 노쇠한 기력으로 격분하고 길길이 날뛰어도 칠레에서 자신들의 기호, 사는 법, 사랑과 예술과 정치에 대한 독특한 개념들을 주장하는 사람들은 바로 그 젊은이들이다. 현재 독재 정권은 그들을 억누를 수 있는 힘이 없다.

사방에서 스피커의 볼륨을 최대로 높인 채 틀어놓은 음악은 쿠바 가수 파블로 밀라네스와 실비오 로드리게스[14]의 노래들이다. 도로 한쪽에 주차되어 있는 경찰 버스에서조차 그런 음악들이 들리는데, 경찰들은 그 음악의 의미도 제대로 이해하지 못하면서 듣는다. 살바도르 아옌데 대통령 시절에 초등학교에 다녔던 어린이들은 이제 저항 조직의 지도자가 되어 있다. 그런 점들은 내가 분명히 확인한 사실임과 동시에 마음에 걸리는 사실이기도 했다. 그리고 내가 순전히 향수에 젖은 채 영화를 촬영한다면, 그것이 과연 실제로 어떤 효용이 있을까 처음으로 자문해보았다.

그런 의구심이 내게 새로운 충동을 불러일으켰다. 나는 그날 계획된 촬영 프로그램만은 어떻게든 끝마치려고 산크리스토발 언덕을 서둘러 필름에 담았고, 곧 이어 석조물들이 석양빛을 받아 황금색으로 물들어 있는 산프란시스코 성당을 촬영했다.

촬영 작업이 끝나자 나는 프랑키에게 호텔로 가 내 여행용 가방을 가지고 세 시간 후에 렉스 극장 앞으로 날 데리러 오라고 부탁하고 나서 영화 〈아마데우스〉를 보러 극장 안으로 들어갔다. 그리고 프랑키더러 자기와 내가 사흘 정도 어디 좀 갔다오겠다는 말을 엘레나에게 전하라고 부탁했다. 자세한 이야기는 할 필요가 없고 단지 그렇게만 알리라고 했다. 나는 이미 '엘레나는 항상 내가 머무는 곳을 정확히 알고 있어야 한다'는 규칙을 어기고 있었지만 그럴 수밖에 없었다. 프랑키와 나는 우리의 행선지와 머무를 시간을 항상 정확히 밝혀야 했지만 아무에게도 알리지 않고 밤 열한 시에 떠나는 기차를 타고 콘셉시온으로 떠나기로 했다.

분 신

▪▫▪▫▪▫▪▫▪▫▪▫▪▫▪▫▪▫▪▫▪▫▪▫

    기차를 타고 떠나는 것이 좋겠다는 내 생각은 명백히 이성적인 근거에서 비롯되었지만 갑작스럽게 떠오른 영감이기도 했다. 공항이나 도로에서라면 당연히 겪어야 할 경찰들의 통제를 받지 않고서 칠레 국내를 여행하는 방법으로 기차보다 더 안전한 방법은 없을 거라고 생각되었다. 그리고 무엇보다도 통행금지 때문에 도시들에서는 꼼짝도 못하고 무용하게 보내야 할 밤 시간을 이용해서 여행할 수 있기 때문이었다.
    그러나 프랑키는 그리 썩 내켜하지 않았다. 그는 기차가 감시를 가장 많이 받는 여행 수단이라는 것을 익히 알고 있었기 때문이다. 그러나 나는 그렇기 때문에 더 안전하다고 주장했다. 어떤 경찰이라도 비밀리에 입국한 추방자가 감시가 가장 심한 기차를 타고 여행하리라는 생각을 감히 할 수 있겠느냐는 거였다. 그렇지만 프랑키는 비밀리에 활동하는 사람들이 가장 안전한 곳은 감시가 가장 심한 곳이라고들 생각한다는 것을 경찰들도 이미 알고 있기 때문에 그렇지 않다고 말했다. 게다가 프랑키는 다채로운 경력과 유럽에 커다란 사업체를 가지고 있는 부유한 광고 회사 사주가 유럽의 호화 기차를 타고 여행하는 것은 이해되지만 칠레의 싸구려 기차를 타고 여행하는 것은 도저히 이해되지 않는다고 내가 위장하고 있는 신분을 빗대어 말했다.

하지만 약속을 지키거나 작업 계획을 실행시키기 위해 콘셉시온까지 비행기를 타고 간다는 것은, 그 지역 공항에 상습적으로 끼는 안개로 인해 비행기가 제대로 착륙하게 될지 안 될지 확실치 않기 때문에 권할 만한 방법이 아니라는 나의 설득에 프랑키도 기차로 떠날 수밖에 없다는 사실을 수용했다. 우리가 그런 식으로 여행에 대한 각자의 의견을 제시했지만 내가 기차를 고집했던 진짜 이유는 사실 비행기만 탔다 하면 찾아오는 어떻게 치료할 수 없는 고소공포증 때문이었다.

그렇게 해서 우리는 밤 열한 시에 산티아고 중앙역에서 기차를 탔다. 중앙역의 철골 구조는 같은 건축가가 만들어서인지는 몰라도 파리의 에펠 탑에서 느낄 수 있는 불가해한 아름다움을 내포하고 있었다.

우리는 침대칸의 안락하고 청결한 룸으로 들어갔다. 나는 배가 고파 죽을 지경이었다. 그도 그럴 것이 아침 식사를 한 후 먹은 것이라고는 〈아마데우스〉가 상영되던 렉스 극장 안에서 청년 시절의 모차르트가 오스트리아 황제 앞에서 곡예사처럼 묘기를 보이고 있을 때 극장 매점에서 사먹은 초콜릿 두 개뿐이었으니까.

기차에 오른 후 내가 승무원에게 요기를 좀 할 수 없겠느냐고 묻자 식당칸에서만 식사를 할 수 있다고 대답했다. 그러나 열차의 배치 규정상 식당칸은 우리가 타고 있던 침대칸과 멀리 떨어져 있었고, 침대칸에서 식당칸으로 가는 통로가 없었기 때문에 기차 운행 중에 식당칸으로 가서 식사하고 돌아온다는 것은 불가능했다. 그런데 승무원이 우리에게 해결책을 제시해주었다. 그는 기차가 산티아고 중앙역을 출발하기 전에 식당칸으로 가서 먹고 싶은 대로 먹고 한 시간 후에 기차가 란카과 역에서 정거할 때 침대칸으로 돌아오면 된다고 우리에게 귀띔해주었다.

우리는 최대한 서두르며 그가 알려준 대로 했다. 우리가 서둘러 식사를 마치고 란카과 역에서 침대칸으로 옮겨타려 했을 때 통행금지를 알리는 사이렌 소리가 역 안에 울려퍼졌고, 승무원이 소리를 지르며 우리를 채근했다.

"여보세요. 손님. 빨리 서두르세요. 빨리 옮겨타시라니까요. 꾸물거리다간 통행금지 위반입니다."

그렇지만 몸을 얼어붙게 만드는 추위와 졸음을 참지 못하고 있던 란카과 역의 경비원들에게는 어쩔 수 없이 어기게 되는 그 정도의 계엄령 위반은 허용되어 있었으며, 그리 대수롭지도 않은 것 같았다.

어디선가 금방이라도 유령이 튀어나올 것 같은 음산한 안개 속에 싸여 있는 꽁꽁 얼어붙은 란카과 역에는 경비원들을 제외하고는 아무도 눈에 띄지 않았다. 란카과 역은 독일 나치 정권에게 추방당한 영화감독들이 만든 영화에 나오는 역들 같았다.

승무원이 우리를 채근하는 사이 갑자기 식당칸의 종업원이 엄청나게 빠른 속도로 달려와 우리를 앞질러갔는데, 그는 전통적인 하얀색 조끼를 입고 있었으며 손바닥에는 볶음밥 위에 계란 프라이를 얹은 접시가 놓여 있었다. 접시에서 밥 한 톨 흘리지 않고 오십 미터 정도 되는 거리를 그야말로 쏜살같이 달려간 식당칸 종업원은 미리 밥값을 지불했음에 틀림없는 맨 뒤칸 승객에게 차창 사이로 접시를 건넸다. 그 종업원은 우리가 침대칸에 채 오르기도 전에 벌써 식당칸으로 돌아갔는지 모습이 보이지 않았다.

우리는 깊은 정적에 휩싸인 밤을 뚫고 콘셉시온까지 거의 오백 킬로미터에 이르는 거리를 달렸다. 통행금지는 몽유병에 걸린 것처럼 달리는 기차에 타고 있던 모든 승객들뿐만 아니라 자연의 모든 생물체에게도 강요되고 있는 것 같았다.

나는 가끔씩 차창 밖을 바라보았다. 사방에 자욱하게 깔린 안개 사이로 볼 수 있었던 유일한 것들은 텅 빈 역들과 텅 빈 들판, 텅 비어 있는 나라를 끝없이 덮고 있던 텅 빈 밤이었다. 그 광활한 대지 위에 인간이 존재하고 있다는 유일한 증거는 철로를 따라 끝없이 이어지는 가시 돋친 철조망뿐 그 철조망 뒤에는 사람도, 꽃도, 동물도 없었다. 아무 것도. 순간 칠레가 배출한 가장 위대한 시인이며 노벨문학상 수상자인 파블로 네루다[15]의 시구가 내 머리에 떠올랐다.

"온 세상에는 빵, 쌀, 사과. 칠레에는 철조망, 철조망, 철조망."[16]

철로를 둘러싸고 끝없이 이어지는 그 철조망이 끝나려면 기차는 아직도 수많은 시간을 더 달려야 했지만, 아침 일곱 시에 우리는 예정지인 콘셉시온에 도착했다.

우리는 다음에 어디로 가야 할지를 결정하기 전에 우선 면도할 만한 곳을 찾기로 했다. 하지만 그런 장소를 찾지 못해도 내게는 아무 문제가 없을 것 같았다. 그것을 핑계로 다시 한 번 수염을 기를 수 있으리라고 생각했기 때문이다. 그러나 가장 염려스러웠던 것은 경찰들이 수염을 텁수룩하게 기른 채 서성거리고 있는 우리를 보고 혹시 도망다니는 지명수배범으로 생각하지 않을까 하는 점이었다. 그도 그럴 것이, 우리는 위대한 반정부 투쟁의 산실로 칠레 사람들의 가슴속에 새겨져 있는 어느 도시에 와 있었던 것이다.

콘셉시온은 '70년대의 학생운동이 발발했던 곳이고, 살바도르 아옌데가 대통령 선거에서 결정적인 지지를 획득했던 곳이며, 아우구스토 피노체트라고 불리는 한 젊은 장교가 공포와 죽음의 예술을 연마했던 피사과 정치범 수용소를 건립하기 얼마 전인 1946년 가브리엘 곤살레스 비델라 대통령이 민중에 대한 유혈 진압을 시작했던 곳이기도 하다.

영원히 시들지 않는 꽃

칙칙하고 차가운 안개를 뚫고 콘셉시온 시내로 가던 택시 안에서 우리는 주교좌 성당 앞마당에 외롭게 서 있는 십자가와 어느 이름 모를 사람의 손에 들린 조화 다발을 보았다. 세바스티안 아세베도라는 어느 비천한 석탄 광부는 이 년 전 무기 불법 수송 사건으로 체포된 스물두 살의 아들과 스무 살의 딸에게 칠레 국가정보부(CNI)가 가하던 고문을 중지시키기 위해 누군가가 개입해주기를 간절히 탄원하다가 아무런 결과도 없자 그 성당 앞마당에서 분신했다.

　세바스티안 아세베도는 탄원하는 대신에 한 가지 경고를 했다. 당시에 대주교가 여행 중이었기 때문에 세바스티안 아세베도는 대주교청의 고위직 인사들에게 자기가 원하는 바를 이야기했다. 그리고 사회적으로 영향력이 큰 기자들, 정치 지도자들, 그리고 상공인 지도자들에게도 이야기했으며, 정부의 고위 관리를 포함하여 자기의 말을 들어줄 만한 사람이면 누구를 불문하고 찾아갔다. 그는 자기가 만난 모든 사람들에게 한결같이 이렇게 말했던 것이다.

　"여러분들이 만약에 내 자식들에게 가해지는 고문을 중지시키지 않으면, 주교좌 성당 앞마당에서 내 몸에 휘발유를 뿌리고 분신 자살하겠습니다."

　그 말을 들은 어떤 사람은 세바스티안 아세베도의 말을 믿으려 하지 않았고, 다른 사람들은 그의 말을 듣고서도 어떻게 해야 할지 좋은 방안을 찾지 못하고 있었다. 마침내 예고된 날짜가 되었고, 세바스티안 아세베도는 성당 앞마당에 섰다. 그는 몸에 휘발유 한 통을 쏟아붓고 나서 거리를 가득 메운 채 그 광경을 지켜보고 있던 군중들을 향해 만약 누구든지 노란색 줄을 넘어서기만 하면 자기 몸에 불을 지르겠다고 경고했다. 사람들이 세바스티안 아세베도에게 애원을 하고, 강하게 명령을 하고, 끝내는 위협까지 했지만 아무 소용이 없었다. 세바스티안 아세베도의 희생을 막아보려는 경찰관 한 사람이 그만 노란 줄을 넘어서고 말았고, 세바스티안 아세베도는 순식간에 인간 화염으로 변해버렸다.

세바스티안 아세베도는 자기 몸에 불을 지른 후 일곱 시간 동안 온전한 정신으로 평온하게 살아 있었다. 그의 분신을 지켜보았거나 소식을 들은 민중의 동요가 엄청나게 격렬했기 때문에 위협을 느낀 경찰은 그가 죽기 얼마 전에야 딸에게 병원 방문을 허용했다. 그러나 의사들은 딸이 아버지의 흉한 모습을 보는 것을 원하지 않았기 때문에 그냥 인터폰으로만 통화하도록 했다.

"네가 정말로 내 딸 '칸델라리아'인지 어떻게 믿겠니?"

세바스티안 아세베도가 인터폰 수화기를 통해 들려온 딸의 목소리를 듣고 이렇게 물었다. 그러자 딸은 그녀가 어렸을 때 아버지가 부르곤 하던 애칭을 말해주었다. 결국 세바스티안 아세베도의 아들과 딸은 순교한 아버지가 살아 생전에 요구했던 대로 고문실에서 나왔고, 곧바로 그 지역 관할 재판에 회부되었다. 그 이후부터 콘셉시온 시민들은 세바스티안 아세베도가 분신한 성스러운 장소를 기리기 위해 자기들끼리만 은밀히 이름을 붙여 불렀다. '세바스티안 아세베도 광장.'

수염 한 번 깎기가 이렇게 어렵다니!

아침 일곱 시에 그런 역사적인 고도에서 부르주아 행색을 하고서도 수염을 깎지 않은 채 어슬렁거리는 것은 자진해서 위험을 무릅쓰는 거나 다름없는 무모하기 그지없는 일이었다. 게다가 그 당시에 소형 무비 카메라를 들고 자료를 촬영하러 다니는 광고 회사 사주나 간부 정도라면 가방 속에 휴대용 면도기쯤은 가지고 다니면서 사업 약속차 사람을 만나기 전에 비행기나 기차나 자동차 안에서 면도하게 마련이라는 것을 모르는 사람은 아무도 없었다. 그렇지만 보통 토요일 아침 일곱 시에 수염을 깎아줄 만한 장소를 찾으러 돌아다닌다는 것이 콘셉시온 같은 도시에서는 그리 위험한 짓이 아닐 수도 있었다.

'아르마스 광장' 근처에 그 시각에 문을 연 이발관이 딱 한 군데 있었는데, 나는 문에 '유니섹스'라고 씌어 있는 그 이발관에서 첫번째로 수염을 깎으려는 시도를 했다. 한 스무 살 정도 먹었음 직한 아가씨가 아직도 잠이 채 덜 깬 듯한 얼굴로 이발관 바닥을 쓸고 있었고, 그 아가씨와 같은 나이 또래의 청년이 화장대 위의 유리병들을 정리하고 있었다.

"면도 좀 하고 싶은데요."

"안 됩니다. 여기서는 그런 일을 하지 않습니다."

"그럼 어디서 합니까?"

"다른 곳으로 가보세요. 이 근처에는 이발관이 많이 있습니다."

내가 프랑키가 자동차를 임대하려고 기다리는 곳을 향해 한 블록쯤 걸어갔을 때 프랑키가 두 명의 경찰관 앞에서 신분증을 내보이고 있는 모습이 보였다. 경찰관들은 내게도 신분증을 보여달라고 했다. 그러나 별문제는 없었다. 오히려 그 반대였다. 프랑키가 자동차를 임대하는 동안, 우리에게 신분증을 보여달라고 요구했던 경찰관 중 한 명이 친절하게도 막 문을 열고 있던 이발관이 있는 곳까지 두 블록이나 나와 동행해 주었고 헤어질 때는 악수까지 청했다.

그 이발관에도 '유니섹스'라는 간판이 붙어 있었다. 첫번째 들렀던 이발관처럼 거기에도 약 서른다섯 살쯤 되어보이는 남자와 더 젊어보이는 아가씨가 있었다. 그 남자가 내게 무얼 원하는지 물었다. 나는 이렇게 대답했다.
"면도 좀 하려구요."
내 말을 들은 두 사람은 어리벙벙한 표정을 지으며 동시에 나를 쳐다보았다.
"손님, 우린 그런 서비스는 하지 않는데요."
남자가 말했다.
"여긴 유니섹스 이발관이란 말이에요."
아가씨가 거들었다.
"좋아요. 뭐 유니섹스 이발관이라 해도 면도 정도는 할 수 있잖아요."
내가 이렇게 따지듯 말했다.
"안 됩니다. 여기서는 안 돼요."
두 사람 모두 내게서 등을 돌렸다. 하는 수 없이 짓누르듯이 깔려 있는 안개를 뚫고 황량한 거리를 계속 걸었다. 나는 콘셉시온에 그토록 많은 유니섹스 이발관이 있다는 데 놀랐고, 그 어느 곳에서도 내게 면도를 해줄 수 없다며 약속이나 한 듯 똑같이 대답하는 걸 보고 다시 한 번 놀랐다. 내가 짙게 깔린 안개 속에서 방향 감각을 잃고 어떻게 할까 망설이고 있을 때, 거지 차림의 꼬마가 내게 물었다.
"아저씨, 뭘 찾아다니세요?"
"그래, 유니섹스가 아니라 남자들만 이용하는 이발관을 찾고 있단다. 옛날처럼 하는 데 말이야."

그러자 그 소년은 문에 하얗고 빨간 줄무늬가 빙빙 돌아가는 유리 실린더가 걸려 있고 회전의자가 있는 이발관으로 나를 데리고 갔다. 과거 우리들이 이용하던 전통적인 이발관이었다. 이발관 안으로 들어서니 지저분한 앞치마를 두른 노인 이발사 두 사람이 손님 한 명을 앉혀 놓고 이발을 하고 있었다. 한 노인이 손님의 머리카락을 자르고 있었고, 다른 노인은 손님의 얼굴과 어깨에 떨어지는 머리카락을 솔로 털어내고 있었다. 이발관 안에서는 포마드 냄새와 박하 향이 첨가된 알코올 냄새 같은, 옛날 약국에서 나던 냄새가 났다. 그때 나는 비로소 그것이 바로 내가 옛날식 이발관에서 맡아보고 싶어하던 냄새였다는 사실을 깨달았다. 내 유년 시절의 냄새.

"면도를 좀 하고 싶은데요."

 내 말을 들은 두 이발사 노인뿐만 아니라 손님도 놀랍다는 표정을 지으며 나를 바라보았다. 솔을 들고 있던 노인이 틀림없이 세 사람 모두 똑같이 생각하고 있었을 법한 질문을 내게 던졌다.

"손님은 어느 나라 출신이오?"

"칠레 사람인데요."

 나는 아무 생각 없이 이렇게 불쑥 대답했다가 서둘러 정정을 했다.

"그렇지만 지금은 우루과이 사람입니다."

 다행히도 내가 우루과이 사람이라고 황급히 고쳐서 말한 것이 그냥 칠레 사람이라고 말했던 것보다 더 심각한 실수였다는 것을 그 세 사람은 눈치채지 못했다. 그리고 그들은 칠레에서는 여러 해 전부터 '면도하다'라는 말 대신에 '수염을 깎다'라는 말이 사용되고 있다는 사실을 내게 알려주었다.[17] 아마도 그래서 앞에 들렀던 젊은 사람만을 상대하는 유니섹스 이발관의 젊은 이발사들이 내 말을 이해하지 못했던 모양이다.

그 이발관 사람들은 자기들이 젊었을 때 사용하던 말을 쓰는 손님을 맞이했다는 사실에 고무되어 있었다. 쉬고 있던 이발사 노인이 나를 회전의자에 앉힌 후 내 목에 아주 오래된 천을 두르고 나서 녹이 슨 면도칼을 열었다. 그 이발사는 세상을 힘겹게 살았을 것 같은 예순 살 정도 되어보이는 노인으로, 키가 껑충하게 컸고, 얼굴은 부석부석했으며, 머리는 백발이었고, 노인 자신도 사흘 정도는 깎지 않은 것 같은 수염이 텁수룩하게 얼굴을 덮고 있었다.

"따뜻한 물로 하겠소, 찬물로 하겠소?"

그 노인이 내게 물었다.

노인은 수전증이 있는지 손을 벌벌 떨었는데, 겨우 면도칼을 잡고 있는 것처럼 위태위태해보였다.

"물론 따뜻한 물로 하면 좋죠."

내가 그 노인에게 대답했다.

"그럼 안 되겠소, 신사 양반. 우린 따뜻한 물이 없고, 찬물밖에 없어서요."

노인이 이렇게 말했다.

그래서 나는 첫번째로 들렀던 유니섹스 이발관으로 되돌아갔다. 내가 '수염을 깎고 싶다'고—이제는 '면도하겠다'고 하지 않았다—말했더니 즉시 앉으라고 했다. 그리고 수염을 깎으려면 먼저 이발을 해야 한다는 조건을 제시했다. 내가 그렇게 하겠다고 대답하자마자 그때까지만 해도 시큰둥하던 청년과 아가씨가 갑작스럽게 태도를 바꾸어 고분고분하게 그들의 기나긴 직업적 의식(儀式)을 거행하기 시작했다.

아가씨가 내 목에 수건을 둘러씌우고 차가운 물로—그 이발관에도 역시 따뜻한 물은 없었다—머리를 감아주었다. 그리고 내게 3번, 4번, 5번 양식의 얼굴 팩 마사지 서비스 가운데 어느 것을 원하는지 물었고, 또 대머리 방지를 위한 특별 서비스도 있는데 어떠냐고 내 의중을 떠보았다. 나는 아무 거나 좋으니 마음대로 해보라고 머리를 맡겼다. 그런데 내 얼굴을 닦고 있던 아가씨가 갑자기 하던 일을 멈추며 이렇게 중얼거렸다.

"거 참 이상하네?"

나는 깜짝 놀라 두 눈을 떴다.

"뭐가요?"

아가씨는 나보다 더 멍한 표정을 짓고 있었다.

"아저씬 눈썹 양쪽을 뽑아서 다듬었네요!"

나는 아가씨가 그 사실을 발견한 데 대해 기분이 언짢았다. 순간 내게 떠오르는 농담 가운데서 가장 심하다 싶은 한마디를 그 아가씨에게 해주기로 결정했다. 나는 눈을 게슴츠레하게 뜨고 아가씨를 바라보면서 이렇게 물었다.

"아가씨는 동성연애자들에 대해 편견을 가지고 있는 모양이죠?"

그 아가씨는 머리 끝까지 얼굴을 붉히며 완강하게 고개를 가로 저었다. 잠시 후 남자 이발사가 나를 맡았다. 나는 조심하라고 말하고 이르는 대로만 해달라고 누누이 설명하고 당부

했다. 그러나 그 남자 이발사는 머리를 내가 원했던 것보다 더 짧게 잘랐고, 다른 방식으로 빗질해서 나를 '본래의 미겔 리틴'으로 만들어놓고야 말았다. 당연한 일이었다. 파리에서 변장을 담당했던 분장사는 내 머리가 가지고 있던 자연스러운 경향에 일부러 반대되도록 했고, 콘셉시온 이발관의 이발사는 내 머리를 본래 모양대로 만들었을 뿐이니까. 그렇지만 나는 걱정하지 않았다. 실제로 경험해보았다시피 '본래의 내'가 아닌 '다른 나'의 방식으로 머리를 다시 빗는 것은 어렵지 않은 일이었으니까.

안개로 뒤덮인 어느 외딴 도시에서 '본래의 나'의 모습으로 되돌아가고 싶어하는 끊임없이 솟아오르는 열망을 억누르려고 열심히 노력해보지 않은 것은 아니었지만 결과야 어찌되었든지 그 도시에서 나를 알아보는 사람은 아무도 없었을 것이다.

머리를 자르는 작업이 끝나자 그 아가씨는 이발관의 별실로 나를 데리고 갔고, 그것이 금지된 행위라도 되는 것처럼 아주 은밀하게 어느 거울 앞에 있는 소켓에 전기 면도기의 플러그를 꽂은 후 내게 그 면도기를 내밀며 직접 수염을 깎으라고 했다. 나는 다행히 따뜻한 물 없이도 수염을 깎을 수 있었다.

지옥 속에 있는 사랑의 낙원

프랑키가 자동차를 임대해왔다. 우리는 어느 카페에서 차가운 커피 한 잔을 마셨다. 그 카페에도 뜨거운 물이 없었기 때문이다. 그러고 나서 우리는 칠레에서 가장 수량이 풍부한

'비오비오' 강의 대교를 건너 '로타이슈바거' 석탄 광산을 향해 떠났다. 잔잔하게 반짝거리던 비오비오 강의 은빛 물이 짙은 안개에 가려 어슴푸레하게 보였다.

지난 세기의 칠레 작가 '발도메로 리요'는 광산의 실상과 광부들의 삶에 대해 천착하고 상세하게 기록했는데, 아직까지도 그가 기록한 내용은 변함없는 것 같았다. '로타이슈바거' 석탄 광산은 탄가루로 가득 찬 안개뿐만 아니라 산업혁명 당시에나 있었을 법한 열악한 노동 조건이 바뀌지 않고 그대로 지속되고 있어 마치 백 년 전의 영국 웨일스 지방에 있는 것 같았다.

우리는 그 광산에 도착하기 전에 경찰의 검문을 세 번이나 받았다. 검문 가운데서도 우리가 미리 예상했다시피 첫번째 검문이 가장 엄격하고 어려웠다. 그래서 첫번째 검문에서 검문소 경찰관들이 '로타이슈바거' 석탄 광산에서 무엇을 하려고 그러느냐고 물었을 때 우리는 모든 언변을 동원해 설명해야만 했다. 내 입에서 거침없이 튀어나오는 유창한 대답에 나 자신까지도 놀랄 정도였다.

나는 '아라우카리아'라고 불리는 거대한 칠레 산(産) 남양 삼나무 고목뿐만 아니라 공작새와 목이 검은 백조들로 둘러싸인 엄청나게 많은 석상(石像)들이 특이한 장관을 이루어 아메리카에서 가장 아름다운 명소들 가운데 하나로 소문난 공원을 둘러보기 위해 왔다고 둘러댔다. 그리고 우리가 특별히 그 공원에 가려고 하는 목적은 아라우카리아 나무로 가득 찬 아름다운 공원을 기리는 의미에서 새로 출시할 향수에 '아라우카리아'라는 이름을 붙였는데, 그 남양 삼나무의 명성을 전세계에 알릴 수도 있는 광고영화를 한 편 만들 때 그 공원을 세트로 사용해볼까 해서라고 말했다.

그토록 설득력이 있고 장황한 설명을 듣고도 거부할 만한 칠레 경찰관은 한 사람도 없을 것이다. 더욱이 자기 나라의 아름다움에 대해 열광적으로 찬양해주는데 어찌 거부할 수 있겠는가.

경찰관들은 우리에게 환영의 뜻을 나타냈고, 우리들이 통과해가고 있다는 사실을 2차 검문소에 미리 연락해주기까지 했다. 2차 검문소에서는 우리의 신분증을 보여달라고는 하지 않았지만 가방과 자동차를 조사했다. 경찰관들이 통과시켜 주기를 꺼려했던 한 가지 물건은 우리가 가지고 있던 '슈퍼-8' 무비 카메라였다. 그 무비 카메라가 전문가용은 아니라 할지라도 어떤 경우든지 광산을 촬영하기 위해서는 촬영 허가서가 필요하다는 것이었다. 우리는 단지 석상들과 백조들이 있는 산 위 공원까지만 가보고 싶을 뿐이라고 해명했고, 나는 어떻게 하든지 그 문제를 해결해보려고 일부러 부유층 귀족처럼 거드름을 피우며 경찰관들에게 이렇게 말했다.

"우린 가난한 사람들한테는 관심이 없어요."

눈에 띄고 손에 잡히는 대로 우리의 소지품들을 건성건성 하나씩 검사하던 경찰관들 가운데 한 사람이 나를 쳐다보지도 않은 채 뜨악한 말투로 이렇게 투덜거렸다.

"여기 사는 사람들은 모두 가난한데요, 뭐."

아무튼 조사를 마친 경찰관들은 우리를 그냥 통과시켜 주었다. 두 번째 검문소를 통과해 자동차로 약 삼십 분 정도 달린 후 깎아지른 듯한 절벽길을 벗어나자마자 세 번째 검문소에 도착했다. 거기서는 으레 하게 마련인 형식적인 검사조차 받지 않은 채 무사히 통과해 드디어 공원에 도착했다.

그 공원은 사람을 현혹시킬 정도로 아름다운 장소로 유명한 포도주 제조업자인 '돈 마티아스 쿠시뇨'가 사랑하는 여인을 위해 만들었다고 한다. 돈 마티아스 쿠시뇨는 자신의 만족을 위해 칠레 방방곡곡, 구석구석에 산재되어 있던 기기묘묘한 나무들을 가져다 심었다. 뿐만 아니라 신화에나 나올 법한 동물들도 데려왔고, 기쁨·슬픔·그리움·사랑 등 인간의 각기 다른 정신 상태를 상징하는 상상 속의 여신들의 석상도 가져왔다. 공원 깊숙한 곳에 요정 이야기에나 나올 법한 궁전이 하나 있는데, 그 궁전의 발코니에서는 태평양도 보이고 세상의 반대쪽도 보인다고 한다.

우리는 공원에서 오전 내내 '슈퍼-8' 무비 카메라로 나중에 우리의 촬영 팀들이 정식 촬영 허가를 받아 찍게 될 장소들을 미리 촬영하면서 보냈다. 우리가 처음으로 카메라를 들이대고 촬영하려 할 때부터 경비원 한 명이 우리가 있는 곳으로 다가와, 그 공원에서는 단순한 사진들도 촬영이 금지되어 있노라고 말했다. 우리는 광고용 영화가 전세계에 퍼져나갈 것이라는 꾸며댄 이야기를 반복해서 했으나 그 경비원은 자기의 요구에 따라줄 것을 고집했다. 말은 그렇게 했지만, 그 경비원은 윗사람들에게 허가를 요청할 수 있도록 아래쪽에 있는 탄광까지 우리를 데려다주겠다고 제의했다.

"그럴 필요는 없소. 여기서는 더 이상 촬영하지 않겠소. 그토록 확인을 하고 싶으면 우리와 함께 다닙시다."

경비원은 내 말을 받아들였고, 우리는 그와 함께 공원 내부를 돌아다니기 시작했다. 경비원은 젊은 사람이었는데 얼굴에 수심이 가득해보였다. 하고 싶은 말이 있어도 나의 어설픈 우루과이 억양 때문에 꼭 필요한 말 이외에는 하지 않는 게 좋을 것 같아 나 대신 프랑키가 그와 대화를 계속했다.

그런데 어느 순간엔가 그 경비원이 담배를 피우고 싶다고 했다. 우리는 그에게 가지고 있던 담배를 모두 주었다. 그러자 그는 우리들만 남겨둔 채 어디로 가버렸고, 우리는 필요하다고 생각되는 모든 것을 촬영했다. 공원 위쪽뿐만 아니라 아래쪽도 촬영했고, 광산 외부도 촬영했다. 우리는 흥미를 유발시키는 지점들을 미리 설정하고 기록해놓았다. 촬영 각도, 렌즈의 초점, 거리, 거대한 공원이 총체적으로 들어올 수 있는 지점의 위치 등. 그러고 나서 광부들과 어부들이 뒤섞여 살고 있는 아래쪽 마을의 비참한 생활상도 체크했다. 정말 척박하고, 거의 거짓말 같은 현실이었지만 사실이었다.

갈매기들이 잠을 자는 술집

우리가 공원을 내려왔을 때는 이미 정오가 지나고 있었다. 낡은 도구들과 먹을 음식을 짊어지고 나온 가족을 다 태운 고깃배들이 검은 파도가 거세게 밀려오는 소름 끼치도록 무섭고 위험한 바다를 건너 근처에 있는 산타마리아 섬 부근에서 하루의 모험을 시작하기 위해 위태위태한 모습으로 나가고 있었다.

석탄을 캐는 광산은 바다 밑까지 이르는 여러 개의 깊숙한 갱도로 이루어져 있었고, 현재도 수천 명의 광부들이 비참한 환경에서 하루 종일 일하고 있었다. 갱도 입구 바깥쪽에서는 수백 명의 사람들이 남녀노소 할 것 없이 나와 탄광에서 나온 버려진 흙더미 속에서 석탄을 캐내기 위해 맨손가락으로 두더지처럼 흙더미를 파헤치고 있었다. 위쪽 공원은 삼림에서 뿜어져나오는 신선한 공기로 인해 신선하고 청명했지만 아래쪽 광산 마을에서는 안개 속에 뒤섞인 탄가루를 마시고 있었다. 그래서 사람들은 호흡기가 아프고 기관지가 마르는 진폐증에 시달렸다. 공원에서 바라본 바다는 형용할 수 없을 정도로 아름답지만 아래쪽은 그야말로 혼탁하고 소란스럽기 이를 데 없었다.

그 광산은 살바도르 아옌데 대통령의 정치적인 요새이자 정서적인 요새이기도 했다. 1958년에 그곳에서 당시 '석탄의 행진'이라고 알려진 운동이 일어났다. 시꺼먼 탄가루를 뒤집어쓴 수천 명의 광부들이 빽빽히 모여 소리 없이 비오비오 강 다리를 건넜을 때 콘셉시온 시는 온갖 깃발과 플래카드, 그리고 투쟁의 결의로 물결쳤고, 정부는 심각한 위협을 느끼기 시작했다. 그 이야기는 '세르히오 브라보'라는 칠레 감독에 의해 〈민중의 깃발(Banderas del pueblo)〉이라는 이름으로 영화화되었는데, 그것은 칠레 다큐멘터리 영화 중 가장 감동적인 작품 가운데 하나다.

콘셉시온 시에 모인 군중들 사이에 살바도르 아옌데가 있었는데, 나는 그가 모든 민중의 확고하고 결정적인 지지를 획득했던 때가 바로 그때였다고 생각한다. 나중에 살바도르 아옌데가 칠레 대통령이 되었을 때, 그가 처음으로 방문했던 곳들 가운데 하나가 바로 광부들과 대화를 하기 위해서 찾아간 '로타' 광장이었다.

나는 그의 선거 참모로 일했다. 예순 살이란 나이에도 불구하고 항상 젊은이의 생명력을 가지고 정열적으로 선거전을 치러나가던 살바도르 아옌데 같은 위대한 인물이 로타 광장에서 광부들을 만나던 날, 그가 자기의 가슴속에 묻어둔 이야기를 내게 꺼냈을 때 나는 가슴이 찡했다.

"나는 이미 젊은 시절을 지나왔네. 이제 나는 거의 노인이나 다름없어."

수년 동안 지켜지지 않은 약속에 무두질당한 상처입고 폐쇄적이고 왜소한 광부들이 살바도르 아옌데와 기탄 없는 대화를 나누었고, 그들은 그의 승리에 결정적인 보루가 되었다. 살바도르 아옌데가 대통령이 된 뒤에 처음으로 시행했던 시책 가운데 하나는 그가 그날 오후 '로타이슈바거'에서 광부들에게 약속한 대로 그 광산을 국유화한 것이었다. 그러나 군사 쿠데타로 정권을 잡은 피노체트가 처음으로 시행했던 시책 가운데 하나는 살바도르 아옌데 대통령이 국유화했던 그 광산을 다시 사유화한 것이었다. 피노체트는 그 광산뿐만 아니라 공동묘지, 기차, 항만을 비롯하여 쓰레기장까지 거의 모든 것을 사유화했다.

우리는 오후 네 시에 광산 촬영이 마무리되자 군 당국이나 경찰의 그 어떤 제지도 받지 않고서 '탈카우아노'로 가는 도로를 달려 콘셉시온으로 돌아왔다. 광산에서 나온 흙더미를 손가락으로 파헤쳐 주운 석탄 부스러기를 실은 수레를 끌고서 짙게 깔린 안개를 헤치며 집으로 돌아가고 있는 수많은 광부들 때문에 돌아오는 길에 차를 빨리 몰기가 쉽지 않았다. 석탄을 담은 커다란 자루를 어깨에 짊어진 왜소한 유령 같은 남자들과 초라하지만 강해보이는 여자들, 그리고 어둠 속에서 금방이라도 차 앞으로 튀어나올 것만 같은 겁먹은 아이들이 짙게 깔린 안개 사이로 비추어진 자동차의 헤드라이트 빛을 받아 보일 듯 말 듯한 작은 모습을 드러낸 채 걸어가고 있었다.

해병하사관학교 본교가 있는 탈카우아노는 칠레의 주요 군항 가운데 가장 활기 넘치는 항구다. 탈카우아노 항은 군사 쿠데타가 일어난 이후 며칠 동안 '지옥의 섬'이라고 불리는 다우손 섬으로 끌려갈 정치범들이 임시로 수용되었던 거점으로서의 서글픈 특권 때문에 이름이 널리 알려진 항구다. 누더기를 걸친 광부들로 소란스러운 거리거리에는 하얀색 유니폼을 입은 젊은 예비 하사관들이 보였다. 어분 공장에서 나는 역겨운 냄새와 조선소에서 나는 역청 냄새, 그리고 바닷물 썩은 냄새가 뒤섞인 혼탁한 공기로 숨을 쉬기가 곤란할 정도였다.

그 항구 도시에서는 우리가 예상했던 바와는 달리 여행자에 대한 군인들의 통제가 전혀 없었다. 거의 대부분의 집들이 어둠에 싸여 있었으며, 유리창에 비친 불빛들은 옛날부터 사용하던 구식 등에서 새어나오는 것으로 보였다. 아침에 콘셉시온에서 마신 차디찬 커피 한 잔 이외에는 먹은 것이 없었기 때문에 우리가 예상치 않게 만나게 되었던 불 켜진 식당은 마치 동화 속의 식당 같았다. 더욱이 바다 쪽으로 난 발코니를 통해 들어온 갈매기들로 식당이 가득 차 있는 것을 보았을 때는 더욱더 그랬다.

나는 그토록 많은 갈매기는 처음 보았고, 게다가 어둠 속에서 불쑥 날아들어서는 무감각하게 앉아서 식사하고 있는 손님들 머리 위를 이리저리 날아다니고 마치 눈이 먼 것처럼 사방으로 좌충우돌하면서 경망스럽게 날고 있는 갈매기들 또한 본 적이 없었다.

우리는 깊고 차가운 칠레 영해의 맛이 담긴 유서 깊은 해산물로 저녁 식사를 해야 할 시간에 아침 식사를 하고 나서 콘셉시온으로 돌아왔다.

우리가 렌터카 사무실에 도착했을 때는 직원들이 모두 퇴근한 후였고, 자동차를 돌려줄 사람을 찾느라 거의 네 시간을 허비했기 때문에 산티아고 행 기차가 막 떠나려 할 때에야 간신히 기차에 오를 수 있었다.

영원히 죽지 않는 두 거인 아옌데와 네루다

칠레 대도시의 소외된 계층들이 살고 있는 광활한 동네들은 어떤 의미에서는 북아프리카 아랍권 도시들의 원주민 거주 지역인 '카즈바'처럼 일종의 '해방구'라고 할 수도 있었다. 가난에 단련이 된 주민들은 미로처럼 복잡한 독특한 문화를 일구어왔다.

경찰과 군대는 가난한 사람들이 사는 집들이 벌집처럼 다닥다닥 붙어 있는, 코끼리 한 마리가 흔적도 없이 사라져버릴 수 있는 그런 지역들을 최소한 두 번 이상 생각하지 않고서는 들어갈 위험을 무릅쓰려 하지 않았다. 경찰이나 군인들은 그 지역민들의 아주 독창적이고 특출한 저항 방법에 대처해야 했고, 지역민들은 그들대로 악랄하고 비인간적인 방법으로 자행되는 경찰이나 군인들의 박해를 그런 저항을 통해 모면했다.

그런 역사적인 조건은 그 지역들을 민주주의 체제에서는 선거에서 결정적인 영향을 미치는 적극적인 세력의 축으로 변모시켰으며, 정부 측에서 볼 때는 항상 골치 아픈 존재들이었다. 우리는 현 피노체트 독재와 관련하여 민중이 어떻게 생각하고 있으며, 살바도르 아옌데 대통령에 대한 기억이 어느 정도 남아 있는가 하는 점들을 소위 다큐멘터리 영화 형식으로 조망하는 데 그 지역들이 결정적인 역할을 할 거라고 결론지었다.

작업 과정에서 우리가 느꼈던 첫번째 놀라움은 독재 정권으로부터 추방당해 외국에서 망명 생활을 하는 지도자들의 위대한 이름들이 현재 독재 정권에 위협을 가하는 젊은 세대에게 실제로 많은 의미를 부여하지 못하고 있다는 사실을 확인한 것이었다. 망명 중인 지도자들은 현재 상황과는 거의 연관이 없는 영광스런 전설에 나오는 주인공들이라는 이유 때문이었다. 모순처럼 보일지 모르지만, 이런 점이 군부 정권의 가장 심각한 실패다.

군부 정권 초기에 피노체트 장군은 젊은 세대의 기억 속에 민주주의 체제의 마지막 흔적이 지워질 때까지 정권을 잡겠다는 의지를 천명했다. 피노체트가 전혀 생각하지 않았던 것은 그의 체제가 그런 흔적을 지워버리겠다는 그 자신의 의지에 의해 도리어 희생되리라는 것이었다.

시위를 진압하려는 전투경찰에게 거리에서 돌을 던지며 맞서고, 무장을 해 비밀리에 투쟁하고, 그들 대부분이 겪어보지도 못했던 민주주의 체제를 재건하기 위해 힘을 합치고 정치를 실행하는 젊은이들의 공격성에 절망한 피노체트 장군은 얼마 전 그런 젊은이들이 칠레에서 과거의 민주주의라는 것이 어떠했는지 전혀 알지 못하기 때문에 자기들 마음대로 날뛰고 있다고 화를 내며 소리를 질렀다.

현재 칠레에서 살바도르 아옌데라는 이름은 과거를 지탱시켜 주는 것이며, 그에 대한 기억을 숭배하는 행위는 민중 사이에 신화적일 정도로 널리 퍼져 있다. 민중은 그들이 살고 있는 상황을 자각하는 능력이 있고, 독재에 대항하는 의식의 정도가 투철하며, 투쟁에 대한 창조적인 형식을 가지고 있으므로 무엇보다도 우리의 관심을 불러일으켰다. 민중은 우리들에게 모든 것에 대해 즉각적으로 솔직하게 대답했으나 그들의 대답은 항상 살바도르 아옌데에 대한 기억과 연관되어 있었다. 각자 다양하게 증언을 해주었지만 결국에 하나로 취합되는 테마는 이런 것이었다.

"투표 때 저는 항상 살바도르 아옌데만 찍었지 다른 사람 그 누구도 찍지 않았습니다."

이 말은 살바도르 아옌데가 그의 생애를 통틀어 대통령 선거에 여러 번 출마했기 때문에 충분히 설명이 되는 말이고, 살바도르 아옌데 자신도 대통령에 당선되기 전에 자기의 묘비명에는 이렇게 적힐 거라고 말하면서 만족해하곤 했다.

"여기 미래의 칠레 대통령 살바도르 아옌데 잠들다."[18]

살바도르 아옌데는 대통령에 당선되기까지 모두 네 번 출마했다. 물론 대통령에 당선되기 전에도 계속해서 하원, 상원에 당선되었다. 그는 기나긴 국회의원으로서의 역정 속에서 페루 접경 지역에서부터 남부의 '파타고니아' 지방에 이르기까지 칠레의 대부분 지방에서 국회의원 후보로 나왔다. 그래서 그는 각 지역의 구석구석, 각 지역의 사람들, 각 지역의 다양한 문화들, 칠레인의 고통과 꿈 등 모르는 것이 없었을 뿐만 아니라 모든 국민들 또한 그에 대해 속속들이 다 알고 있었다.

신문이나 텔레비전 등에서만 모습을 볼 수 있고, 라디오에서만 목소리를 들을 수 있는 수많은 다른 정치가들과는 달리 살바도르 아옌데는 국민들의 집을 가가호호 방문해서는 그들의 집 안에서 국민들과 직접적이고 따뜻한 접촉을 통해 정치를 했고, 실제로 그는 국민들 사이에서 '가정의 의사'라고 불릴 정도였다. 물론 정치에 대한 거의 동물적이기까지 한 본능과 결합된 인간에 대한 그의 이해는 쉽게 이해하기가 곤란한 모순된 감정들을 유발시킬 정도에 이르기도 했다.

언젠가 살바도르 아옌데가 칠레 대통령이 되어 어느 군중행사에 참석했을 때, 한 남자가 다음과 같은 특이한 내용이 적힌 플래카드를 들고서 그 앞에 모습을 나타냈다.

"이번 정부는 개똥 같은 정부다. 그러나 나의 정부다."[19]

살바도르 아옌데 대통령은 벌떡 일어나서 박수를 보냈고, 연단에서 내려와 그 남자에게 악수를 청했다.

우리가 촬영 작업을 하느라 전국을 돌아다니는 과정에서 깨달았던 것은 칠레의 어느 곳을 가나 살바도르 아옌데의 흔적이 없는 곳이 없다는 것이었다. 전국 방방곡곡 어디를 가나 살바도르 아옌데와 악수했던 사람, 살바도르 아옌데가 자기 아들의 대부가 되어주었던 사람, 정원에 있는 나뭇잎에 감염되어 지독한 천식을 앓고 있었는데 살바도르 아옌데의 도움으로 치료를 받았던 사람, 살바도르 아옌데가 취직 자리를 알선해주었던 사람, 체스 경기에서 살바도르 아옌데에게 졌던 사람…… 등등 그와 갖가지 인연을 맺었던 사람이 무수히 많이 있었다.
 또한 살바도르 아옌데가 만졌던 것이면 무엇이든지 보물 단지처럼 보관되어 있었다. 어느 곳에서는 우리가 전혀 생각지도 않았는데, 다른 것들보다 잘 보관된 의자를 가리키며 사람들이 이렇게 말했다.
 "저 의자에 살바도르 아옌데 대통령이 앉았답니다."
 또 사람들은 하찮은 공예품을 우리에게 보여주며 이렇게 말했다.
 "살바도르 아옌데 대통령이 우리에게 선물한 것입니다."
 아들이 하나 있고 두 번째 아이를 임신중인 열아홉 살의 여인은 우리에게 이렇게 말했다.
 "살바도르 아옌데 대통령이 돌아가셨을 때 저는 겨우 일곱 살밖에 안 되었기 때문에 그분의 모습은 거의 생각나지 않지만, 제 아들에게는 우리의 대통령이 누구였는지 항상 가르친답니다."
 우리는 그 부인에게 살바도르 아옌데 대통령에 대해 특별히 기억나는 것이 뭐 없냐고 물었다. 그러자 그 부인이 대답했다.
 "전 그때 아버지와 함께 있었지요. 그분이 사람들과 함께 건물의 발코니에 나와 하얀 수건을 흔들며 이야기하는 것을 보았어요."
 우리는 '성처녀 카르멘'의 초상화가 걸려 있는 어느 집 여주인에게 과거에 아옌데 지지파였느냐고 물었다. 그러자 그 부인은 이렇게 대답했다.
 "그때는 아니었지요. 그러나 지금은 그렇답니다."
 말을 마친 부인이 성처녀 카르멘의 초상화를 벽에서 떼어냈다. 그 뒤에는 살바도르 아옌데의 사진이 걸려 있었다.

살바도르 아옌데가 대통령으로 재직하는 동안 시장에서는 그의 작은 흉상들이 팔렸는데, 지금 사람들은 그 흉상 옆에 꽃병을 놓고 복을 기원하는 등불까지 걸어놓고서 숭배하고 있다. 살바도르 아옌데에 대한 기억은 그에게 네 번 투표했던 노인들, 세 번 투표했던 사람들, 그를 대통령으로 선출했던 사람들, 그리고 그를 역사적인 기억의 전통 속에서만 알고 있는 어린이들을 포함한 모든 사람들의 머리 속에 다양한 형태로 남아 있다. 인터뷰에 응한 여러 여인들이 이런 말을 반복했다.

"여성의 권익에 대해 말했던 유일한 칠레 대통령은 아옌데 대통령이었습니다."

물론 그들은 말을 할 때 살바도르 아옌데라는 이름을 거의 거명하지 않고 그냥 '대통령'이라고만 불렀다. 마치 살바도르 아옌데가 아직도 대통령인 것처럼, 그가 칠레 역사상 유일한 대통령인 것처럼, 그가 다시 돌아오기만을 간절히 기다리기나 하는 것처럼. 민중의 기억 속에 계속해서 남아 있는 것은 그에 대한 이미지뿐만 아니라 그의 인간적인 사고의 위대함이라고 할 수 있다.

"우리에게 집이나 음식은 중요하지 않습니다. 우리는 우리의 권위를 되돌려받는 것이 중요합니다."

그들은 이렇게 말하곤 했다. 그리고 이렇게 결론지었다.

"우리가 정말 간절히 바라는 것 딱 한 가지는 그들이 우리에게서 빼앗아갔던 것을 되돌려받는 것입니다. 그건 말할 권리와 투표할 권리지요."

영원히 죽지 않는 두 거인

 살바도르 아옌데에 대한 숭배가 가장 강하게 느껴지는 곳은 그의 고향인 시끌벅적한 항구 도시 발파라이소다. 살바도르 아옌데는 그곳에서 자랐고, 그곳에서 정치가로서의 삶을 형성시켰다. 바로 거기 어느 무정부주의자 제화공의 집에서 그는 처음으로 철학 서적들을 읽었고, 전생애를 두고 탐닉한 체스에 대한 열정을 키웠다. 살바도르 아옌데의 할아버지 '라몬 아옌데'는 칠레에서 처음으로 가톨릭 학교가 아닌 일반 학교를 세웠고, 사회주의 이론 습득을 목표로 비밀공제결사회를 조직했다. 살바도르 아옌데도 그 비밀공제결사회의 '회장'까지 되었다.
 살바도르 아옌데의 첫번째 기억할 만한 활동은 이제 신화적인 인물 '마르마두케 그로베'가 주동이 된 '사회주의 십이 일 천하'[20]에서 빛을 발했는데, 그의 여동생이 마르마두케 그로베의 형제 가운데 한 사람과 결혼했다.
 독재 정권이 살바도르 아옌데를 고향인 발파라이소에 묻었다는 것은 특이한 일인데, 발파라이소는 두말할 필요도 없이 그가 살아 생전 나중에 죽었을 때 그토록 묻히고 싶어하던 곳이었다. 독재 정권은 살바도르 아옌데의 시신을 1973년 9월 11일 밤에 특별한 예고도 없고 마땅히 해야 할 의식도 거행하지 않고서, 틈새로 살을 에는 듯한 남극의 추운 바람이 들어오는 칠레 공군의 낡은 헬리콥터에 부인인 '오르텐시아 부시'와 그의 여동생 '라우라'만 실어 발파라이소로 옮겼다.
 과거에 군사위원회의 정보 조직에 참여했던 한 조직원은 그가 살바도르 아옌데 대통령의 집무실이었던 '라모네다 궁'을 첫번째로 공격했던 군인들과 함께 대통령 집무실로 들어갔을 때 "대통령의 두개골은 벌어져 있었고 뇌 파편들이 바닥과 벽에 흩어져 있었다"고 살바도르 아옌데 대통령의 시신 상태에 대해 미국 신문기자인 '토머스 아우서'에게 증언한 바 있다.

  살바도르 아옌데의 시신 상태가 그러했기 때문에 아마도 부인 오르텐시아 부시 여사가 관 속에 담긴 죽은 남편의 얼굴을 확인해보자고 했을 때 군인들이 얼굴을 보여주기를 거부했을 것이고, 부인은 홑이불에 둘러싸인 몸만 볼 수 있었을 것임에 틀림없다. 피노체트 군부 정권은 살바도르 아옌데의 시신을 사돈 마르마두케 그로베의 가족 묘지가 있는 '산타이네스' 공동묘지에 묻었고, 당시 살바도르 아옌데의 묘에는 부인이 다음과 같이 말하면서 바친 장미 한 송이만 덩그렇게 놓였을 뿐이다.

  "여기 칠레 대통령 살바도르 아옌데 묻히다."

  독재 정권이 살바도르 아옌데에 대한 민중의 숭배가 미치지 못하도록 그런 식으로 장례를 치렀다고 전해졌으나, 그에 대한 민중의 숭배는 어떻게 막을 수가 없었다. 현재 살바도르 아옌데의 묘지는 순례의 행렬이 끊임없이 이어지는 장소로, 보이지 않는 손들에 의해 바쳐진 싱싱한 화분들이 항상 즐비하다. 민중의 순례를 막기 위해 피노체트 정부는 살바도르 아옌데의 시신을 다른 곳에 묻었다는 말까지 유포시켰으나 살바도르 아옌데의 묘에 있는 꽃들은 여전히 싱그럽기만 하다.

  젊은이들의 가슴속에 살아 있는 또 하나의 숭배는 '이슬라 네그라' 해변에 있는 자택에서 머물렀던 파블로 네루다를 향한 것이다. 사람들의 입에 오르내리는 그 지역은 '검은 섬'이라는 의미의 이름이 나타내는 바와는 달리 섬도 아니고 검지도 않다. 발파라이소에서 산안토니오 시로 연결된 도로를 타고 사십 킬로미터 정도 가다 보면 나타나는 어촌 마을로, 거대한 소나무들이 우거진 숲과 집채만한 파도가 거칠게 몰아치는 푸른 바다 사이로 마을의 황톳길들이 있다. 바로 그곳에 시인 파블로 네루다가 집을 한 채 소유하고 있었는데, 지금도 그를 흠모하는 전세계 추종자들의 순례가 끊임없이 이어지고 있다.[21]

프랑키와 나는 이탈리아 촬영 팀이 항구 도시 발파라이소에서 촬영 작업을 마무리하는 동안 촬영에 대한 세부 계획을 세우기 위해 파블로 네루다의 집이 있는 곳까지 갔다. 경비대 경찰관은 우리에게 시인이 시를 통해 노래한 다리며 여관이 어디에 있고 그 밖의 다른 장소들이 어디였는지를 가르쳐주었다. 하지만 그는 시인의 집을 방문하는 것은 절대 금지되어 있다고 경고하면서 이렇게 덧붙였다.

"밖에서는 볼 수 있어요."

우리는 여관에서 이탈리아 촬영 팀을 기다리는 동안 시인이 바로 이슬라네그라의 혼이었다는 것을 이해할 수 있었다. 시인이 이슬라네그라에 살았을 때 전세계의 젊은이들은 그가 쓴 〈스무 개의 사랑의 시〉[22]를 유일한 여행 가이드나 되는 것처럼 읊조리며 시인을 찾아 몰려들곤 했다. 젊은이들은 그저 시인의 얼굴을 잠시 보고 마지막에 시인의 자필 서명이나 하나 받기를 원했을 뿐 어떤 것도 바라지 않았고, 다만 시인이 사는 집을 방문했다는 기억을 간직하는 것만으로도 만족스러위했다.
 당시 여관은 즐거움이 넘치는 시끌벅적한 장소였고, 파블로 네루다는 화려한 색깔의 '판초'[23]를 입고 안데스 산맥에 사는 인디오들이 쓰는 모자를 쓰고서 거대한 몸집을 교황처럼 천천히 움직이면서 가끔씩 그 여관에 나타나곤 했다. 시인은 전화 같은 것에 시달리지 않고 조용히 지내고 싶어 자기 집에 설치되었던 전화를 취소해버렸기 때문에 무슨 일이 있을 때 여관 전화를 사용하기 위해서나, 그날 밤 자기 집에 친구들을 초대해 대접할 식사 준비를 위해 여관 주인인 엘레나 여사와 미리 협의하러 여관을 찾아가곤 했다.
 그것은 여관 식당의 음식 수준이 대단히 훌륭했다는 말인데, 물론 네루다 자신도 세계의 훌륭한 음식에 대한 전문가였고, 마치 전문 요리사처럼 다양한 음식들을 훌륭하게 요리할 줄도 알았다. 네루다는 어찌나 세련되고 고매한 미각의 소유자였던지 식탁을 차릴 때 아주 미세한 부분에까지 신경을 썼다. 그는 식탁보나 음식을 담을 그릇이나 포크, 나이프, 스푼 같은 것들을 차려질 음식에 따라 어울리는 것으로 다양하고 섬세하게 맞추어 준비할 줄도 알았다.
 시인이 죽은 지 십이 년이 지난 지금 그 모든 것들은 황량하게 불어오는 바람에 휩쓸려간 것처럼 보였다. 여관 주인인 엘레나 여사는 시인에 대한 그리움으로 인한 고통을 참지 못하고 이미 산티아고로 이주했으며, 내가 방문했을 때 여관 건물은 허물어지기 일보 직전이었다. 그러나 우리가 그곳을 방문했을 때까지도 시인이 위대한 시에서 노래한 적이 있는 '대지의 움직임'이 계속되고 있었다. 최근에 발생한 지진 이후로 이슬라네그라에서는 매일 밤낮으로 십 분 또는 십오 분마다 끊임없이 흔들리는 땅울림이 감지되었다.

이슬라네그라의 땅은 영원히 흔들린다

우리는 집 주위에 늘어서 있는 소나무 그림자에 뒤덮인 네루다의 집을 발견했다. 그 집은 사면이 약 일 미터 정도 높이의 널빤지 울타리로 둘러싸여 있었는데, 네루다 자신이 사생활을 보호하기 위해 만들었던 것이다. 이제 그 울타리의 나무판자에는 꽃이 피어 있었다. 울타리에 붙어 있는 간판이 그 집은 경찰에 의해 출입이 금지되었음을 경고하고 있었는데, 출입은 물론 사진 촬영도 금지되어 있었다. 일정한 시간 간격으로 네루다의 집 주위를 순찰하고 있던 경찰관의 모습이 "이곳에서는 모든 것이 금지되어 있다"라는 경고문을 더 실감나게 했다.

우리는 그런 사항들을 네루다의 집에 도착하기 전에 미리 알고 있었으므로 이탈리아 촬영 팀의 카메라맨은 카메라를 한 대만 가지고 갔다가 만약 압류당할 경우에 대비해 경비 초소에서 일부러 압류될 수 있도록 눈에 띄는 커다란 카메라 한 대를 손에 들고 갔고, 휴대용 소형 카메라는 숨겨 가지고 갔다. 또 필름을 무사히 산티아고로 운반할 수 있도록 하기 위해 촬영 팀은 촬영이 되는 대로 필름을 가지고 자동차 세 대에 나누어 타고 차례로 떠났다.

만약의 경우 경찰관들에게 발각될 경우에도 그 팀이 가지고 있던 필름만 빼앗기면 된다는 생각 때문이었다. 만약 예기치 않은 사태에 직면하면 이탈리아 촬영 팀은 나를 모르는 사람으로 위장하기로 했고, 프랑키와 나는 단순한 여행객으로 행세하기로 되어 있었다.

　네루다 집의 문들은 안에서 잠겨 있었고, 창문은 하얀색 커튼으로 덮여 있었다. 그리고 대문에 달린 깃봉에는 깃발이 없었는데, 그 깃발은 시인이 살아 있을 때 그가 집에 있다는 것을 나타내기 위해서만 매달아지곤 했다. 내 가슴에 서글픔이 복받쳐올랐지만 이름 모를 누군가에 의해 시인의 집이 잘 관리되고 있다는 것을 알려주거나 하듯 화사하게 정돈된 정원을 보고 나니 조금 안심이 되었다. 네루다의 부인인 '마틸데' 여사는 우리가 그 집을 방문하기 얼마 전에 죽었는데, 군사 쿠데타가 일어난 후 집에 있던 가구들을 치워버렸고, 시인이 일생을 통해 여기저기 돌아다니며 수집했던 책들과 종교적인 수집품들, 그리고 예술품들도 모두 치워버렸다.

　사실 전세계 여러 곳에 있었던 시인의 집들이 다른 집들과 달랐던 것은 그 집들의 단순함이 아니라 오히려 뭔가 강렬하게 보여주는 특이하고 인상적인 장식품들이나 집의 구조였다. 자연을 붙잡으려는 그의 열정은 위대한 시구에만 나타난 것이 아니라 시인으로 하여금 특이하게 생긴 소라 껍질이나 뱃머리 장식, 기기묘묘하게 생긴 나비 표본, 이국적인 술잔이나 컵 등을 수집하도록 했다. 그의 여러 집들 가운데 하나만 방문해 보아도 그의 서재 중앙에 마치 살아 있는 것처럼 우뚝 서 있는 박제된 말 한 필을 불현듯 볼 수 있을 것이다.

　그 밖에 시인의 위대한 창조적인 집념 가운데 시에 대한 것

다음으로 가장 가시적이긴 하지만 한편으로는 가장 덜 명예스러운 것은 자신의 집들의 구조를 혁신적으로 변모시키려는 열망이었다. 그가 소유하고 있던 집들 가운데 어느 것은 너무나 독창적이어서 응접실에서 식당으로 가기 위해서는 정원을 통과해야 했는데, 우기가 되면 시인은 초대된 손님들이 식사하러 가다가 비를 맞아 감기에 걸리지 않도록 우산을 준비해두곤 했다.

시인의 그런 우스꽝스럽고 톡톡 튀는 발상에 대해 자기 자신만큼 즐기고 재미있어하는 사람은 아무도 없었다. 시인의 베네수엘라 친구들은 그가 수집해놓은 기기묘묘한 수집품들을 보고는 괜히 기분이 으스스해지고 재수가 없다는 생각이 들어 시인에게 그 수집품들이 "불길 망측하다"라고 말하곤 했다. 말하자면, 그런 물건들만 보면 괜히 불길한 생각이 들어 기분이 나쁘다는 뜻이었다. 그럴 때면 시인은 요절복통을 하듯이 웃으면서 시라는 것은 그 어떤 저주도 풀어줄 수 있는 해독제 같은 것이라고 대꾸하곤 했다. 그리고 그 무시무시한 수집품을 흐뭇한 표정을 지으며 애정 어린 눈길로 바라봄으로써 자신의 말을 증명하곤 했다.

사실 시인이 만년에 주로 살았던 집은 산티아고의 '마르케스델라플라타 거리'에 있었는데, 시인은 군부 쿠데타가 일어난 며칠 후 오랫동안 앓아왔던 백혈병이 쿠데타로 인한 상심으로 악화되어 그 집에서 죽었다. 그후 시인의 집은 군부의 억압적인 경찰들에 의해 약탈당해 집 안에 있던 책들이 모두 정원에서 한줌의 재로 사라져버리고 말았다.

시인은 '인민연합'의 살바도르 아옌데 대통령 시절 프랑스 대사를 지내는 동안, 노벨상 상금으로 받았던 돈으로 노르만디 지방의 분홍색 연꽃이 피어 있는 자그마한 호수 근처에 있는 성채에 딸린 오래된 마구간 한 채를 사서 거주할 수 있도록 개조했다. 그 집은 성당의 돔 형 천장처럼 높았고 채광창을 통해 들어오는 햇빛이 교황처럼 품위와 위엄을 갖춘 채 침대에 앉아서 친구들을 맞이하던 시인을 찬란하게 물들이곤 했다. 그러나 시인은 그런 생활을 일 년도 채 즐기지 못하고 말았다.

하지만 이슬라네그라에 있는 시인의 집은 그의 시를 사랑하는 독자들 사이에 시인의 시와 가장 잘 어울린다는 생각이 들게 하는 집이다. 시인은 죽어 이미 우리 곁을 떠났고, 시인이 살았던 집은 사실상 방치되어 있는 상태인데도 시인이 죽었을 때 고작 여덟 살 정도에 불과했던 신세대 애독자들이 계속해서 시인의 집으로 찾아들고 있다. 경찰에 의해 출입이 통제된 시인의 집 널빤지 울타리에 각자의 이름 첫글자와 하트 모양의 문양을 그려넣고 사랑의 메시지를 쓰기 위해 전세계에서 네루다를 사랑하는 독자들이 모여든다. 그 애독자들이 울타리 널빤지에 쓴 다양한 구절들을 보면 거의 대부분이 다음과 같은 것들이다.

"후안과 로사는 파블로를 통해 서로를 사랑합니다. 파블로, 그대가 우리에게 가르쳐준 사랑에 감사드리며, 우리는 그대가 사랑했던 것처럼 사랑하겠습니다."

그러나 경비 경찰관들조차도 감히 제지하거나 함부로 지울 수 없는 의미심장한 글들도 있다.

"사랑은 결코 죽지 않는다. 장군들, 아옌데와 네루다는 살아 있다.

한순간의 어둠이 우리를 눈멀게 하지는 못할 것이다."

이런 글들은 전혀 예상치 못한 공간에까지도 씌어 있었다. 또 마땅한 빈 공간이 없어서인지 여러 세대의 사람들이 써놓은 글씨들이 겹쳐 씌어 있는 것을 보면 감동이 새로워진다. 누군가 인내심을 가지고 다시 정리해보고 싶다면, 네루다를 사랑하는 독자들 각자가 애송하고 있다가 한 구절씩 따로따로 적어놓았던 시구들을 순서에 맞추어 정리해 완전한 시들로 재구성할 수도 있을 것이다.

우리가 방문했을 때 무엇보다도 가장 인상 깊었던 것은 지진으로 인해 십 분이나 십오 분마다 심하게 흔들릴 때면 널빤지 울타리에 씌어 있던 시구들이 생명을 얻은 것처럼 느껴졌다는 것이다. 널빤지 울타리가 땅에서 솟아나오고 싶어하는 것 같았고, 집안 대들보나 문 같은 목재에 박혀 있던 경첩에서 삐걱거리는 소리가 났고, 컵들과 쇠붙이들이 표류 중인 범선 안에 있는 것처럼 팅팅거리며 울리는 소리가 들렸다. 그때 나는 그 모든 것이 시인의 집 정원에서 열매 맺은 그 많은 사랑으로 인해 흔들리고 있는 하나의 완전한 세계라는 인상을 받았다.

촬영 작업을 개시할 시간이 되자 우리들이 염려했던 것은 기우에 불과했다는 것을 알 수 있었다. 아무도 우리들의 카메라를 압류하지도, 우리가 가는 길을 막지도 않았다. 그때가 마침 점심 식사 시간이라 경비 경찰관들이 식사를 하러 어디론가 가고 없었기 때문이다. 우리는 계획했던 것뿐만 아니라 그 이상의 것을 필름에 담았다.

이탈리아 촬영 팀의 카메라맨 우고는 바다 밑에서 밀려오는 진동에 취한 듯한 몸짓으로 바위 절벽에 부딪힐 때마다 원시의 울림을 만들어내며 몰아치는 파도 속에 허리춤이 잠길 정도까지 들어가 촬영했다. 바다가 지진의 영향을 받지 않고 있다 해도 원래 이슬라네그라 해변의 파도는 사람 하나쯤은 해변의 벼랑까지 휩쓸어가 패대기를 쳐버릴 정도로 거셌기 때문에 우고는 죽음을 무릅쓰고 촬영했다고 해도 과언이 아니다.

그러나 그 누구도 우고의 그런 행동을 말리지 않았다. 우고는 그 누구의 지시도 받지 않은 채 잠시도 멈추지 않고서 카메라의 파인더에 들어오는 피사체를 뒤쫓고 있었다. 사실 영화 작업에 대해 알고 있는 사람이라면 카메라를 들고 피사체를 향해 작업을 하는 카메라맨에게 지시를 내린다거나 통제한다는 것이 불가능하다는 것을 잘 알고 있을 것이다.

그라치아는 하늘로 올라갔다

우리가 미리 계획했던 대로, 촬영된 각 필름은 그라치아가 그날 밤에 이탈리아로 가져갈 수 있도록 급히 산티아고로 우송되었다. 그라치아가 이탈리아로 떠나기로 한 날짜는 즉흥적으로 선택된 것이 아니었다. 일 주일 전부터 우리는 그때까지 촬영된 모든 필름을 칠레에서 빼내는 방법에 대해 면밀히 검토했다. 우리는 작업을 계획했던 초반기에 미리 설정해두었던 필름 반출을 위한 비밀 경로를 그때까지 확정 짓지 못하고 있었던 것이다.

그런 상황이었을 때, 일흔다섯 살이 되어 현직에서 은퇴하게 된 실바 엔리케스 추기경 대신에 로마로부터 칠레 추기경으로 새로 임명된 '프란시스코 프레스노' 추기경이 도착한다는 뉴스가 갑작스럽게 보도되었다. '단합의 관구' 설립을 추진시켰던 실바 엔리케스 추기경은 성직에 있는 동안 독재 정권의 허황된 꿈을 부숴버리곤 했고, 국민적인 존경을 받으면서 반독재 투쟁 의식을 고무시키곤 했던 성직자다.

당시 성직자들은 활발한 활동을 통해 독재 정권에 맞섰다. 빈민촌에는 목수처럼, 석수장이처럼, 순수한 노동자처럼 지역 주민들과 손에 손을 맞잡고 일하는 신부님들이 있었고, 그들 가운데 몇몇은 가두 시위에서 경찰들에 의해 죽음을 맞기도 했다.

그런 상황하에서 군사 정부는 새로 부임하는 추기경에 대한 환영의 표시라기보다는—새 추기경의 정치적인 생각은 아직 불투명했다—실바 엔리케스 추기경의 퇴임에 대한 만족감으로 며칠 동안 임시로 계엄령을 해제했고, 새로 임명된 프레스노 추기경에 대한 성대한 환영을 표시하도록 모든 방송사의 공식 채널에 정부 방침을 시달했다.

그러나 한편으로, 피노체트 장군은 그대로 있다가는 자기나 내각의 장관 한 사람이라도 예정되어 있지 않았던 환영 행사에 울며 겨자 먹기로 참여해야 할 것 같았으므로, 그것을 피해보려고 그의 가족과 독재 정부의 내각을 구성하고 있던 무명의 신출내기 장관들을 모두 대동하고 칠레 북부 지방으로 이 주일 간 여행을 떠나버렸다. 그런 모순된 정부의 결정에 산티아고 시민들은 혼란스러워했고, 적어도 육천 명 정도는 수용할 수 있고 그 정도의 인원은 모이리라고 예상했던 '아르마스 광장'에 단지 이천 명의 군중들만이 모여들었다.
 어찌되었든 정부가 우왕좌왕하던 그날 오후가 여러 날, 여러 장소에서 작업해 뽑아낸 필름 꾸러미를 처음으로 칠레에서 이탈리아로 송출하기에 가장 적합한 시기라고 예견하기는 쉬운 일이었다. 그날 밤 발파라이소에 머물고 있던 우리들에게 다음과 같은 암호 메시지가 전달되었다.
 "그라치아는 하늘로 올라갔다."
 그랬다. 그라치아는 그 어느 때보다도 경비가 삼엄했지만 사람들로 가득 찼고 무질서한 공항에 도착했다. 그리고 질서를 유지하고 사람들을 정리하느라 마음이 급해진 칠레 공항 경찰들이 몸소 한시도 지체하지 않고 필름이 담긴 짐가방을 검사하고 비행기에 실어주어 그라치아는 새 추기경이 타고 왔던 그 비행기로 이탈리아 로마를 향해 떠났던 것이다.

좁혀드는 포위망

　내가 엘레나와 연락을 취하지 않은 채 콘셉시온과 발파라이소에서 촬영하는 동안 그녀는 산티아고에서 불안한 주말을 보냈다. 엘레나의 임무는 나의 실종을 알리는 것이었으나 내가 즉흥적으로 행동하는 사람이라는 것을 알고 있었으므로, 이십사 시간 이상 연락이 되지 않으면 알려야 한다는 사전에 약속된 시간을 넘기고 있었다. 엘레나는 토요일 밤 내내 나를 기다렸다가 일요일까지도 도착하지 않자, 나의 행방에 대해 실마리라도 얻을까 해서 나의 소재에 대해 알 만한 사람들과 막연하게 접촉을 시도했다.
　엘레나는 위급한 상황이 닥쳤음을 알리는 마지막 시한을 월요일 열두 시로 정해놓고 있었다. 바로 그날 오전에 내가 수면 부족으로 부석부석한 얼굴에 면도도 하지 않은 채 호텔로 들어섰던 것이다. 엘레나는 그동안 자신이 아주 중요하고 위험한 임무를 많이 완수했고, 나로 인해 자기가 겪은 고통은 제아무리 감당하기 어려운 위장 남편과 함께 살았어도 그 정도로 심하지는 않았을 것이라고 하소연했다.

　엘레나가 그렇게 따지고 들며 하소연했던 데는 특별하고 정당한 이유가 있었다. 엘레나는 그동안 엄청나게 부지런히 작업하고, 접선 실패를 여러 번 경험하고, 극도로 세밀한 계획을 세운 끝에 내가 도착한 날 오전 열한 시에 '마누엘 로드리게스 애국전선'의 지도자들과 인터뷰하기로 이미 약속해놓았던 것이다.

　그것이 우리가 계획했던 수많은 인터뷰 가운데서 가장 어렵고 위험하며 동시에 가장 중요한 작업이라는 것은 의심할 여지가 없었다.

　'애국전선'의 멤버들은 거의 대부분이 피노체트 장군이 권력을 찬탈할 당시에 겨우 초등학교를 졸업했던 세대로 구성되어 있었다. '애국전선'은 군부 독재의 타도와 칠레 국민들이 완전하게 자치권을 행사하여 자신들의 목표를 이룰 수 있는 민주주의 체제로의 회귀를 희망하는 모든 반독재 세력들의 연합에 동조한다고 선언했다.

　'마누엘 로드리게스'라는 '애국전선'의 이름은 1810년 칠레 독립 전쟁 당시 맹활약했다고 생각되는 어느 전설적인 인물로부터 따왔다. 그는 칠레 국내외적으로 시행되던 모든 통제를 조롱할 정도로 초자연적인 힘을 소유했던 것으로 보인다. 또 자유주의파 애국자들이 현실주의파들에 의해 몰락하여 권력이 그들의 손에 넘어가고 난 후에 아르헨티나의 국경 지역에 위치한 멘도사에서 활약하던 자유주의파 군대와 칠레 국내에서 비밀리에 저항하던 비밀 결사 단체 군대의 관계를 원활하게 유지시켰던 인물이기도 하다. 현재의 칠레는 독립 당시의 상황과 여러 가지 면에서 너무나도 유사하다.

'애국전선'의 지도자들을 인터뷰한다는 것은 훌륭한 기자라면 그 누구나 한 번쯤 열망하는 특권 같은 것이다. 나도 그런 사람들 가운데 예외가 될 수 없었다. 나는 촬영 팀 멤버들을 '애국전선'의 관계자들과 미리 약속해놓은 각기 다른 장소에 적절히 배치시킨 후 마지막 순간에 '애국전선'의 관계자들이 나를 데리러 오기로 약속한 장소에 도착했다. 나는 그들이 나의 신분을 확인할 수 있는 비표로 그날 발행된 《엘메르쿠리오》[24] 신문과 《케파사?》[25] 잡지를 들고서 혼자 '프로비덴시아 거리'에 있는 버스 정류장에 도착했다. 어떤 사람이 내게 다가와 "해변으로 가실 겁니까?"라고 물을 때까지 무작정 기다리는 수밖에 없었다. 누군가 그렇게 물으면 다음과 같이 대답하기로 되어 있었다.

"아닙니다. 동물원에 갈 거예요."

내가 생각하기에는 암호가 이치에 맞지 않는 것 같았다. 그토록 쌀쌀한 가을 날씨에 해수욕하러 해변에 갈 사람은 아무도 없을 것 같았기 때문이다. 그러나 교섭을 담당했던 '애국전선'의 요원들은 암호라면 마땅히 이치에 맞지 않아야 다른 사람이 혹시 착오나 우연으로라도 사용할 가능성이 없다고 나중에 내게 설명해주었다. 너무나도 당연한 말이었다.

십 분이 지났을 무렵, 내가 사람의 왕래가 빈번한 장소에 너무 노출되어 있지 않나 하고 생각할 때 보통 키에 깡마른 체격의 한 청년이 가까이 다가오는 것이 보였다. 왼쪽 발을 절며 걸어오던 그 청년은 베레모를 쓰고 있었는데, 차림새가 비밀 공작원처럼 보이기에 충분했다. 청년은 머뭇거리지 않고 곧바로 나를 향해 다가왔다. 나는 그가 채 암호를 말하기도 전에 앞으로 나가 그를 가로막고 섰다.

"다른 식으로 변장할 수 없었나? 이런 식으로 변장하고 다니니까 나 같은 사람도 쉽게 알아볼 수 있지."

나는 웃으면서 그에게 말했다.

그 청년은 놀라기보다는 안타깝다는 표정을 지으며 나를 바라보았다.

"그렇게 표가 많이 납니까?"

"두말하면 잔소리지. 저 멀리서도 알아볼 수 있겠는걸."

실제로 이야기해보니 그 청년은 어느 한 군데 비밀 공작원 같은 낌새가 느껴지지 않는 유머 감각이 풍부한 사람이었고, 그런 점이 첫만남에서부터 나의 긴장을 완화시켜 주었다. 우리가 몇 마디 대화를 나누고 있을 때 어느 제과점 상호가 씌어진 카고 트럭 한 대가 내 앞에 멈춰섰고, 나는 트럭에 올라 운전사 옆좌석에 앉았다.

그 트럭은 시내를 몇 바퀴 돌고 나서야 각기 다른 장소에 흩어져 있던 이탈리아 촬영 팀 멤버들을 태우면서 돌아다녔다. 나중에 우리는 각기 다른 다섯 장소에서 한 사람씩 내렸고, 다른 자동차들이 와서 우리를 각각 분리시켜 다른 장소로 옮기더니 마침내는 다시 다른 트럭에 우리를 모아 태워서 어디론 데려갔다. 그 트럭에는 이미 우리의 카메라와 조명 및 음향 기기들이 실려 있었다.

그 당시에는 우리가 실제로 일어나고 있는 진지하고 심각한 모험을 하고 있는 것이 아니라 마치 스파이 영화에서 연기를 하는 것 같은 야릇한 기분이 들었다. 머리에 베레모를 쓰고 얼굴에 비밀 공작원이라는 표시를 하고 다니는 것 같았던 젊은 청년은 우리가 시내를 여러 바퀴 도는 동안 어디로 사라져 버렸는지 그 이후로는 다시 모습을 볼 수 없었다. 그 청년 대신에 얼굴에는 장난기가 넘쳤지만 굉장히 엄격한 트럭 운전사가 나타났다. 나는 그 운전사 옆에 앉았고, 촬영 팀 멤버들은 짐칸에 앉았다.

"자, 지금부터 여러분이 칠레 바다 냄새나 좀 맡도록 드라이브를 시켜 주겠어요."

트럭 운전사가 말했다.

그는 라디오 볼륨을 최대로 올려놓은 채 산티아고 시내를 이리저리 뱅뱅 돌아다니기 시작했고, 마침내 나는 우리가 어디에 있는지 방향 감각을 잃어버렸다. 그런데도 그는 그 정도로는 충분하지 않다고 생각했는지 내가 그동안 잊고 지냈던 칠레 방언을 사용하며 우리에게 눈을 감으라고 명령했다.

"좋아요, 꼬마 양반들. 이제 닭다리 잡기 하는 거예요."

우리가 무슨 말인지 얼른 알아듣지 못하고 가만히 있자 그 운전사는 더 직접적인 방법으로 이렇게 명령했다.

"뭣들 하세요, 예? 자, 눈만 감고 있으면 돼요. 내가 말을 할 때까지 눈을 뜨면 안 됩니다. 만약 내 말대로 하지 않으면 이야긴 다 끝난 거예요."

그는 그런 종류의 작전을 실행하기 위해 특별히 제작된 안대가 있다고 했다. 그 안대는 겉에서 보면 평범한 선글라스처럼 보이지만 그것을 쓰면 아무 것도 보이지 않는다고 했다. 그런 작전을 실행할 때는 항상 가지고 다녔는데, 그 당시는 잊어버리고 준비를 하지 못했다고 했다. 뒤칸에 타고 있던 이탈리아 촬영 팀 멤버들은 트럭 운전사의 칠레 은어들을 이해하지 못했기 때문에 내가 통역을 해야 했다.
"눈을 감고 잠을 자요."
내가 이탈리아 촬영 팀 멤버들에게 말했다.
"자라고요?"
"그래요. 시키는 대로만 해요. 누워서 눈을 감고 있어요. 내가 말할 때까지 눈을 뜨면 안 돼요."

볼레로 음악 열 곡

이탈리아 촬영 팀 멤버들은 트럭 바닥에 웅크린 채 누웠고 나는 트럭이 통과하고 있는 지역이 어디인가를 알아보려고 계속해서 노력했다. 그러나 운전사는 단도직입적으로 이렇게 최후 통첩을 했다.
"여보시오, 형씨. 당신도 저 사람들처럼 해요. 닭다리나 잡고 있으란 말이오."
나는 하는 수 없이 목을 의자의 목받침대에 기댄 채 두 눈을 감고 라디오에서 끊임없이 흘러나오는 볼레로 리듬에 귀를 맡겼다. 칠레에서 항상 들을 수 있는 유명한 음악들이었다. 라울 추 모레노, 루초 가티카, 우고 로마니, 레오 마리니 등이 부르는 볼레로. 시간은 흐르고 세대는 계속 바뀌어도 볼레로는 그 어떤 나라에서보다 칠레 사람들 가슴속에 사라지지 않고 깊이 남아 있었다.

그사이 트럭은 어느 정도 달리다 멈춰서기를 반복했으며, 그때마다 한참 동안 뭐라고 알아들을 수 없는 속삭임 소리가 들리고 나서 마침내 운전사의 목소리가 들리곤 했다.

"잘 가. 다음에 보세."

아마도 주요 지점에 배치된 '애국전선'의 요원들과 이야기를 나누는 것 같았고, 그들이 트럭이 달리는 노선에 대해 무슨 정보를 주는 것 같았다. 나는 트럭 운전사가 눈치채지 못하리라고 생각하고서 가끔씩 눈을 살며시 떠보곤 했는데, 그때마다 트럭 운전사는 운전을 하거나 접선 인물들과 대화를 하면서도 감시를 소홀히 하지 않고 차의 백미러를 계속해서 움직였다.

"그대로 가만히들 있어요! 누구 한 사람 눈을 찔끔거리기라도 하면 우리는 집으로 돌아가야 하고, 산책이고 뭐고 다 끝나는 거예요."

그가 우리에게 그렇게 경고했다.

나는 다시 눈을 감고 라디오에서 흘러나오는 노래를 따라 부르기 시작했다.

"난 그대를 사랑해, 그대는 알 거야, 내가 그대를 사랑하는 걸······."

짐칸 바닥에 누워 있던 이탈리아 촬영 팀 멤버들도 나를 따라 합창하기 시작했다. 그러자 운전사가 이렇게 거들고 나섰다.

"어럽쇼, 이 양반들. 잘들 부르네요, 노래 한번 잘해요. 맘들이 편안한가 보군요."

내가 추방되어 망명을 떠나기 전에 산티아고에는 눈을 감고도 알아맞힐 수 있는 장소들이 몇 군데 있었다. 예를 들면,

좁혀드는 포위망 133

비릿한 피 냄새가 나는 도살장, 자동차 기름과 기관차의 부속품 냄새가 나는 산미겔 시청 등이었다. 나는 멕시코에서 여러 해 동안 살았는데, 제지 공장에서 나는 냄새로 '쿠에르나바카' 지역 입구 근처에 있다는 것이나 정유 공장에서 나오는 연기로 '아스카포찰코' 지역에 있다는 것을 쉽게 알아차릴 수 있었다.

트럭을 타고 산티아고 시를 돌아다니던 그날 정오 무렵 노래를 부르는 동안 나는 단순한 호기심에서 냄새를 맡으며 어디쯤 지나가고 있는지 알아보려고 애를 써보았지만 특정 장소를 알아낼 만한 그 어떤 친숙한 냄새도 맡지 못했다. 정확히 볼레로 열 곡이 끝나자마자 트럭이 멈춰섰다.

"아직 눈을 뜨지 말고요, 엉덩이를 다치지 않도록 한 사람씩 다른 사람의 손을 맞잡고 차근차근 내리세요."

트럭이 멎자마자 운전사는 우리에게 서둘러 그렇게 말했다.

우리는 운전사가 시키는 대로 트럭에서 내려 한참 동안이나 울퉁불퉁한 오솔길을 걸어서 오르내리기를 반복했다. 햇볕이 들지 않는 서늘한 언덕길이라는 생각이 들었다. 마침내 우리는 조금은 덜 춥고 신선한 생선 냄새가 나는 어둠침침한 장소로 내려갔는데, 나는 발파라이소 근방에 있는 어느 해변에 내려와 있는 것이 아닐까 하고 잠시 생각해보았다. 그러나 트럭을 타고 돌아다녔던 시간으로 볼 때 발파라이소까지 가기에는 부족했다.

트럭 운전사가 우리에게 눈을 뜨라고 명령했을 때 우리 일행 다섯 명은 벽이 싸구려처럼 보였지만 깨끗하게 보관된 가구들이 있는 좁은 방 안에 들어와 있었다. 내 앞에는 옷을 말끔하게 차려입고서 인조 수염을 엉성하게 붙인 젊은 남자가 있었다. 나는 웃음을 터뜨리며 말했다.

"잘 좀 붙여야 되겠어. 그런 식으로 수염을 달고 다니다간 아무도 속아넘어가지 않겠네."

그 청년 역시 너털웃음을 터뜨리며 얼굴에 붙여놓은 수염을 떼어냈다.

"너무 급히 서두르다 보니까 그만."

그가 겸연쩍은 듯이 말했다.

얼음장같이 차갑던 분위기가 완전히 해소되었고 우리 모두는 옆방으로 옮겨 농담을 나누었다. 그 방에는 머리를 붕대로 감싼 청년이 깊은 잠에 빠져 있는 듯 누워 있었다. 그때서야 우리는 '애국전선'의 잘 갖추어진 비밀 병원에 와 있다는 것을 알아차렸고, 부상을 당해 누워 있던 청년이 칠레 군부가 가장 심혈을 기울여 찾고 있는 '페르난도 라레나스 세겔'이라는 것을 알았다.

페르난도 라레나스 세겔은 스무 살의 청년으로, '애국전선'에서 가장 열렬한 투사였다. 그는 이 주일 전 새벽 한 시에 무장도 하지 않은 채 혼자서 차를 몰고 산티아고에 있는 집으로 돌아가고 있었다. 바로 그때 전투용 중무기로 무장한 네 명의 사복 경찰에 의해 차에 갇힌 채 포위되었다. 그들 가운데 한 명이 아무런 명령도 내리지 않고 아무 것도 묻지 않은 채 다짜고짜로 차창 안으로 총을 발사했다. 총탄은 페르난도 라레나스 세겔의 왼쪽 아래팔을 관통했고 두개골에 부상을 입혔다.

그 사건이 발생한 지 만 사십팔 시간이 지난 후 '애국전선'의 요원 네 명이 '누에스트라 세뇨라 델 라스 니에베스 병원'[26]

을 급습해 경찰들의 삼엄한 감시하에 혼수 상태에 빠진 채 누워 있던 페르난도 라레나스 세겔을 구출해내어 반독재 투쟁에 동참하는 네 개의 비밀 병원 가운데 하나로 후송했다. 우리가 인터뷰하던 날 페르난도 라레나스 세겔은 이미 회복 중에 있었고, 우리들이 묻는 말에 대답할 수 있을 정도로 충분히 정신을 되찾은 상태였다.

페르난도 라레나스 세겔을 만난 며칠 후 우리는 '애국전선'의 최고위급 지도자들로부터 만나자는 연락을 받았다. 이번에도 역시 거의 첩보영화의 숨막히는 작전을 방불케 할 정도로 조심스런 절차를 밟았는데, 지난번에 비해 의미 있는 차이는 있었다. 우리는 비밀 병원 대신에 즐겁고 온화한 분위기가 감도는 중류층 가정집으로 가게 되었던 것이다. 그 집 안에는 대음악가들의 음반들이 즐비하게 꽂혀 있었고, 손때가 묻은 책들로 가득한 아주 훌륭한 서재가 있었다. 사람의 손때가 묻은 책들이 꽂혀 있는 것은 일반적으로 훌륭한 서재라고 해도 그리 흔한 경우는 아니다.

우리는 인터뷰할 지도자들의 신분 노출을 막기 위해 그들에게 복면을 씌워 촬영할 계획이었는데, 결국에는 특수 조명과 프레임(토막선)을 사용하는 촬영 기법들을 동원하여 그들을 보호해주기로 결정했다. 결과적으로 나중에 완성된 영화에서 촬영 기법을 통해 보호된 그들의 모습이 훨씬 더 호소력이 있고 인간적이었다. 말하자면, 비밀 결사 조직의 지도자들과 인터뷰할 때 흔히 볼 수 있는 경우보다는 훨씬 덜 과격하게 보였다는 것이다.

공공연하게 활동하거나 비밀리에 활동하는 다양한 인물들을 만나 인터뷰하고 촬영을 마친 후 엘레나와 나는 그녀가 얼마 전부터 살고 있던 유럽으로 돌아가 예전의 생활로 돌아가는 것이 좋겠다는 결론에 도달했다. 엘레나의 정치적인 활동은 너무나도 중요했기 때문에 나로서는 그녀가 꼭 필요한 경우 이외의 일에 참여하여 쓸데없는 위험에 빠지는 것을 피해야 했고, 또 그때까지 축적된 경험을 바탕으로 해서 이제는 덜 위험하다고 생각되는 영화의 결말 부분에 대한 작업을 그녀의 도움 없이도 우리끼리 마무리할 수 있을 거라고 판단했기 때문이다.

나는 당시 엘레나를 떠나보낸 후 지금까지도 만나지 못하고 있다. 다시 체크무늬 치마를 입고 고등학생들이 신는 투박한 랜드로버를 신고서 산티아고의 지하철역을 향해 멀어져가는 엘레나의 뒷모습을 마지막으로 보았을 때, 나는 우리가 부부로서의 사랑을 가장하거나 놀랄 만큼 위험한 사건들을 여러 번 겪었던 위장된 결혼 생활을 마감한 당시에 내가 생각했던 것보다는 앞으로 그녀를 훨씬 더 많이 그리워할 거라는 것을 실감했다.

외국 촬영 팀들이 독재 정권의 강압에 의해 칠레를 떠나야 하거나 작업이 금지되는 경우에 대비해서 국내 저항 조직의 한 부서가 자기들의 라인에서 뽑은 젊은 영화인들로 촬영 팀 하나를 구성하는 데 도움을 주었다. 국내 영화인들로 구성된 촬영 팀은 작업을 진행시키는 역량이 대단했다. 그 팀은 다른 정예 팀들처럼 작업을 정말 신속하게 진행시켜 탁월한 결과를 가져왔으며, 게다가 그 팀의 멤버들은 자신들이 하고 있던 작업에 대해 알고자 하는 열의까지 대단했다. 모든 멤버들이 완벽한 신뢰를 주었을 뿐만 아니라 불시의 위험에도 대처할 수 있도록 잘 훈련되어 있는 그 팀의 정치적인 조직 구조가 우리를 안심시켰다.

작업이 막바지에 이르렀을 때 여러 지역을 촬영하기 위해서는 그동안 작업하던 팀만으로는 충분치 않았기 때문에 더 많은 인원이 필요했다. 그때 첫번째로 조직되어 이미 활동 중이던 칠레 팀이 다른 팀을 창출해냈고, 그렇게 창출된 팀이 또 다른 팀들을 창출해냈다. 그리하여 작업을 마무리하기로 한 마지막 주가 되자 칠레 각지에서 동시에 촬영하는 여섯 개의 국내 촬영 팀들을 갖게 되기에 이르렀다.

그들이 내 작업에 대단히 유용했던 것은 말할 것도 없었고, 그들과 함께했던 작업은 서두르지도 않고 부산하지도 않으면서 군부 독재의 재난으로부터 조국 칠레를 해방시키기 위해 열심히 일하고 있는 젊은 세대의 결단과 효능을 측정해볼 수 있는 계기가 되었다. 모두 나이는 젊지만 미래에 대한 원대한 비전을 가지고 있었다. 그들은 이미 알려지지 않은 무훈과 숨겨진 승리의 경험을 가지고 있으면서도 가슴속에는 겸양의 미덕을 간직하고 있었다.

좁혀드는 포위망

우리가 '애국전선'의 지도부 인사들과 인터뷰하고 있을 때 계획된 프로그램대로 훌륭하게 작업을 완수한 프랑스 촬영 팀이 산티아고로 돌아왔다. 프랑스 촬영 팀의 작업은 중요했다. 그들이 작업했던 칠레 북부 지방은 칠레 정당들의 형성에 있어서 중요한 역사적 지역이었기 때문이다. 그 지역은 금세기가 밝아오던 시기에 칠레 역사상 처음으로 노동당을 창당한 '루이스 에밀리오 레카바렌'으로부터 살바도르 아옌데에 이르기까지 칠레 역사의 이데올로기적이고 정치적인 맥이 가장 잘 드러나는 곳이었기 때문이기도 하다.

그 지역에는 지난 세기의 산업혁명 때 영국에 의해 개발되었던 세계에서 가장 질 좋은 주석이 매장되어 있는 광산들 가운데 하나가 있는데, 광산이 지니고 있던 그런 특징들이 우리 노동자 계층 형성의 근본이 되었다. 그리고 그곳으로부터 라틴아메리카에서 가장 중요한 칠레의 사회주의 운동이 시작되었음은 의심할 여지가 없다.

살바도르 아옌데가 정권을 잡았을 때, 그가 취한 가장 중요하고 가장 위험했던 시책은 그 주석 광산을 국유화하는 것이었다. 그러나 피노체트가 정권을 찬탈한 후 처음에 시행했던 시책들 가운데 하나는 그 광산을 과거 주인들에게 원상 복귀시키는 일이었다.

프랑스 촬영 팀의 감독인 장 클로드의 작업 보고서는 아주 상세하고 광범위했다. 나는 완성될 영화의 통일성이 손상되지 않도록 하기 위해 그 작업 보고서를 토대로 영화의 화면을 상정해놓고 상상해보아야 했다. 그 이유는 우리가 작업을 완전히 마치고 마드리드로 돌아갈 때까지 내가 모든 작업의 결과를 일일이 검증해본다는 것도 불가능했고, 또 마드리드로 돌아간 다음에 어떤 수정을 하기에는 이미 너무 늦을 것 같았기 때문이다.

부분적으로는 안전을 도모한다는 명목으로, 그러나 실제로는 칠레에 체류하는 즐거움을 느껴보기 위해 우리 두 사람은 고정된 한 장소에 모여 있지 않고 그 완연한 가을날 오전부터 산티아고 시를 여기저기 돌아다니면서 보냈다. 시내를 걸어도 보고, 승객들이 많지 않은 버스도 타보고, 가장 눈에 띄는 장소에 있는 카페에도 들어가보고, 해물 요리를 곁들여 맥주도 마셔보고 하다가 날이 저물면 호텔에서 멀리 떨어진 곳에서 만나 지하철에 몸을 실었다.

지하철은 프라이 대통령 때 건설 작업에 착수되어 아옌데 대통령 때까지 계속되었고, 피노체트 정권 때 개통되었기 때문에 나는 산티아고의 지하철을 타보지 못했다. 지하철이 예상 외로 깨끗하고 쾌적하고 빨랐을 뿐만 아니라 오래 전부터 그렇게 땅 밑으로 여행하는 데 습관이 되어 있었다는 듯이 자연스럽게 행동하는 우리 동포들을 보고 적이 놀랐다.

지하철 안은 그때까지 내가 발견하지 못했던 또 다른 세계였다. 그렇지만 계획 초기에 우리는 지하철 내부를 촬영하기 위한 허가를 신청할 만한 설득력 있는 논리를 갖고 있지 못했기 때문에 간과하고 있었던 것이다. 산티아고의 지하철이 프랑스 사람들에 의해서 건설되었다는 사실에 근거해서 장 클로드가 감독하는 프랑스 촬영 팀이 지하철을 촬영할 수 있을 것 같다는 생각이 떠올랐다.

우리가 그런 문제에 대해 이야기를 하는 동안 열차는 '페드로 발디비아 역'에 도착했다. 우리가 출구 에스컬레이터를 타고 있을 때 나는 누군가가 우리를 주시하고 있다는 강렬한 느낌을 받았다. 그랬다. 사복 경찰 한 명이 우리를 예의 주시하고 있었는데, 그의 시선과 나의 시선이 공중에서 부딪치고 말왔다.

그 무렵 나는 이미 군중 속에 숨어 있는 사복 경찰을 알아내는 능력을 가지고 있었다. 비록 사복 경찰관들 자신은 평범한 사람처럼 옷을 입고 있다고 믿는 것 같지만, 흔히들 뒤가 두 줄 터진 유행에 뒤처진 감청색 긴 재킷을 입고 머리를 신병들처럼 짧게 깎은 그들의 모습은 쉽게 구별할 수 있다.

그건 그렇다 치고, 무엇보다도 그들이 사복 경찰임을 나타내는 것은 그들의 눈초리이다. 당시 칠레 사람이라면 거의 대부분 길을 걷거나 버스를 타고 다닐 때 다른 사람에게 시선을 고정시키거나 관심을 보이지 않고 무관심한 표정을 짓거나 다른 곳을 응시하기 일쑤였다.

자신의 신분이 노출되었으리라는 사실을 알고 있을 것 같은데도 계속해서 나를 주시하고 있는 그 뚱뚱한 남자를 보았을 때 나는 그가 사복 경찰이라는 것을 단번에 알아차렸다. 그는 두툼한 모직 재킷 호주머니에 두 손을 집어넣은 채 입술에 담배를 물고 있었는데, 담배 연기 때문에 눈이 매운지 액션 영화에서 흔히 볼 수 있는 경찰들을 따라 하듯이 애처로울 정도로 왼쪽 눈을 찡그리고 있었다. 그때 왜 그 사람이 열렬한 좌익 분자로 위장해 행세하면서 수많은 비밀 결사 단체들의 활동들을 고발해 단원들을 희생시켰던 독재 정권의 자객 '구아톤 로모'를 닮았다는 생각이 순간적으로 들었는지는 나도 모르겠다.

지금 돌이켜보면, 당시에 내가 저질렀던 심각한 실수는 그를 바라본 데서 비롯되었다는 것을 시인한다. 그러나 어쩔 수가 없었다. 나도 모르는 사이에 순간적으로 무의식적인 충동이 일어났기 때문이다. 그러고 나서 같은 식의 본능적인 힘에 의해 처음에는 내 왼쪽을, 그러고는 즉시 내 오른쪽을 훑어보았고, 내 양 옆에 사복 경찰 두 사람이 더 있다는 것을 알아차렸다.

"아무 거나 이야기해봐요. 그냥 무슨 말이라도 좀 해봐요. 그렇지만 특별한 제스처를 쓰지 말고, 날 바라보지도 말고, 눈에 띌 만한 행동도 하지 말아요."

나는 프랑스 촬영 팀 감독 장 클로드에게 그렇게 소곤거렸다.

그러자 그는 내 말뜻을 알아들었고, 우리는 아무 것도 모르는 평범한 사람들처럼 자연스럽게 이야기하면서 계속 걸어 마침내 지하철역 밖으로 나왔다. 산티아고는 벌써 밤이 되어 있었다. 공기는 전날에 비해 더 온화하고 상쾌했으며, 수많은 사람들이 알라메다 거리를 지나 바삐 집으로 돌아가고 있었다. 순간 나는 장 클로드 곁에 바짝 붙어서며 이렇게 말했다.

"자, 재빨리 도망쳐요. 나중에 내가 찾아갈게요."

순식간에 장 클로드는 오른쪽으로 달려갔고, 나는 반대편으로 내달려 군중들 사이로 묻혀버렸다. 나는 마치 어머니가 나를 위해 일부러 보내기라도 한 것처럼 그 위태로운 순간에 내 앞으로 달려온 택시를 잡아탔다. 지하철역에서 막 뛰어나온 남자 셋이 허둥대며 장 클로드를 쫓을 것인지 나를 쫓을 것인지 우왕좌왕하다가 이내 인파 속으로 사라져버리는 모습을 달리는 택시의 뒷유리창을 통해 볼 수 있었다.

택시를 타고 네 블록을 가다가 내려 반대 방향으로 가는 택시를 탔고, 그러고 나서도 다시 다른 방향으로 가는 다른 택시를 탔다. 그렇게 사복 경찰들이 나를 뒤쫓지 못할 거라는 확신이 들 때까지 계속해서 택시를 갈아타고 다른 방향으로 갔다.

아직까지도 이해할 수 없지만, 그 당시에도 내가 이해할 수 없었던 딱 한 가지 의문점은 왜 그들이 우리를 뒤쫓아왔는가 하는 점이다. 나는 택시를 타고 가다가 극장이 눈에 띄자 무작정 내려 항상 그렇듯이, 극장만큼 생각하기에 안전하고 적당한 장소가 없다는, 순전히 영화감독으로서의 직업적 직관을 믿고서 상영 중인 영화의 선전 간판도 보지 않고 뭔가에 이끌리듯 그냥 극장 안으로 들어갔다.

제 엉덩이는 어때요, 사장 니임?

그 극장은 영화도 상영하고 라이브 쇼도 공연하는 곳이었다. 내가 채 자리를 잡고 앉기도 전에 영화 상영이 끝났다. 그리고 이내 극장 안에 어슴푸레한 불빛이 비쳤고, 쇼의 사회자가 자기들이 준비한 구경거리를 관객들에게 팔기 위해 장광설을 늘어놓기 시작했다.

나는 그때까지도 채 흥분이 가시지 않아 혹시나 사복 경찰들이 극장 안까지 나를 뒤쫓아오지 않았나 싶어 계속해서 극장 출입구를 바라보고 있었다. 그러자 내 주위에 앉아 있던 사람들도, 마치 길을 가던 사람이 갑자기 하늘을 쳐다보면 그 옆에 있는 수많은 군중들도 발걸음을 멈추고 그 사람이 보는 것을 자기들도 보려는 듯이 하늘을 쳐다보는 것과 같이, '인간 행위의 법칙'이나 다름없는 억누를 수 없는 호기심으로 나를 따라 극장 출입구 쪽을 바라보았다. 그러나 그들이 나처럼 불안한 눈초리로 출입구를 바라보고 있었던 데는 틀림없이 다른 특별한 이유가 있었다.

  그 극장은 모든 것이 미심쩍었다. 내부 치장, 조명, 스트립 쇼를 할 수 있는 극장에서 볼 수 있는 장치들의 배합. 그리고 무엇보다도 미심쩍었던 것은 무엇 때문에 어디서 도망쳐왔는지는 모르지만 도망자처럼 보였던, 모두 남자들인 관객들이었다. 모두 무언가에 쫓겨 숨어든 사람들처럼 보였다. 이유야 어떻든지 간에, 어떤 경찰이 보아도 그 극장은 용의자들의 집합소처럼 보였을 것임에 틀림없었다.

  어디서나 함부로 볼 수 있는 것이 아닌 금지된 쇼의 효과는 그것으로 돈을 버는 사업가들에 의해, 특별히 그 쇼의 사회자에 의해 아주 잘 전달되었다. 사회자는 마치 식당 메뉴 판의 맛있는 음식들을 소개하는 것처럼 군침을 돌게 하는 갖가지 미사여구를 동원해 여자 가수들을 소개해나갔다. 여가수들은 사회자가 호명할 때마다 세상에 막 태어났을 때보다 더 벌거벗은 몸으로 무대에 나타나곤 했다. 그녀들은 조물주로부터 받지 못한 은총을 억지로라도 만들어내기 위해서라는 듯 온몸에 화장품을 덕지덕지 바르고 있었다.

  사회자에 의해 소개되어 무대로 나온 여가수들이 쇼의 개막을 알리는 듯 무대를 한바퀴 돌고 사라지자 무대에는 뚱뚱하다 못해 동글동글하다고 해야 할 갈색 피부의 여가수 하나만 남았고, 그녀는 '로시오 후라도'[27]의 음반에서 최대의 볼륨으로 흘러나오는 노래를 부르고 있는 여가수가 마치 자신이기라도 한 것처럼 어깨와 엉덩이를 흔들면서 입술을 움직여대고 있었다.

그사이에 내가 극장 밖으로 나가도 위험하지 않을 정도의 많은 시간이 흘렀다. 바로 그때 그 여가수가 뱀 같은 마이크 선을 질질 끌면서 무대 아래로 내려오더니 낯을 뜨겁게 하는 도발적인 농담을 섞어가며 질문을 던지기 시작했다. 내가 극장 밖으로 나갈 적당한 순간을 기다리며 준비하고 있을 때 갑자기 내 머리 위로 조명등 불빛이 쏟아지는 것을 느꼈다. 곧이어 가짜 로시오 후라도의 천박한 목소리를 들을 수 있었다.

"자, 신사분, 여기 좀 보실까요. 머리가 멋들어지게 벗겨진 분 말이에요."

물론 그 여가수가 부른 대머리 아저씨는 '본래의 내'가 아니라 우루과이 출신 사업가인 '다른 나'였다. 그러나 그녀의 질문에 대답해야 했던 사람은 다름아닌 '본래의 나'였던 것이다. 그 여가수는 마이크 선을 질질 끌면서 내게 다가와 옆에 착 달라붙어 음탕한 농담을 늘어놓기 시작했는데, 그녀가 숨을 내쉴 때마다 양파 냄새가 났다.

"제 히프 어때요?"

"좋아요. 내가 뭐라 말하면 좋겠소?"

나는 그녀가 들이민 마이크에 대고 그렇게 말했다.

그러자 그 아가씨는 내게 등을 보이며 돌아서더니 내 얼굴에 엉덩이를 대고 흔들어대기 시작했다.

"그럼 제 엉덩이는 어때요, 사장니임?"

"훌륭해요. 아가씨 자신이 더 잘 알잖아요."

그녀가 묻는 말에 내가 대답할 때마다 미국 텔레비전 방송

좁혀드는 포위망 145

의 유치한 코미디에서처럼 청중이 큰 소리로 웃는 것을 녹음해놓은 웃음소리가 들렸다. 거기서 그런 귀속임은 불가피해보였다. 그도 그럴 것이 극장 안에 있던 사람들 가운데 그 누구도 웃지를 않았고, 오히려 자기들에게 조명이 비쳐 눈에 띄게 될까 조마조마해하는 기색이 모두에게 역력했기 때문이다.

그러자 그 여가수는 내게 몸을 더 밀착시키며 자기의 한쪽 엉덩이에 붙어 있는 거미처럼 검고 털이 난 사마귀를 볼 수 있도록 내 얼굴에 엉덩이를 대다시피하고 흔들어댔다.

"사장니임, 제 사마귄 맘에 드세요?"

그 여가수는 질문을 던지고 나서는 내 목소리가 더 잘 들리도록 마이크를 매번 내 입에 가까이 갖다댔다.

"물론이지요. 아가씨의 몸은 모두 아주 아름다워요."

"사장니임, 제가 오늘밤 침대에서 함께 지내자고 하면 어떡하실래요? 아이, 사장니임, 어서 말해보세요."

"아가씨, 뭐라 해야 좋을지 모르겠지만, 아마 아가씰 많이 사랑해주겠죠."

그 고문은 도통 끝날 줄을 몰랐다. 게다가 어떻게 하면 그 고통스런 질문으로부터 벗어날까 쩔쩔매느라 나는 내가 우루과이 사람처럼 말해야 한다는 사실조차 잊어버리고 있었다. 나는 마지막 순간에야 나의 실수를 깨닫고 억양을 교정했다. 그러자 그 여가수가 나의 애매한 억양을 흉내내면서 내게 어디 출신인지 물었다. 우루과이 출신이라고 대답하자마자 그 여가수가 이렇게 소리쳐 말했다.

"우루과이 남자들은 잠자리 테크닉이 아주 좋죠. 사장님은 안 그러세요?"

나는 짜증스런 표정을 지을 수밖에 다른 방법이 없었다.
 "아가씨, 이젠 내게 그런 질문은 더 이상 하지 말아요. 제발요."
 내게서는 더 이상 끌어낼 게 없다는 것을 안 그 여가수는 다른 이야기 상대를 찾았다. 내가 나가도 사람들 눈에 그리 띄지 않을 거라는 순간이 되었다는 생각이 들자마자 나는 재빨리 극장을 나왔고, 그날 오후에 낯선 남자들이 나를 뒤쫓았던 일은 우연치고는 너무나 이상하다고 생각하면서 호텔을 향해 걸어갔다.

위험한 접촉

■■■■■■■■■■■■■■■■■■■■■

 엘레나가 활용했던 교섭 팀과는 별도로 나는 옛 친구들로 우리의 작업을 외곽에서 지원해줄 만한 팀을 조직했다. 그들은 내가 칠레 촬영 팀들을 조직하는 데 여러모로 협조했고, 우리가 아주 자유롭게 각 지역을 순회하면서 촬영할 수 있도록 온갖 지원을 아끼지 않았다.
 내가 콘셉시온에서 돌아온 후 며칠 동안 찾았던 첫번째 인물은 엘로이사였다. 그녀는 우아하고 아름다운 여자로, 당시 아주 유명한 어느 기업가의 부인이 되어 있었다. 엘로이사는 나를 자기 시어머니께 데려가 소개시켰다. 엘로이사의 시어머니는 나이가 일흔 살이 넘은 아주 과감하고 재간이 많은 특출난 과부 할머니로, 고독을 삭이기 위해 텔레비전 드라마에 흠뻑 취해 있었다. 그 할머니의 황금빛 꿈은 실제로 텔레비전 드라마와 같은 아주 대담한 모험의 주인공이 되는 것이었다.
 엘로이사와 나는 대학에 다닐 때 정치적인 활동을 함께한 사이였다. 우리의 우정은 살바도르 아옌데가 마지막으로 출마했던 대통령 선거 캠프의 홍보 부서에 함께 참여하는 동안 더욱더 공고해졌다.

산티아고에 도착한 지 며칠 되지 않아 나는 우연히 엘로이사가 어느 광고·홍보 회사의 거물이라는 소문을 듣게 되었고, 그것이 확실한지 그녀에게 익명으로 전화를 걸어 확인해 보고 싶은 유혹을 뿌리칠 수가 없었다. 전화를 걸어 엘로이사를 찾자 어느 여자가 차분하고 자신감 넘치는 목소리로 그렇다고 대답했는데 목소리로 보아서는 엘로이사 본인임에 틀림없는 것 같았다. 그러나 말투는 어쩐지 엘로이사가 아닌 것처럼 낯설게 느껴졌다.

그래서 나는 그날 오후 엘로이사가 사무실에서 나오는 모습을 직접 볼 수 있는 우에르파노스 거리의 어느 카페에 혼자 가서 그녀가 사무실에서 나오기만을 기다리고 있었다. 사무실에서 나오던 여자는 틀림없이 엘로이사였다. 그동안 서로 보지 못하고 지냈던 십이 년이라는 기나긴 세월의 흐름이 엘로이사에게는 나타나 있지 않았을 뿐만 아니라 오히려 그녀는 그 어느 때보다도 더 우아하고 아름다운 모습이었다. 또 엘로이사가 그 정도로 영향력 있는 기업가의 부인이라면 으레 유니폼을 입은 기사가 딸린 자동차를 타고 다닐 거라고 생각할 수 있는 일이지만 그녀는 본인이 직접 근사한 은회색 BMW 635를 운전하고 있다는 것도 확인할 수 있었다. 엘로이사를 보고 난 후 나는 단 한 줄짜리 편지를 써 우편으로 그녀에게 보냈다.

"안토니토가 이곳에 와 있는데 당신을 보고 싶어합니다."

안토니토라는 이름은 내가 대학에 다닐 때 정치적인 투쟁을 하는 동안 사용하던 가명이었다. 당시 엘로이사도 알고 있었던 이름으로, 나는 그녀가 지금도 그 이름을 기억하고 있으리라 믿었다.

나의 예상은 적중했다. 그 다음날 오후 한 시 정각에 그 은회색 세단이 프랑스제 르노 자동차 영업소 앞에 있는 '아포킨도 거리' 모퉁이 근방에서 유턴을 했다. 그때 나는 급히 뛰어가 자동차에 올라타고 문을 닫았다. 그녀는 잠시 멍한 표정을 짓더니 이내 나를 알아보고는 웃음을 지었다.

"아니, 미겔, 미쳤어."

"깜짝 놀랐지."

우리는 내가 산티아고에 도착한 다음날 혼자서 식사하러 갔던 그 식당으로 점심을 먹으러 갔다. 가서 보니 그 식당 문은 완전히 닫혀 있었고 안내문이라기보다는 차라리 묘비명처럼 보이는 팻말이 붙어 있었다.

'폐업.'

그래서 우리는 그 식당 부근에 내가 알고 있던 프랑스 식당으로 갔다. 지금 그 식당 이름은 잘 생각나지 않지만 아무튼 안락하고 서비스가 좋은 곳으로, 산티아고에서 가장 유명하고 화려한 모텔 앞에 있었다.

엘로이사는 점심 식사를 하는 동안 '낮거리 섹스'를 하기 위해 그 모텔에 찾아든 손님들의 자동차들을 보고는 그 차의 주인들이 누구라는 것을 알아맞히면서 재미있어했다. 나는 엘로이사가 구사하는 그런 진득진득한 유머를 들으며 한동안 가벼운 마음으로 식사했다.

잠시 후 나는 본론으로 들어갔다. 나는 비밀리에 칠레에 입국해 머물게 된 동기를 엘로이사에게 숨김없이 이야기했다. 그리고 소속 계층의 특권에 의해 보호를 받는 엘로이사 같은 상류층 여인에게는 덜 위험할 수도 있는 어떤 교섭 작업들을 하는 데 협조해 달라고 부탁했다.

엘로이사를 만나 협조를 부탁해야겠다는 생각은 든든한 정치적 후원자들의 부족으로 인해 각 지역들을 촬영하는 적절한 방법을 찾아내지 못하고 있을 때 문득 떠올랐다. '인민연합'에서 활동할 당시 엘로이사와 내가 함께 알고 지냈지만 기나긴 망명 생활의 어둠 속에서 잃어버렸던 우리들의 공통된 친구들을 만나는 데 엘로이사가 나를 도울 수 있을 거라고 생각했던 것이다.

엘로이사는 대단한 열의를 가지고 나의 제의를 수용했을 뿐만 아니라 자신의 BMW 635 같은 고급 자동차를 타고 가면 덜 위험할 수 있는 장소인 산티아고의 어느 지역들에서 열렸던 비밀 회합에 참석하는 나를 사흘 밤이나 동행해주었다.

"BMW 635에 독재 정권의 적이 타고 있을 거라고는 아무도 생각하지 못할 거야."

엘로이사는 자기가 하는 일에 보람을 느끼는 듯 즐거운 표정으로 그렇게 말했다.

실제로 어느 날 밤에 엘로이사의 그 고급 차 덕분에 경찰들이 나를 체포하지 못한 적도 있었다. 엘로이사와 내가 며칠 동안 그런 식으로 비밀 회합에 참석하던 당시 비밀 결사 단체가 산티아고 시의 전력 공급을 여러 번 차단시킨 적이 있었다. 그중 한 번은 우리가 정전이 되면 어떻게 할까 하는 두려운 마음으로 어느 비밀 회합에 갔을 때 일어났다.
 당시 회합을 주재했던 책임자들은 내게 정전이 될 거라는 소식을 미리 알려주었다. 첫번째로 사십 분에 걸친 정전이 있을 것이고, 그 다음으로 한 시간에 걸쳐서, 그리고 마지막으로 정전이 되면 온 산티아고가 이틀 내지 사흘 동안 암흑 속에 묻힐 것이라고 전했다. 따라서 회합은 아주 이른 시각에 갖기로 되어 있었다. 왜냐하면 정전이 되면 독재 정권의 억압적인 경찰들이 거의 히스테리에 가까울 정도로 신경질을 부리며 거리에 돌아다니는 무고한 시민들을 야만적인 방법으로 무차별하게 잡아들였기 때문이다.
 통행금지가 시작되려면 아직 시간이 남아 있었다. 그러나 회합에 참가했던 우리 모두는 예고된 정전 시각이 가까워질수록 왠지 마음이 안정되지 않았고, 우리가 토의 중이던 주요 주제에 대한 결론을 채 내리지도 못한 상태에서 첫번째로 정전이 되고 말았다.
 회합에 참석한 정치 담당 책임자들이 엘로이사와 나는 전깃불이 다시 들어오자마자 곧바로 돌아가고 나머지는 조금 있다가 각기 순서대로 나가기로 결정했다. 우리 모두는 그 결정에 따라 행동했다.
 전력이 다시 공급되자마자 엘로이사와 나는 그곳을 살며시 빠져나와 호텔로 돌아가기 위해 산자락을 감싸고 도는 비포장 도로를 달렸다. 그런데 우리가 막 커브를 돌자마자 갑자기 길 양 옆에 터널을 형성하듯 늘어서 있던 국가정보부 소속 트럭 여러 대가 우리 앞에 그 모습을 나타냈다. 사복 요원들이 기관총으로 무장을 하고 있었다. 엘로이사가 브레이크를 밟으려

했을 때 내가 말렸다.

"멈춰야 한단 말이야."

엘로이사가 말했다.

"계속 가. 떨지 말고 계속 이야기를 해. 웃으면서 말이야. 저 사람들이 멈추라는 명령을 내리지 않으면 멈추지 마. 난 정식 신분증이 있으니까."

나는 이렇게 말하면서 호주머니에 손을 넣었다. 순간 간이 얼어붙는 것 같았다. 호주머니에 신분증이 들어 있는 지갑이 없었던 것이다. 그때 기관총을 들고 있던 남자들 가운데 한 명이 두 손을 쳐들며 도로 중앙으로 들어왔고 엘로이사는 차를 멈춰야 했다. 그는 손전등으로 우리의 얼굴을 비추어보고 나서 차의 내부를 여기저기 검사했다. 그리고 아무 말도 하지 않고 통과하라고 손짓했다. 엘로이사의 말이 옳았다. 경찰들은 그런 고급 차에 차마 자신들을 위협하는 정치적인 위험이 있으리라고는 생각하지 않았던 것이다.

낙하산을 탄 할머니

내가 엘로이사의 시어머니를 만난 것은 바로 우리가 비밀 회합에 참석하던 그즈음이었다. 엘로이사와 나는 첫번째로 방문했을 때부터 그녀의 시어머니를 '클레멘시아 이사우라' 여사라고 부르기로 결정했다. 무슨 특별한 이유가 있어서라기보다는 그 이름으로 부르면 좋겠다는 생각이 정말 우연하게도 우리 두 사람에게 동시에 떠올랐기 때문이다.

어느 날 오후 다섯 시에 우리는 미리 연락도 취하지 않고서 부자들이 사는 동네에 있는 엘로이사 시어머니의 화려한 727번지 저택을 쳐들어가듯이 방문했다. 클레멘시아 이사우라 여사는 영국제 과자를 곁들여 차를 마시면서 아주 평안한 자세로 조용히 앉아 텔레비전을 보고 있었는데, 장총들에서 뿜어져나오는 총소리가 거실을 울리자 텔레비전의 화면은 이내 붉은 피로 물들었다. 클레멘시아 이사우라 여사는 고급 맞춤 정장 차림에 모자를 쓰고 장갑까지 끼고 있었다. 혼자 있는 날에도 오후 다섯 시 정각이면 어김없이 마치 생일 파티에 참석하는 사람처럼 옷을 차려입고서 차를 마시는 습관을 가지고 있다고 했다. 하지만 영국 소설에나 나옴 직한 그런 귀족적인 습관은 클레멘시아 이사우라 여사의 개성과는 잘 어울리지 않는 것 같았다. 여사는 이미 자식까지 둔 유부녀로서 캐나다에서 행글라이더는 물론 낙하산을 타본 기록까지 가지고 있었기 때문이다.

엘로이사와 내가 아주 중요하고 위험한 비밀 작업 때문에 도움을 받고자 그렇게 불쑥 찾아왔다고 말하자 클레멘시아 이사우라 여사는 이렇게 말했다.

"그것 좋지요. 여기서는 옷이나 잘 차려입고, 화장이나 하고 멋이나 부리면서 살기 때문에 사는 게 별 재미가 없어요. 도대체 뭐하려고 이렇게들 사는지 모르겠다니까요."

클레멘시아 이사우라 여사는 우리가 산티아고 시 여기저기에 흩어져 있는 사람 다섯 명을 찾고 있는데 도와달라고 부탁하자 적이 실망하는 표정으로 시큰둥하게 말했다.

"일을 시키려면 적어도 폭탄 같은 걸 설치하러 가라고 해야

지!"

 사실 당시 나는 비밀 저항 조직의 채널을 통해 그 다섯 사람들을 찾고 싶지는 않았다. 그들은 모두 '인민연합' 이전부터 나와 함께 일했던 사람들이다. 그러나 그들 중 어느 누구도 추방을 당하지 않았다.
 그들 가운데 한 명이 바로 군사 쿠데타가 일어나던 날 내가 '칠레 필름' 사무실 앞에서 군인들에 의해 총살되었다는 소식을 아내 엘리에게 알려주었던 사람이다. 또 한 명은 군부가 정권을 잡은 첫해에 정치범 수용소에 수용되었던 사람으로, 그는 수용소에서 나온 후 산티아고에서 외견상으로는 평범한 삶을 영위하는 것처럼 보였으나 지칠 줄 모르는 정치적 작업을 하면서 지내고 있었다. 또 한 명은 잠시 멕시코에 머무르면서 그곳에 거주하고 있던 칠레 망명자들과 접촉한 후 국내의 비밀 저항 조직에서 활동하기 위해 합법적인 서류를 가지고 칠레로 돌아왔다. 다른 한 명은 과거에 나와 함께 연극학교에서 공동으로 작업한 후로도 계속 영화와 텔레비전에서 함께 작업했던 사람으로, 당시엔 칠레 노동자 단체의 지도자로 활동하고 있었다. 마지막 한 명은 이탈리아에서 이 년 간 살았고 당시 화물 트럭의 운전사로 일하고 있었는데, 바로 그 점이 우리의 작업에 도움이 될 거라고 생각했다.
 그 다섯 사람들은 당시 집과 사무실, 신분증까지도 바꾸어 살고 있었기 때문에 그들을 찾는 데 활용할 만한 마땅한 단서가 없었다. 칠레에는 1973년 쿠데타가 일어나기 전까지 가지고 있던 것과는 다른 신분증을 지닌 채 국내 비밀 저항 조직에서 활동하고 있는 사람이 천 명도 넘었다. 그들 중에서 다섯 사람을 찾는 작업은 클레멘시아 이사우라 여사에게는 얽힌 실타래를 풀어헤치는 일이나 다름없었다.

클레멘시아 이사우라 여사가 그 사람들을 찾아서 해야 할 사전 접촉이라는 것은 필수 불가결한 것이었다. 그 이유는 내가 칠레에서 활동하고 있으며 그들의 도움을 필요로 한다는 사실을 옛 친구들에게 알리기 전에 우선 그들을 만나서 현재 마음 상태가 어떠한지 미리 알아보아야 했기 때문이다.

나는 당시 클레멘시아 이사우라 여사가 어떻게 그들과 접촉했는지에 대해서는 자세히 모른다. 내가 칠레를 떠나기 전에야 겨우 클레멘시아 이사우라 여사를 조용히 만날 시간이 있었는데, 나는 그녀에게 그동안의 작업에 대해 구체적인 것을 이것저것 꼬치꼬치 캐묻지는 않았다. 그 당시만 해도 클레멘시아 이사우라 여사의 활약상을 이 책에 밝히게 되리라고는 전혀 생각하지 못했기 때문이다. 그때 클레멘시아 이사우라 여사가 어느 텔레비전에서도 자기가 우리의 작업을 도우면서 직접 겪었던 것만큼 감동적인 영화는 본 적이 없었다고 한 말이 생각난다.

나는 클레멘시아 이사우라 여사가 내 기억 속에서 거의 지워지다시피한 실마리 몇 개를 가지고 여기에다 묻고 저기에다 알아보면서 산티아고의 빈민촌을 며칠 동안 쉬지 않고 돌아다녔으리라는 것을 잘 안다.

나는 클레멘시아 이사우라 여사가 내가 부탁한 사람들을 찾으러 빈민촌으로 가기 전에 그 지역 사람들이 자기들과 비슷한 처지라고 생각할 수 있도록 허름한 옷을 입고 가라고 주의를 주었지만 그녀는 별로 상관하지 않았다. 클레멘시아 이사우라 여사는 영국제 과자를 곁들여 차를 마실 때 입던 옷차림으로 산티아고 도살장 근처의 시끌벅적한 골목길로 들어섰던 것이다.

빈민촌에 살고 있던 사람들에게는 확실치도 않은 주소를 들고 나타나 이것저것 캐물으면서 사람을 찾아 돌아다니는 상류사회 할머니와 갑자기 부딪친 것이 아주 놀라운 일임에 틀림없었을 것이다. 그러나 클레멘시아 이사우라 여사의 천부적인 친절과 인간적인 따뜻함이 그들에게 금방 신뢰를 주었다.

일 주일에 걸친 수색 작업 끝에 클레멘시아 이사우라 여사는 잃어버렸던 나의 옛 친구들 가운데 세 사람을 찾아냈다. 그들을 위해 자신의 727번지 저택에서 저녁 식사를 대접해주었는데, 제아무리 성대하게 차려진 만찬이라고 해도 그때처럼 경건하고 훌륭한 식사는 일찍이 없었을 것이다.

바로 그날 저녁 식사에서 칠레인으로 구성된 첫번째 촬영팀이 조직되었고, 각 지역을 촬영하기 위한 모든 교섭이 이루어졌다. 그러니까 합동 작업의 다음 단계에서 가장 뛰어나게 활동했던 잊을 수 없는 여주인공은 정확하고 섬세하고 겸손하고 드러나지 않게 뒤에서 후원해주었던 존경할 만한 할머니였던 것이다. 그녀의 드러내지 않는 근면함과 비밀 조직에 대한 세심한 배려와 이해 덕분에 각 지역을 촬영하는 내내 우리는 그 어떤 장애도 겪지 않고 무사히 작업을 마칠 수 있었다. 클레멘시아 이사우라라는 이름은 우리가 알고 있는 그녀의 유일한 이름이었으며, 동시에 그것은 그녀에 대해 우리가 가지고 있던 이미지를 모두 포함하고 있었고, 우리가 그녀에게 보내는 경의 그 자체였다.

'클레멘시아 이사우라, 무적의 작은 개미.'

'엘렉트릭' 장군을 찾아서

　클레멘시아 이사우라 여사가 작업을 하는 동안 나는 엘로이사의 도움을 받아 칠레 사회의 고위층 인사들과 접촉하기 위해 촬영하다 남는 자투리 시간을 활용했다.
　어느 날 밤 나는 엘로이사와 함께 어느 고급 식당에서 비밀 연락원을 기다리고 있었다. 그가 절대로 오지 않을 거라는 확신이 들었을 무렵, 가슴에 번쩍거리는 훈장을 단 장군 두 사람이 식당 안으로 들어섰다. 엘로이사가 멀리 있는 두 장군에게 손을 들어 아주 친밀한 사이처럼 인사를 건넸는데, 그것이 내게 어두운 예감을 주었다. 장군들 중 한 명이 우리가 앉아 있는 식탁으로 다가와 선 채로 엘로이사와 일상의 이야기들을 약 일 분 정도 나누었는데, 그 장군은 내게 눈길 한 번 주지 않았다. 그 장군의 직위가 어느 정도 되는지는 짐작할 수가 없었다. 그때까지 나는 장군들이 달고 다니는 별들의 사이에 어떤 구분이 있는지, 또 호텔에 붙어 있는 별 개수와 어떤 차이가 있는지 한 번도 정확히 배운 적이 없었기 때문이다. 그 장군이 자기 식탁으로 돌아가자 엘로이사가 목소리를 낮추어 내게 말하기를, 그녀는 군 고위직 일부 인사들과 관계를 맺고 있으며 업무상 자주 그들을 만난다는 것이었다.
　엘로이사의 의견에 따르면, 피노체트가 그토록 오랫동안 정권을 장악할 수 있었던 요인 가운데 하나는 자기 세대의 장군들을 현역에서 퇴진시키고 군생활 내내 자기보다는 서열이 한참 낮아 친구가 될 수 없고 자기에 대해서 잘 모르는 신참 장교들을 장악하고서 정권을 잡고 있는 것으로, 그들 가운데 대부분은 피노체트에게 무조건 굴복하면서 복종한다는 것이었다.

그러나 동시에 그러한 점들이 바로 피노체트가 상처받기 쉬운 약점이기도 하다는 것이었다. 그런 신참내기 장교들은 자신들이 살바도르 아옌데 대통령의 시해[28]에 대해 잘못이 없으며 피노체트의 정권 찬탈과 그후 몇 년 동안에 걸쳐 이루어진 독재 정권의 유혈이 낭자한 야만적인 억압에 대해서도 책임이 없다고 생각한다는 것이었다. 그들은 자신들의 손이 깨끗하다고 생각하며, 그래서 아무런 고통 없이 민주주의로 회귀하기를 바라는 민중의 의사에 동의하기로 '예정되어 있다'고 믿는다는 것이었다.

내가 놀랍다는 표정을 짓자 엘로이사는 한술 더 떴다. 엘로이사가 알고 있는 장군 가운데 한 사람이 군부 내부에 깊게 파인 균열을 세상에 폭로하기 위해 준비하고 있다는 것이었다.

"그 장군 말이야, 다 까발려버리고 싶어 안달이 나 있다니까."

엘로이사가 말했다.

그 소식은 나를 전율케 했다. 내가 만들고 있던 영화에 그런 획기적이고도 극적인 증언을 넣을 수 있다면 다음으로 예정된 작업의 각도를 전면적으로 수정해야만 했다. 문제는 엘로이사가 그 장군과 첫번째로 접촉하는 위험을 감수할 수 없고, 또 그렇게 할 만한 시간적 여유도 없다는 데 있었다. 실제로 그 말을 꺼낸 이틀 후 엘로이사는 약 세 달 정도 머무를 예정으로 남편과 함께 유럽으로 떠나기로 되어 있었기 때문이다.

일이 그렇게 유야무야되는 줄 알고 있었는데, 며칠 후 클레멘시아 이사우라 여사가 나를 급히 자기 집으로 부르더니 누군가가 엘로이사의 부탁을 받아 그 반정부 장군을 만날 수 있는 암호들을 주었다면서 내게 건네주었다. 우리는 이미 그의 이름을 '엘렉트릭' 장군이라고 지어놓고 있었다. 클레멘시아 이사우라 여사는 내게 혼자서 게임할 수 있는 아주 작은 전자 체스 판을 건네주었고, 나는 그 다음날부터 오후 다섯 시만 되면 그것을 들고서 산프란시스코 성당으로 가야만 했다.

내가 성당에 가지 않은 지가 얼마나 되었는지는 정확히 기억나지 않는다. 아무튼 그 당시 산프란시스코 성당에 가서 겪은 가장 인상 깊었던 일은 남녀노소 할 것 없이 수많은 사람들이 성당에 모여 소설이나 신문을 읽거나, 혼자서 게임을 하거나, 뜨개질을 하거나, 술래잡기를 하고 있었다는 것이다.

그때서야 비로소 나는 왜 엘로이사가 전자 체스 판을 내게 들려 성당으로 가게 했는지 이해할 수 있었다. 처음에는 그 전자 체스 판이 성당 안에서 하릴없이 시간을 보내기 위한 것으로는 가장 부적합하게 보였다. 사람들은 내가 산티아고에 도착한 날 밤 거리에서 느꼈던 것처럼, 저물어가는 해그늘 아래에서 벙어리처럼 말없이 있었다. 사실 칠레에 '인민연합'이 결성되어 활동하기 이전까지만 해도 칠레 사람들은 그래 왔다. 그러나 대통령 후보로 나섰던 살바도르 아옌데가 대세를 잡아 정권을 잡을 가능성이 엿보이자 사람들에게 변화가 일어나기 시작했고, 그의 승리가 갑자기 우리 국민들을 다른 칠레에서 사는 사람으로 바꾸어놓았다. 우리는 거리에서 노래를 하고, 거리의 담벼락에 그림을 그리고, 거리에서 연극을 공연하고 영화를 상영했으며, 모든 사람들이 대중 집회에 참여해 각자 자신들의 삶의 즐거움을 토해내곤 했다.

내가 우루과이 출신의 '다른 나'와 체스 게임을 하면서 누군가를 기다리느라 연 이틀을 보내고 있을 때, 내 뒤에 있던 여자가 소곤거리듯 말을 걸어왔다. 나는 의자에 앉아 있었는데, 그녀는 내 뒤에 있는 의자에 무릎을 꿇고 앉아서는 내 귀에 대고 이렇게 말하는 것이었다.

"뒤돌아보지도 말고, 아무 말도 하지 마세요. 제가 알려드리는 전화 번호와 암호를 머리 속에 기억하시고, 제가 나간 후 십오 분이 지날 때까지는 성당에서 나가지 마세요."

그 여자는 고해실에서 이야기하듯이 낮은 목소리로 그렇게 말했다.

그녀가 일어나서 성당 앞 제단으로 갔을 때에야 비로소 나는 그녀가 아주 젊고 아름다운 수녀였다는 것을 깨달았다. 내가 암기해야 했던 것은 암호뿐이었다. 전화 번호는 체스 말들을 가지고 내 전자 체스 판에 표시해두었기 때문이다. 전화 번호가 나를 엘렉트릭 장군이 있는 곳까지 인도할 길이라는 생각이 들었다. 그런데도 카드 패는 다른 방법으로 던져지고 있는 것처럼 보였다. 그 다음날부터 나는 점증하는 초조감에 휩싸인 채 어김없이 그 수녀가 내게 준 전화 번호를 돌리기 시작했지만 매번 같은 대답만 들을 뿐이었다.

"내일 거세요."

대법원장에게 쓴 편지

장 클로드가 전혀 예기치 않은 나쁜 소식을 전해 나를 놀라게 했다. 지난주 산티아고 발 《프랑스 프레스》 통신에 의하면, 칠레에서 불확실한 조건에서 작업하던 이탈리아 촬영 팀 멤버 세 명이 '라레과' 지역에서 허가 없이 촬영하다가 칠레 경찰들에게 체포되었다는 기사가 파리에서 발간되는 《프랑스 프레스》지에 실렸다는 것이었다.

프랑키는 우리가 너무 깊숙한 곳까지 건드렸다고 생각하고 있었다. 나는 그 상황을 좀더 차분하게 처리하고자 노력했다. 다른 촬영 팀들이 프랑스 촬영 팀이 나와 함께 작업하고 있다는 사실을 모르듯이, 장 클로드도 자기 팀말고 나와 함께 작업 중이던 다른 팀들이 있다는 사실을 모르는 상태였기 때문에, 그의 놀라움은 마치 자기가 그런 일을 당한 것처럼 대단했다. 그와 같은 조건에서 일하고 있던 다른 누군가가 체포되었다면 자기에게도 같은 위험이 닥칠 수 있다는 것이었다. 나는 장 클로드를 진정시키려 애썼다.

"걱정 말아요. 이 사건은 우리와는 전혀 상관이 없어요."

장 클로드가 내 곁을 떠나자마자 나는 혼자서 이탈리아 촬영 팀을 찾으러 갔다. 그들은 약속 장소에서 안전하게 있었다. 그라치아도 이미 유럽에서 돌아와 촬영 팀에 합류해 있었다. 이탈리아 촬영 팀의 카메라맨 우고는 이탈리아 통신 에이

전시가 그런 사실이 일어난 적이 없다고 부인했는데도 이탈리아에서도 그 소식이 보도되었다고 내게 확인해주었다.

문제는 잘못된 뉴스에 이탈리아 촬영 팀 멤버들의 이름까지 거명되었고, 그 사실이 급속도로 퍼져버렸다는 것이었다. 그건 하나도 이상할 것이 없었다. 독재 정권하의 산티아고는 소문이 벌떼처럼 일어나는 곳이었기 때문이다. 일단 소문이 한 번 퍼졌다 하면 하루에도 몇 번씩 엄청난 혼란을 야기하면서 걷잡을 수 없이 확대되거나 아무 일도 없었다는 듯이 슬그머니 수그러들곤 했다. 그러나 내막을 알고 보면 항상 한 가지 진실만이 있었다.

이탈리아 촬영 팀 멤버들의 체포에 대한 뉴스도 예외는 아니었다. 전날 밤 칠레 주재 이탈리아 대사관에서 베풀어진 리셉션에서도 그 뉴스에 대해서 장황하게 이야기를 하고 있었다. 바로 그때 이탈리아 촬영 팀이 리셉션장에 들어왔고, 다름아닌 '통신총국'의 국장이 그들을 맞이했다. 그리고 그는 리셉션에 참가했던 모든 사람들에게 큰 소리로 이렇게 말했다.

"여러분, 보입니까? 여기 우리의 죄수 세 사람이 왔습니다."

그런 일이 있었다는 사실을 알기 전에, 그라치아는 누군가가 자신들의 뒤를 밟고 있다는 것을 예감하고는 있었다. 마침내 그들이 대사관에서 열린 리셉션이 끝나고 호텔로 돌아왔을 때 누군가 그들의 방에 있던 가방과 서류들을 뒤졌다는 사실을 눈치챘는데, 없어진 것은 아무 것도 없었다. 겁에 질려 있었기 때문에 괜히 지레 짐작하고 헛짚었을 수도 있었지만, 역시 경찰들이 미리 경고를 한다는 측면에서 일단 한 번 수색한 것일 수도 있었다. 어찌되었든, 뭔가 실제로 일이 일어나고 있다고 믿을 만한 이유들이 몇 가지 있었다.

그날 밤 나는 칠레 대법원장에게 편지를 쓰느라 밤을 하얗게 지새웠다. 나는 그 편지에 내가 비밀리에 본국에 들어와서 활동하고 있는데 만약 경찰이 나를 체포하는 경우에는 내막을 알고 있으라는 내용을 적었다. 내가 편지를 쓴 것은 갑자기 떠오른 영감에 의해서가 아니라 나에 대한 포위망이 점점 좁혀져옴에 따라 내가 그때까지 천천히 숙고해왔던 결과가 현실로 드러나고 있다는 판단에서였다.

처음에 나는 그 편지를 조난자들이 병 속에 넣어 바다에 던지는 메시지처럼 극적인 문장 하나로 써버릴까도 생각했다. 그러나 막상 편지를 쓸 때가 되자 어떤 의미에서는 그 편지에 나처럼 추방의 고통을 견뎌내고 있는 수천 명의 칠레인들의 감정을 표현해야 했기 때문에 칠레 내에서의 내 비밀 활동이 정치적·인간적인 측면에서 갖는 정당성을 대법원장에게 밝혀야 할 필요성이 있다는 것을 깨달았다.

어찌되었든, 내 조국 안에서 추방자로 머물러야 했던 호텔의 어두컴컴한 방에 갇힌 채 편지를 쓰기 시작해 무수한 편지지를 찢고 또 찢으며 고쳐썼다. 내가 편지를 다 쓴 것은 새벽 미사를 알리는 성당의 종소리가 통행금지의 침묵을 산산이 부수고, 첫번째 빛들이 그 잊을 수 없는 가을의 새벽 안개를 뚫고 가까스로 비추기 시작한 지가 훨씬 지난 시각이었다.

있던 빈 담뱃갑들을 줍느라 허둥거렸다.
"빈 것들이에요."
물론 경찰관들은 내 말을 믿지 않았다. 젊은 경찰관이 다른 승객들의 짐을 검사하는 동안 나이 든 경찰관이 빈 담뱃갑들을 하나하나 열어보고 앞뒤로 검사하고서 내가 적어놓은 사항들을 해독해보려 애를 쓰고 있었다. 바로 그때 어떤 영감이 번개처럼 내 머리를 스치고 지나갔다.
"아, 그거요? 생각나는 대로 가끔씩 갈겨놓은 시구들이에요."
그러나 경찰관은 아무 말없이 검사를 계속하더니 마침내 빈 담뱃갑에 씌어진 해독할 수 없는 미스터리를 내 표정을 통해 풀어보기라도 하려는 듯이 내 얼굴을 빤히 쳐다보았다.
"맘에 들면, 다 가지세요."
"이런 걸 뭐하려구요?"
경찰관은 이렇게 대꾸하고 나서 내가 가방에 빈 담뱃갑을 집어넣는 것을 거들었고, 이내 다음 승객의 짐을 검사했다. 나는 너무나 정신이 없었기 때문에 경찰관들 앞에 있는 쓰레기통에 빈 담뱃갑을 버려야 한다는 생각도 하지 못했고, 촬영 작업 여행이 끝날 때까지 질질 끌고다녀야만 했다.
작업을 다 마치고 마드리드로 돌아간 후에도 나는 엘리에게 그 빈 담뱃갑들을 찢지 못하도록 했다. 그 빈 담뱃갑들과 맺은 유대 관계가 너무나 깊다고 느꼈기 때문에 나는 추억이라는 부엌에서 약한 불에 천천히 끓이게 될 그 많은 힘든 경험으로부터 얻은 유물이라도 되는 양 담뱃갑들을 평생 동안 고이 간직하기로 결정했다.

칠레의 미래

푸에르토몬트에서 네덜란드 촬영 팀이 나를 기다리고 있었다. 거기에서 작업하기로 결정했던 이유는 이루 형용할 수 없이 아름다운 경치 때문이 아니라 그 지역이 우리 칠레의 현대사에서 갖는 의미 때문이었다. 그곳은 지속적인 투쟁의 장이었다. 에두아르도 프레이가 정권을 잡고 있는 동안 그곳에서 매우 야만적인 진압이 이루어졌고, 그로 인해 마지막 남은 진보적 지역들이 칠레 정부로부터 분리를 선언했다. 좌파 민주주의자들은 자기들의 미래뿐만 아니라 온 나라의 미래가 '단결'에 있다는 의식을 가지고 있었는데, 그것이 살바도르 아옌데의 대통령 당선과 더불어 정점에 달한 신속하고 불가항력적인 개혁 과정의 원칙이었다.

푸에르도몬트에서의 촬영이 끝남과 더불어 칠레 남부 지방의 촬영도 모두 끝나자 네덜란드 촬영 팀은 마드리드에서 엘리에게 전해줄 많은 양의 필름을 가지고 바릴로체를 경유하여 부에노스아이레스로 향했다.

나는 어느 날 밤 혼자서 기차를 타고 '탈카'로 갔다. 그곳에서는 껍질이 철갑을 두른 듯 어찌나 질긴지 나로서는 칼로 써는 것이 불가능해 식탁에 나온 그대로 주방으로 되돌려보내야 했던 통닭구이에 대한 것을 빼고는 마땅히 기억할 만한 일이 일어나지 않았다. 나는 탈카에서 자동차를 임대하여 산맥 사이에 위치한 광활한 분지인 콜차과 지역의 중심지에 위치한 산페르난도로 갔다.

산페르난도의 '아르마스 광장'에는 내 유년 시절을 떠올릴 만한 그 어떤 장소도, 나무도, 담의 돌멩이 하나도 보이지 않았다. 그렇지만, 내가 알파벳의 첫글자를 깨우쳤던 초등학교의 고색창연한 건물만은 여전히 남아 있었다.

나는 나중에 영화 속에 삽입시켜 사용할 사진들을 촬영하기 위해 광장의 어느 벤치에 앉았다. 광장은 학교로 들어가고 있던 어린이들의 소리로 차츰 떠들썩해졌다. 어떤 아이들은 내 카메라 앞을 지나갔고, 또 어떤 아이들은 내가 촬영하려고 하던 피사체 앞에 손을 펴서 가로막기도 했다. 한 여자 아이는 아주 그럴듯하게 스텝을 밟으며 춤을 추고 있었다. 나는 그 모습을 촬영하고 싶어 가장 적당한 배경을 정해놓고 여자 아이에게 다시 한 번 춤을 추어보라고 부탁했다. 내가 여자 아이의 춤추는 모습을 촬영하고 나자 여러 아이들이 내 주위를 둘러싸고 앉더니 이렇게 말했다.

"우리 나라 미래의 모습을 한 장 찍어주세요."

나는 그 말을 듣고 깜짝 놀랐다. 자신들을 칠레의 미래로 생각하는 어린이들의 말이 바로 내가 수많은 지탕 담뱃갑 가운데 하나에 적어두었던 구절에 대한 대답이었기 때문이다.

"미래를 생각하지 않는 사람을 칠레에서 찾는다는 것은 거의 불가능할 것이다."

칠레 이외의 다른 나라라고는 가본 적이 없는 세대의 어린이들이었지만 이미 자기의 목표에 대해 확신을 가지고 있었던 것이다.

나는 칠레 촬영 팀과 오전 열한 시 반에 '마키스 다리'에서 만나기로 약속했다. 약속 시간이 되어 내가 다리 오른쪽 끝에 도착했을 때 촬영 팀은 이미 다리 반대편 끝에 카메라를 설치해놓고 있었다. 숲에서 흘러나온 백리향 향기가 진하게 퍼져 있는 청명한 오전이었다. 그때 나는 내가 태어난 고향에서 그 어느 때보다도 편안함을 느꼈고, 추방자로서의 압박감을 어느 정도는 덜어버릴 수 있었다. 그래서 '다른 내'가 매고 있던 넥타이와 입고 있던 영국제 양복을 벗고 작업복 조끼와 바지를 입은 '본래의 나'로 돌아갔다. 부에노스아이레스에서 거기까지 가느라 이틀 동안이나 깎지 않아 거무튀튀하게 자란 수염이—나는 그동안 수염을 깎지 않는 즐거움을 누릴 수 있었다—되찾은 '본래의 나'의 신분을 증명하는 또 하나의 확실한 증거였다.

나는 촬영 팀의 카메라맨이 카메라의 파인더를 통해 나를 바라보고 있다는 것을 알았을 때 내 모습을 촬영할 수 있도록 자동차에서 내려 아주 천천히 다리를 건넜다. 그리고 나는 열정과 올된 성숙함으로 고무된 팀 멤버들 모두에게 개별적으로 인사를 했다. 모두 믿어지지 않는 나이의 청소년들이었다. 열다섯 살, 열여섯 살, 열아홉 살. 촬영 팀을 지휘하는 스물한 살의 리카르도를 팀의 멤버들이 '노땅'이라고 부를 정도였다. 그 며칠 동안 촬영 작업에서 그들의 협조를 얻어낸 것보다 내게 용기를 더 북돋아주었던 것은 아무 것도 없었다.

우리는 다리의 난간에서 즉석 프로그램을 짰고, 그것에 의해 즉각 촬영을 시작했다. 그날 나의 작업 테마는 우리가 처음에 계획했던 것과는 약간의 차이가 있었다. 원래 테마는 그것이 아니었는데, 작업을 하다 보니 우리는 내 유년 시절의 추억들을 되짚어가고 있었다. 그래서 나는 내가 열두 살이었을 때 친구들의 왁자지껄한 웃음소리가 터지기 무섭게 수영하는 법을 배우도록 강제로 강물 속으로 밀려들어갔던 추억 속에 남아 있는 다리에 대한 이미지를 포착하면서 촬영을 시작했다.

그러나 일정을 진행시키는 과정에서 자연스럽게 작업의 본래 의도대로 돌아갔다. 산페르난도 주변 분지는 광대한 농업 지역으로, 그동안 거의 세습 노예나 다름없는 신분으로 전락했던 농부들이 '인민연합'이 정권을 잡고 있는 동안 칠레 역사상 처음으로 권리를 주창하는 주체로 변했던 곳이다. 과거에 그곳은 소작인들이 누구에게 투표할 것인지가 소수 지주들의 뜻에 따라 결정되었던 봉건 과두 체제의 요새였다.

에두아르도 프레이의 기독 민주 정부 동안 살바도르 아옌데가 개인 자격으로 참여하는 가운데 그곳에서 처음으로 대규모 농민 파업이 조직되었다. 나중에는 이미 정권을 잡은 살바도르 아옌데 자신이 직접 나섰는데, 그는 지주들에게 과도하게 보장되었던 특혜를 박탈하여 능동적이고 굳건한 농민 공동체를 조직했다. 그러나 지금 바예센트럴에는 피노체트의 여름 별장이 개혁 퇴보의 상징처럼 버티고 서 있다.

나는 스페인 바스크 사람, 이탈리아 사람, 아랍 사람, 프랑스 사람, 독일 사람들이 칠레로 이민 오기 이전의 원래 칠레 사람들은 고대 그리스 민족의 직계 후손으로서 라틴아메리카의 헤게모니를 장악하는 세력이 되기 위해, 그리고 세계의 진실과 구원의 길을 보여주기 위해 운명적으로 결정되고 예시된 민족이라는 주장을 펼치고 있는 비범한 책 《칠레 민족(*La Raza Chilena*)》을 쓴 '돈 니콜라스 팔라시오'의 동상을 촬영하지 않고서는 거기를 떠날 수가 없었다.

내 고향은 그곳에서 아주 가까운 곳에 있다. 나는 유년 시절 내내 학교에 가거나 집으로 돌아가는 길에 하루에도 몇 번씩 그 동상을 보곤 했다. 그러나 당시에는 그 동상의 주인공이 누구인지 내게 설명해줄 수 있는 사람은 아무도 없었다. 그런데 돈 니콜라스 팔라시오의 열렬한 숭배자인 피노체트는 그의 동상을 산티아고의 심장부에 세움으로써 이제 돈 니콜라스 팔라시오를 자신의 영혼이 자리하고 있던 역사적인 곳으로부터 데려가버렸다.

땅거미가 깔릴 무렵에야 우리는 하루 일정을 끝냈다. 백사십 킬로미터의 거리를 달려 통행금지 이전에 산티아고에 도착하려면 시간이 빠듯했다. 칠레 촬영 팀은 리카르도만 남겨놓고 곧바로 산티아고를 향해 떠났다.

리카르도가 나와 함께 남아 자동차의 운전대를 잡았고, 우리는 그 다음날 촬영할 장소들을 표시하면서 해변까지 가는 동안 여기저기를 오랫동안 돌아다녔다. 나는 그날의 작업 성과가 만족스러웠기 때문에 경찰의 검문을 네 번이나 받았지만 전혀 놀라거나 긴장하지 않았다. 하지만 첫번째 검문소를 통과한 뒤 나는 영화감독 미겔 리틴의 작업복을 벗어버리는 예방 조치를 취해야 했고, 다시 우루과이 출신 광고업자로 신분을 위장해야 했다.

그런데 우리는 어느새 밤 열두 시가 되었는지조차도 모르고 있었다. 시간이 그렇게 빨리 흘렀다는 것을 알았을 때는 이미 통행금지가 시작된 지 삼십 분이나 지난 후로, 우리는 그 사실을 깨닫고 잠시 극도의 불안에 휩싸였다. 나는 리카르도에게 달리고 있던 국도를 빠져나가서 내가 마치 어제 달려본 길이라도 되는 듯이 훤히 알고 있는 작은 황톳길로 들어가라고 지시했다. 그리고 나는 리카르도에게 좌회전을 하라, 다리를 건너라, 어둠 속에서 야생 동물들의 울부짖음 소리가 들리는 어두컴컴한 소로를 통해 오른쪽으로 가라, 헤드라이트를 꺼라, 급커브에 급경사인 비포장도로로 계속 가라는 등 지시를 하면서 길을 달렸다. 그리고 마침내 우리는 미로에서 벗어나 모두 잠들어 있는 마을을 가로질러갔다. 밤의 깊은 정적을 깨고 마을로 들어오는 자동차 소리에 놀란 개들이 집 뜰에 있던 모든 동물들을 깨우는 사이 우리는 마을 건너편에 있는 내 어머니의 집 앞에 멈춰섰다.

리카르도는 통행금지 시각에 내가 어머니의 집을 찾아갔던 일이 미리 계획된 것이 아니었다는 데 대해 도저히 믿으려 하지 않았고, 아직까지도 믿지 않고 있다. 맹세하건대, 그것은 정말 계획된 일이 아니었다. 사실 당시 통행금지를 위반하고 있다는 사실을 깨달았을 때 내게 떠오른 유일한 방법은 날이 밝을 때까지 산 속에 있는 지름길 한쪽에 차를 멈추고 숨어서 기다리는 것이었다. 그 당시 산티아고까지 가려면 검문소를 네 번이나 통과해야 했기 때문이다.

우리가 국도를 벗어나기 전까지만 해도 나는 어머니를 방문할 생각이 없었다. 그런데 불현듯 나는 유년 시절의 황톳길을 알아보게 되었고, 다리 건너편의 개 짖는 소리를 듣고 시골 집들의 불 꺼진 부엌에서 새어나오는 나뭇재 냄새를 맡자 어머니를 놀라게 해드리고 싶은 경솔한 충동을 도저히 억누를 수 없었던 것이다.

어머니와의 재회

주민이 사백 명 정도 되는 팔미야 마을은 지금도 변함없이 내가 어렸을 때와 똑같다. 내 친할아버지는 팔레스타인의 '베이트사구르'라는 곳에서 태어나셨고, 외할아버지는 그리스 출신으로 성함은 '크리스토스 쿠쿠미데스'셨다. 그분들은 금세기 초반부터 기차역 주변에 모여들기 시작하던 이민의 물결에 첫번째로 휩쓸려온 사람들에 섞여 칠레에 도착했다.

그 당시 팔미야가 지니고 있던 유일한 중요성은 산티아고에서 오는 철도의 종점이었다는 것인데, 지금 그 철도는 팔미야를 지나 남부 해안 지방까지 연결되어 있다. 기차를 타고 왔거나 타기 위한 여행객들이 팔미야에서 다른 교통편으로 갈아탔으며, 해안 지방에서 오는 물품들을 싣거나 해안 지방으로 갈 물품들을 내렸다. 그런 점들이 팔미야를 교통의 요지이자 상업의 중심지로 만들었고, 그래서 한때나마 번영을 구가했다. 그 이후로 철도가 남부 해안까지 연장되었을 때, 역은 기차가 기관차에 물을 채우기 위해 어떤 때는 하루 종일 정차하기도 했지만, 약 십 분 정도 정차하는 곳으로서 명맥을 유지하게 되었다.

기차들은 도착을 알리기 위해 아랍 출신인 '마틸데' 할머니의 집 부근에서 경적을 울리면서 지나가곤 했다. 그러나 마을이 지금과 같은 모습이었던 적은 단 한 번도 없었다. 현재 마을의 중심을 지나는 길다란 도로 옆에는 집들이 한 채씩 띄엄띄엄 있으며, 골목길에는 도로 주변보다 집들이 많지 않다. 마을 아래쪽에는 '라칼레라'라고 불리는 곳이 있는데, 각 가

정마다 그곳에서 아주 뛰어난 포도주를 만들어 지나가는 사람들에게 맛보게 해서 어느 가정에서 만든 것이 더 훌륭한가를 평가하도록 하는 곳으로 유명하다. 그렇게 해서 '라칼레라'는 한때 전국 술꾼들의 낙원으로 변했던 적도 있다.

마틸데 할머니는 사진이 실린 잡지들을 팔미야에 처음으로 가져온 분으로, 항상 잡지를 끼고 사셨다. 그 마을에서 공연을 하고자 하는 서커스단이나 유랑 극단, 곡예사들에게 집 앞에 있는 채마밭을 빌려주시기도 했다. 그리고 아주 가끔씩 그 종점 마을을 지나가는 가설극장의 영화들이 몇 편 상영되곤 하던 곳도 바로 그 채마밭이었다.

그렇듯 그곳은 내가 다섯 살 때 할머니의 무릎에 앉아 처음으로 영화를 본 이후 영화에 대한 나의 재능이 싹트기 시작했던 곳이기도 하다. 그 영화의 제목은 〈브라반테의 헤노베바〉로 내가 그 영화에 대해 간직하고 있는 기억은 놀라움 그 자체였다는 것이다. 어떻게 해서 나무 사이에 걸쳐져 있는 하얀색 홑이불 안에서 말이 뛰어다니며 그 커다란 얼굴들이 나타날 수 있는가를 이해하는 데는 몇 년의 세월이 걸렸다.

그날 밤 리카르도와 내가 도착했던 곳은 나의 그리스 출신 외할아버지의 집이었는데, 당시엔 나의 어머니 '크리스티나 쿠쿠미데스'가 살고 계셨다. 나는 그곳에서 사춘기 때까지 살았다. 그 집은 칠레 농촌의 전통적인 가옥 양식 그대로 1900년에 지어졌고, 길다란 복도며 어두컴컴한 회랑, 미로 같은 방들, 넓은 부엌, 망아지들이 사는 외양간 같은 것들이 지금까지도 고스란히 보존되어 있다.

어머니의 집이 위치하고 있는 곳을 '오렌지나무골'이라고 부르는데, 실제로 그곳에서는 사방에 정체된 듯 배어 있는 상큼한 오렌지 냄새를 맡을 수 있고 정원수로 사용하는 '부간비야'라는 키 작은 관목과 갖가지 아름다운 꽃들이 피어 있는 숲도 있다.

드디어 어머니 집에 도착했다는 데서 오는 감동이 너무 강렬했기 때문에 나는 차가 완전히 멈추기도 전에 내렸다. 나는 집 안으로 들어가는 텅 빈 통로를 지나 어둠에 싸인 정원을 지났다. 나를 맞으러 나온 유일한 것은 멍청하게 생긴 개로 반가운 사람이라도 맞이하듯 내 가랑이 사이로 파고들었다. 그러나 나는 개의 어리광에는 아랑곳하지 않고서 인기척이라고는 거의 느끼지 못한 채 계속 안으로 걸어들어갔다. 발걸음을 한 번씩 뗄 때마다 옛 기억과 오후의 어느 시간, 잊혀졌던 냄새가 새록새록 되살아났다. 긴 통로 끝에 다다른 나는 흐린 불빛에 희미하게 드러난 거실 문에 얼굴을 들이밀었다. 그 거실에 어머니가 계셨다.

내 눈에 들어온 거실 풍경은 썰렁했다. 거실은 넓었고, 천장은 높았으며, 벽들은 반들반들했다. 어머니가 문 쪽으로 등을 돌리고 앉아 계시는 소파와 그 옆에 있는 쓰레기통, 그리고 외삼촌 파블로가 앉아 계시는 같은 모양의 소파말고는 다른 가구가 없었다. 어머니와 외삼촌은 실제로는 아무 것도 걸려 있지 않은 벽만 바라보고 계셨지만 두 분이 동시에 같은 텔레비전을 바라보고 있는 것처럼 차분하고 순박한 표정으로 한 점을 물끄러미 응시하고서 아무 말없이 앉아 계셨다. 나는 어머니와 외삼촌이 인기척을 느껴 뒤돌아보시지 않도록 아무 소리도 내지 않고서 살금살금 두 분에게 다가갔다. 그리고 이렇게 소리쳤다.
"좋아요, 여긴 사람이 와도 인사하는 법도 없군요, 젠장."
그러자 어머니가 자리에서 일어나셨다.
"내 아들 친구인 모양인데, 그래 한 번 껴안아보세."
외삼촌 파블로는 내가 십이 년 전에 칠레를 떠난 이후로 단 한 번도 나를 보지 못했는데, 소파에서 일어날 기미조차 보이지 않으셨다. 어머니는 지난해 12월 마드리드에서 나를 보셨지만 껴안으려고 소파에서 일어나서도 아들인 나를 알아보지 못하셨다. 그래서 나는 어머니를 힘껏 껴안고서 무감각에서 깨어나시게 하려고 흔들어댔다.
"절 잘 보세요, 어머니, 저라구요."
나는 어머니의 눈을 쳐다보면서 그렇게 말했다.
어머니는 신경을 써서 다시 한 번 나를 찬찬히 살펴보셨지만 여전히 내 얼굴을 알아보지 못하셨다.
"글쎄, 자네가 누군지 잘 모르겠는데?"
"아무리 그래도 어떻게 절 못 알아보실 수가 있어요. 어머니의 아들 미겔이라니까요."
나는 금방이라도 터져나올 것만 같은 웃음을 참으며 그렇게 말했다.
그러자 어머니는 다시 나를 바라보셨고 이내 얼굴이 창백해지셨다.
"아이구, 어지러워라."
나는 어머니가 쓰러지지 않도록 몸을 부축해드렸고, 그 사이 외삼촌 파블로도 어머니와 같은 감격에 휩싸여 말씀하셨다.
"이놈이 바로 내 생전에 꼭 보고 싶어하던 놈이구만. 난 이

어머니와의 재회 185

제 지금 당장에라도 편안히 죽을 수 있겠구나."

나는 재빨리 외삼촌을 껴안았다. 외삼촌은 나보다 불과 다섯 살밖에 더 먹지 않으셨지만, 하얗게 센 머리에 늙음의 껍질을 한 꺼풀 둘러쓰고 있는 한 마리 작은 새 같았다. 외삼촌은 결혼하자마자 이혼하셨고, 그 이후로 줄곧 누나인 내 어머니 집에서 사셨다. 외삼촌은 항상 매우 외로우셨으며, 이제는 마치 태어날 때부터 노인이었던 듯 늙어보이셨다.

"장난치지 마세요, 외삼촌. 지금 돌아가시겠다는 그런 터무니없는 말씀은 제게 하지 마시라니까요. 자, 어서 포도주나 한 병 가져오세요. 제가 돌아온 걸 축하해야죠."

어머니는 항상 그러셨던 것처럼, 마치 당신이 무슨 초자연적인 계시라도 받았다는 듯이 외삼촌과 나 사이에 끼여드셨다.

"내 이럴 줄 알고 '마스툴'을 준비해두었지."

부엌에 정말로 마스툴이 있다는 것을 확인하고 나서야 어머니의 말씀을 믿을 수가 있었다. 그동안 정말 먹어보고 싶었던 음식이었다. 마스툴은 큰 행사가 있을 때 축하하기 위해 그리스 가정에서만 준비하는 것으로, 재료도 비싸고 만드는 과정도 여간 복잡하지 않은데다 대단한 정성을 들여야 하는 음식이다. 즉 송아지 고기에 껍질을 깐 보리 알갱이와 콩을 넣어 삶은 것으로, 아랍의 '알쿠스쿠스'와 비슷한 음식이다. 그런데 어머니는 아무런 뚜렷한 이유도 없이 그해 들어 처음으로 그것을 만드셨던 것이다. 그냥 순전히 영감을 받아서.

리카르도는 우리와 함께 마스툴을 먹고 잠을 자러 갔다. 그는 우리 가족이 마음을 터놓고 해후의 정을 나눌 수 있도록 배려했음에 틀림없다. 잠시 후 외삼촌이 주무시러 거실을 나간 뒤에도 어머니와 나는 동이 틀 때까지 이런저런 이야기를 나누었다. 우리는 마치 친한 친구 사이라도 되는 듯 많은 이야기를 나누었다. 그도 그럴 것이, 어머니와 나는 나이 차이가 그리 많지 않다. 어머니는 열여섯 살 때 아버지와 결혼해 일 년 후 나를 낳으셨던 것이다. 그래서 나는 어머니가 막 스무 살이 되었을 때 어떤 모습이셨는지 잘 기억하고 있다. 어머니는 아주 아름답고 다정다감하셨으며, 내가 마치 아들이 아니라 당신이 아끼던 헝겊 인형 가운데 하나인 것처럼 나와 함께 놀곤 하셨다.

어머니는 내가 돌아오고 나서부터는 표정이 한층 밝아지셨는데, 내 옷차림새를 보고는 이내 뜨악한 표정을 지으셨다. 어머니는 내가 항상 작업복 차림으로 있는 것을 좋아하셨다.

"그러고 있으니 꼭 무슨 신부님 같구나."

나는 어머니께 내가 모습을 바꾸게 된 이유나 조건들은 물론 칠레에 들어온 동기에 대해서도 밝히지 않았다. 어머니는 내가 합법적으로 입국한 줄로 알고 계시리란 생각 때문이었다. 나는 어머니의 마음을 심란하게 만들고 싶지 않았고, 아니 그보다도 위험에 빠뜨리고 싶지 않았기 때문이다. 어머니를 내 모험의 밖에 계시도록 하고 싶었던 것이다.

동이 터오르기 전 어머니는 무엇 때문에 그러는지 말씀하시지 않은 채 디킨스의 소설들에 나오는 것처럼 촛대에 촛불을 밝혀들고 내 손을 잡고서 정원으로 이끄셨다. 나는 깜짝 놀라고 말았다. 정원 구석에는 내가 칠레에서 추방되기 전 산티아고에 있던 내 집 서재가 내가 떠날 때 놔두었던 모습 그대로 보존되어 있었던 것이다. 서재 안에 들어 있던 것들도 모두

고스란히 그대로 옮겨져 있었다.

당시 쿠데타 군이 마지막으로 내 집을 덮쳤고, 내가 아내 엘리와 아이들을 데리고 멕시코로 망명을 떠난 다음, 어머니는 친구 건축가에게 부탁해 내 서재의 판자를 하나씩 하나씩 뜯어내 해체한 다음 팔미야에 있는 우리 가족의 옛집에 그대로 옮겨 똑같이 지어놓으셨던 것이다.

서재 안에 들어가보니, 내가 언제 서재를 버리고 떠났나 싶을 정도로 그야말로 그대로였다. 내가 놓아두었던 그대로, 내 평소 습관처럼 꼭 그만큼 너저분하게, 내가 평생 동안 써왔던 종이들이며 내가 젊었을 때 썼던 극작품들, 영화 시나리오, 무대 스케치 같은 것들이 정말 그대로 놓여 있었다. 서재 안 공기까지도 같은 색깔이었고, 같은 냄새가 났다. 마치 내가 서재를 마지막으로 보았던 같은 날짜, 같은 시각에 서재 안에 있는 것 같았다.

말로 표현할 수 없는 깊은 감회가 밀려와 몸이 부들부들 떨렸다. 왜냐하면 그 순간 어머니가 그토록 세세하게 내 서재를 그대로 옮겨 다시 지어놓으셨던 이유가 언젠가 내가 돌아왔을 때 집이 낯설어보이지 않도록 하기 위해서였거나, 아니면 내가 망명지에서 죽게 되었을 때 나를 더 잘 기억할 수 있도록 하기 위해서였을 거라는 생각이 들었기 때문이다.

행복한 탈출

이번에 산티아고로 다시 돌아가는 것은 불안으로의 회귀였다. 우리 주위를 둘러싸고 있던 경찰의 포위망이 점점 더 좁혀져오고 있다는 느낌이 피부에 와닿을 정도였다. 우리가 가제로 부르던 영화 〈기아의 행진〉 촬영은 유혈이 낭자한 야만적인 제재를 받았다. 경찰이 우리 촬영 팀 멤버 몇 명을 구타했고, 카메라 한 대를 부숴버렸다.

작업 때문에 자주 접촉했던 사람들은 우리가 정말로 완전히 출국했다고 믿는 경찰은 아무도 없을 거라고 생각하고 있었다. 클레멘시아 이사우라 여사까지도 우리가 마치 아무 잘못도 없이 순교한 성인들처럼 사자 굴 속으로 들어갔다고 인식하고 있었다. 게다가 어디에 숨어 있는지 모습을 드러내지 않는 장군을 만나려는 우리들의 교섭은 "내일 다시 전화하세요"라는 변함없는 대답에 의해 꽉 막혀 있는 상태였다. 그런 암담한 분위기가 우리의 마음을 짓누르고 있었는데, 이탈리아 촬영 팀이 다음날 오전 열한 시에 '라모네다 궁'에 대한 촬영을 승인을 받았다는 소식을 갑작스럽게 전해왔다.

'라모네다 궁'의 촬영 허가는 우리에게 빠져나오기 힘든 치명적인 덫일 수도 있다는 생각이 뇌리를 떠나지 않았다. 나는 위험을 무릅쓸 준비가 이미 되어 있었지만 대통령궁을 촬영하러 들어가는 일이 자진해서 쥐덫에 걸리는 일이라는 것을 이탈리아 촬영 팀이 모르도록 하면서 그들에게 명령을 내려야 하는 막대한 책임이 수반되는 작업이었다. 그런 여러 가지 정황에도 불구하고 이탈리아 촬영 팀은 자기들의 책임하에 작업을 진행하기로 했고, 그것이 위험하다는 사실도 충분히 인식하고 있었다.

한편 프랑스 팀은 더 이상 산티아고에 머물러야 할 이유가 없었다. 그래서 나는 프랑스 촬영 팀 멤버들을 급히 불러모아 놓고 우리가 마드리드로 보내려고 했던 모든 필름을 가지고 다음날 첫비행기로 칠레를 떠나라고 지시했다. 결국 프랑스 촬영 팀 멤버들은 이탈리아 촬영 팀이 내 지휘하에 피노체트 장군의 집무실이 있는 궁에서 한창 촬영 중이던 오후에 비행기를 타고 칠레를 떠났다.

'라모네다 궁'을 촬영하러 떠나기에 앞서 나는 대법원장에게 보내기 위해 써두었다가 이런저런 이유로 선뜻 보내지 못하고 며칠 전부터 가방 속에 넣어 가지고 다니던 편지를 프랑키에게 건네며 그 즉시 가서 직접 전하라고 부탁했고, 물론 프랑키는 내가 시키는 대로 했다. 그리고 나는 엘레나가 위급한 상황에 처했을 때 연락하라고 남기고 간 전화 번호 역시 프랑키에게 주었다.

프랑키는 열한 시 십오 분 전에 나를 프로비덴시아 거리의 길모퉁이에 내려주었고, 나는 그곳에서 완벽하게 준비를 끝낸 이탈리아 촬영 팀과 합류하여 함께 '라모네다 궁'으로 갔다. 마지막이 될 이번 작업에서 나는 지금까지 해왔던 것과는 정반대로 우루과이 출신 광고업자의 탈을 벗고 작업복 바지에 안감으로 토끼 가죽을 댄 조끼를 입었다. 그것은 작업을 하러 떠나기 바로 전에 결정된 일이었다. 그 이유는 기자로서의 그라치아의 전력과 카메라맨으로서의 우고의 전력, 그리고 음향 전문가로서의 기도의 전력이 칠레 경찰에 의해 이미 샅샅이 조사된 반면 촬영 조수들은 그들의 이름이 촬영 허가 신청서에 기재되어 있었는데도 '라모네다 궁'의 경비 경찰들이 신분증조차도 요구하지 않았기 때문이다. 그러한 사실이 내 위치를 결정지어주었던 것이다. 나는 조명 보조원으로 위장하여 온갖 케이블과 조명 기구들을 들고서 '라모네다 궁' 안으로 들어갔다.

우리는 촬영에 협조하기 위해 특별히 배치된 아주 친절한 젊은 경찰관 세 명의 안내를 받으며 차분하게 최대의 테크닉을 동원해서 만 이틀 동안 '라모네다 궁'을 촬영했다. 우리는 영화 촬영 목적이 순전히 '라모네다 궁'의 건축에 관한 것에 있다는 것을 아무도 의심하지 않도록 하기 위해 '라모네다 궁'의 복구에 관한 모든 사항을 면밀히 조사했다. 그라치아도 이탈리아 출신 건축가 토에스카와 칠레에서의 이탈리아 건축에 대한 준비를 충분히 해왔다.

그렇지만 군부 역시 준비를 철저히 하고 있었다. 그들은 궁전의 각 방의 의미와 역사에 대해, 그리고 복구 이전의 '라모네다 궁'과 관련하여 건축된 새 궁의 형식에 대해 아주 자세하게 설명하면서도 1973년 9월 11일의 사건에 대해서는 언급하지 않고 교묘히 넘어가거나 완곡하게 표현하면서 과장되게 '라모네다 궁'을 자랑했다.

'라모네다 궁'은 복구 당시 문 몇 개를 막고, 다른 곳에 문을 새로 만들어서 달고, 벽을 허물고, 격벽을 바꾸고, 역대 대통령들이 개인적인 손님들을 맞이할 때 사용하던 '모란데 80' 출입구를 없앴다.

너무나 많은 부분을 바꾸었기 때문에 전에 '라모네다 궁'에 대해 잘 알고 있던 사람이라 할지라도 복구된 뒤로는 어디로 가야 할지 잘 모를 정도였다.

우리가 안내를 담당했던 경찰관들에게 과거 몇 년 동안 내각 국무회의실에 전시되어 있었던 독립선언문 원본을 보여달라고 요청했을 때 경찰관들의 태도가 잠시 싹 바뀌었다. 우리는 독립선언문 원본이 쿠데타 군의 공중 폭격시 찢어졌다는 것을 이미 알고 있었다. 경찰관들은 절대로 보여줄 수 없는 건데 나중에 촬영할 수 있도록 특별 허가를 받아주겠노라고 약속했다. 그들은 뭐든지 '나중에, 나중에'라는 말만 되풀이 했는데, 그러다가 촬영이 다 끝나버렸다.

경찰관들은 디에고 포르탈레스가 사용했던 책상이 어디에 있는지도, 그리고 역대 대통령들이 오랜 세월 동안, 쿠데타 군의 폭격으로 파괴되어버린, 작은 박물관에 보관해두었던 그 많은 유물들이 어디에 있는지도 역시 우리에게 말해줄 수 없었다. 아마도 칠레 건국의 아버지 베르나르도 오이긴스 이후의 모든 대통령들의 흉상도 같은 운명을 맞았을 것이다. 군부 정권이 역대 대통령들의 흉상을 전시하려면 하는 수 없이 살바도르 아옌데 대통령의 흉상도 포함시켜야 하는데 그렇게 하기 싫었기 때문에 다른 대통령의 흉상도 그때까지 보관해왔던 갤러리에서 모두 치웠을 거라는 소문도 있었다.

'라모네다 궁'을 전반적으로 다 돌아다본 후 갖게 된 총체적인 인상은 암살당한 전임 대통령의 마지막 흔적까지 다 지워버리려는 의도에서 작업을 하다 보니 모든 것을 완전히 바꾸어버렸다는 것이다.

'라모네다 궁'의 둘째날 촬영 작업도 오전 열한 시에 시작되었다. 우리는 갑자기 공기 중에 보이지 않는 동요가 일어나고 있다는 걸 감지했고, 바쁘게 움직이는 군화 발소리와 무기들이 움직이는 소리를 들을 수 있었다. 우리를 안내했던 경찰관이 갑자기 안색을 바꾸며 우리들에게 조명을 끄고 촬영을 중지하라고 거칠게 명령했다. 사복을 입은 경호원 두 명이 신분을 노출시키며 우리 앞을 가로막고 촬영을 계속하면 곧바로 제지하겠다는 태도를 보였다. 우리는 도대체 무슨 일이 일어나고 있는지 몰랐다.

그때 갑자기 혈색이 좋고 뚱뚱한 몸집의 아우구스토 피노체트 장군이 비서인 정복 장교 한 명과 사복 경호원 두 명을 대동하고서 우리 앞을 지나 자신의 집무실로 걸어갔다. 우리가 어떻게 해볼 틈도 없이 순간적으로 스쳐지나간 장면이었다. 피노체트 장군이 우리에게 눈길 한 번 주지 않은 채 옆으로 스칠 듯이 지나갔기 때문에 그가 지나가면서 했던 말을 아주 선명하게 들을 수 있었다.

"여자들이 하는 말은 사실이라 해도 믿지 말아야 해."

카메라맨 우고는 마치 자기의 피사체가 사라지는 것을 안타까운 마음으로 바라보기라도 하듯 긴장된 손가락을 카메라의 손잡이에 넣은 채 화석처럼 서 있었다.
"그때 만약 누군가가 그를 죽이려고만 했다면, 정말 쉽게 죽일 수 있었을 거예요."
우고는 나중에 우리에게 그렇게 말했다. 작업 마감 시간이 세 시간이나 더 남아 있었지만 그날 우리들 가운데 그 누구도 촬영을 계속하고 싶은 기분이 아니었다.

식당의 미치광이

'라모네다 궁' 촬영을 마치자마자 이탈리아 촬영 팀은 촬영된 나머지 필름을 가지고 아무 문제도 없이 칠레를 떠났다. 그렇게 해서 촬영된 필름의 총길이는 삼만 이천이백 미터가 되었다. 마드리드에서 여섯 달 동안 편집 작업을 한 결과 최종적으로 완성된 영화는 텔레비전 방영을 위한 네 시간짜리 한 편과 극장 상영을 위한 두 시간짜리 한편으로 줄어들었다.
우리가 원래 계획했던 프로그램은 이미 다 끝났지만 프랑키와 나는 혹시나 엘렉트릭 장군과 접촉할 수 있을까 하는 기대감에 그를 기다리느라 칠레에서 나흘을 더 머물렀다.
그 가운데 이틀 동안 나는 전화에서 지시해준 대로 매일 여섯 시간씩 같은 카페에서 그를 기다렸다. 카페에 앉아서 비행기를 탈 때마다 부적처럼 가지고 다니는 알레호 카르펜티에르의 《잃어버린 길》을 다시 한 번 읽으면서 차분히 그들을 기다렸다.

 기다리던 접선이 시작되었다. 명문이라고 소문난 '라메소네트' 학교의 교복을 입은 스무 살쯤 된 순진하고 귀엽게 생긴 여학생이 내가 칠레를 떠나기 전에 했던 맨 마지막에서 두 번째 약속에 맞추어 도착했던 것이다. 그 여학생은 다음 약속을 위해 포르탈레스 지역에 있는 유명한 음식점 '체스 헨리'에서 그날 오후 여섯 시부터 신문 《엘메르쿠리오》 한 부와 대중 주간지 한 권을 들고서 기다려야 한다는 것을 알려주었다.

 나는 콘셉시온에서 산화한 세바스티안 아세베도의 희생에 뿌리를 두고 일어난 새로운 반독재 무저항 운동의 가두 시위 때문에 길이 막히는 바람에 택시가 늦게 도착해 약속 시간보다 약간 늦게 그 식당으로 들어갔다.

 경찰차들이 고압 호스로 물을 뿜어대며 시위 참가자들을 해산시키려고 하자 뼛속까지 물에 흠뻑 젖은 이백 명이 넘는 시위 참가자들은 무감각해보일 정도로 차분한 표정으로 벽에 찰싹 달라붙어 경찰들이 마구 뿌려대는 물을 맞으면서 조국에 대한 사랑의 메시지가 담긴 노래들을 불렀다.

 나는 그 숭고한 시위가 내게 주었던 감동에서 아직 깨어나지 못한 채 바의 의자에 앉아 누군가가 내게 다가와 "선생께서는 그 잡지의 사설에 관심이 많으신 모양이군요?"라고 묻기만을 기다리면서 그 여학생이 지시해준 대로 《엘메르쿠리오》 신문의 사설을 읽고 있었다. 만약 누군가가 그렇게 물으면 나는 "그래요"라고 대답하기로 되어 있었다. 그 사람이 왜 좋아하느냐고 물으면 나는 "이 사설은 내 직업에 밀접하게 연관된 경제 문제를 다루고 있거든요"라고 대답해야 했다. 그러고 나서 그 즉시 식당을 나와 문 앞에서 나를 기다리는 자동차를 타기로 되어 있었다.

내가 사설을 세 번이나 읽었을 때 누군가가 내 뒤로 지나가며 팔꿈치로 내 콩팥이 위치해 있는 허리 부분을 살짝 쳤다. '이 사람일까?' 나는 속으로 이렇게 생각하며 그를 쳐다보았다. 약 서른 살 정도 되어보이는 체격이 우람한 남자가 화장실을 향해서 굼뜬 동작으로 걸어가고 있었다. 그가 내게 보낸 신호가 자기를 따라 화장실로 오라는 것일지도 모른다는 생각이 들었으나 나는 따라가지 않았다. 그가 암호를 말하지 않았기 때문이다.

계속해서 화장실을 지켜보고 앉아 있었는데, 그가 지나갔던 길로 다시 돌아와 처음과 똑같이 또 내 등을 살짝 치고 지나갔다. 그래서 나는 몸을 돌려 그의 얼굴을 바라보았다. 그 남자의 코는 꽃배추처럼 생겼고, 입술은 순대처럼 생겼으며, 눈썹은 찢어져 있었다.

"여보시오. 안녕하시오?"

그가 내게 인사를 했다.

"아, 네, 좋아요. 아주 좋습니다."

내가 그에게 대답했다.

그는 내 옆 의자에 앉더니 아주 친밀하게 말하기 시작했다.

"날 알겠소?"

"물론이죠. 그렇구말구요."

나는 그의 채널에 계속 주파수를 맞추어보려고 그렇게 대답했다.

그런 식으로 우리는 몇 분 동안 더 이야기를 했다. 그리고 나는 그가 암호를 생각할 수 있도록 하기 위해 읽고 있던 신문을 일부러 눈에 띌 정도로 요란스럽게 접었다. 그러나 그는 나의 행동을 보았는지 못 보았는지 나를 물끄러미 바라보면서 계속 내 옆에 앉아 있었다.

"그럼, 커피나 한 잔 사겠소?"

그가 내게 제의했다.

"그럼요, 거 좋지요."

나는 커피 두 잔을 시켰는데 종업원은 한 잔만 가져와 바위에 올려놓았다.

"두 잔 시켰는데요. 한 잔은 이분 갖다드려요."

"아, 예. 조금 있다 갖다드릴게요."

"왜 지금 당장 갖다주지 않겠다는 거죠?"

"네, 알았습니다. 즉시 갖다드리겠습니다."

그러나 종업원은 커피를 가져오지 않았다. 정말 이상했던 것은 종업원이 커피를 내오지 않아도 그는 대수롭지 않다는 태도를 취했다는 것이다. 상황이 너무 터무니없이 전개되고 있다는 생각이 들자 갑자기 불안해지기 시작했다. 이윽고 그가 내 어깨에 손을 턱 얹으며 말했다.

"사실 당신은 날 잘 모르는 것 같은데, 안 그렇소?"

그 순간 나는 식당을 나가기로 결심했다.

"그래요. 솔직히 말하면 난 당신을 잘 몰라요."

그는 지갑에서 손때가 묻고 누렇게 바랜 신문 스크랩을 꺼내 내 눈앞에 들이밀었다.

"내가 바로 이 사람이오.

그때 나는 그가 누구인지를 깨달았다. 그는 영광스러운 과거 전적보다 정신적인 불균형으로 인해 산티아고에서 아주 악명이 높은 과거 복싱 챔피언이었다. 나는 사람들의 시선이 내게로 집중되기 전에 나갈 준비를 하고서 종업원에게 계산서를 가져오라고 했다.

"내 커피는?"

그가 말했다.

"다른 데 가서 마셔요. 커피값은 줄게요."

"아니 내게 돈을 주겠다고! 내가 녹아웃당해 이런 신세가 되었다고 나를 우습게 보고 갖고 노는 거요? 그런 헛소리는 집어치워요!"

그가 악을 고래고래 썼기 때문에 식당 안에 앉아 있던 사람들의 시선이 일제히 우리에게로 쏠렸다. 나는 다행히 어머니로부터 물려받은 장작 패는 사람처럼 힘센 손으로 그 복싱 선수의 무지무지하게 두꺼운 팔목을 세게 쥐어틀었다.

"당신, 조용히 하지 못해? 한마디만 더 했다간 알아서 해!"

나는 그의 눈을 노려보면서 그렇게 내뱉었다.

당시 나는 운이 좋았다. 그가 흥분할 때처럼 빠른 속도로 금세 조용해졌기 때문이다. 나는 급히 커피값을 지불하고 차가운 기운이 감도는 밤 거리로 뛰어나와 택시가 오자마자 집어타고 호텔로 갔다. 호텔 프런트에는 프랑키가 남긴 긴급 메시지가 남아 있었다.

"내가 당신의 가방들을 727로 가져갑니다."

더 생각하고 말고 할 것도 없었다. 727이라는 숫자는 프랑키와 나만이 비밀스럽게 알고 있던 암호로, 클레멘시아 이사우라 여사의 집을 가리켰다. 프랑키가 내 가방들을 가지고 황급히 호텔을 떠나 그 집으로 가져갔다는 사실은 우리에 대한 경찰들의 포위가 본격적으로 시작되었음을 암시하는 결정적인 증거였다.

나는 총알처럼 호텔을 나와 택시를 여러 번 갈아타고 끊임없이 이런저런 생각들을 하면서 클레멘시아 이사우라 여사의 집으로 향했다. 클레멘시아 이사우라 여사는 예의 그 변함없이 평화로운 모습으로 소파에 앉아 텔레비전에서 방영되는 히치콕 감독의 영화를 보고 있었다.

비밀 모험의 마지막 장

프랑키가 클레멘시아 이사우라 여사에게 남긴 이야기는 상황을 아주 잘 설명해주었다. 그날 오후에 사복 경찰 두 명이 호텔로 찾아와 우리에 대해서 이것저것을 캐물었고, 우리의 숙박계에 적힌 내용을 수첩에 적어갔다. 호텔 수위가 그 이야기를 전하자 프랑키는 그 수위에게 계엄령하에서는 흔히 있는 일이므로 특별히 신경 쓸 필요 없다면서 대수롭지 않다는 표정을 지으며 위기를 넘겼다.

프랑키는 그 어떤 불안감도 내비치지 않고서 호텔비를 지불하고 수위에게 국제공항으로 가야 하니 택시를 불러달라고 부탁했다. 그리고 프랑키는 수위의 두 손을 꽉 쥐면서 잊을 수 없을 정도로 많은 팁을 쥐어주고 헤어졌다. 그러나 호텔 수위는 그 팁을 날것으로 그냥 삼키지는 않았다.

"사복들이 절대로 찾을 수 없는 호텔을 소개해드릴 수 있는

데요."

 그는 이렇게 제의했다. 물론 프랑키는 그 수위의 말이 무슨 뜻인지 이해하지 못하겠다는 듯한 표정을 짓는 것이 더 신중한 처사라는 것을 알고 있었다.

 클레멘시아 이사우라 여사는 내가 기거할 수 있도록 방 하나를 정리해놓았고, '벽에 귀가 없고 거울에 눈이 없도록' 하기 위해 가정부와 운전사를 내보내놓고 있었다. 또 클레멘시아 이사우라 여사는 나를 기다리는 동안 식탁에 촛불을 켜고 특급 포도주까지 곁들인 아주 훌륭한 저녁 식사를 준비해놓고서 자기가 좋아하는 브람스의 소나타 음악까지 틀어놓고 있었다. 식사를 마친 후에도 클레멘시아 이사우라 여사의 뒤늦은 욕구 불만의 연못에서 함께 첨벙거리느라 아주 늦게까지 식탁에 앉아 있었다.

 당시 클레멘시아 이사우라 여사는 아들들을 '모미오'로 키우느라, 그리고 어리석은 여편네들과 시장바구니를 들고 씨름하느라 자기 삶을 잃어버린 현실에 몸을 맡기고 싶지 않다고 했다. 그녀의 기나긴 이야기는 텔레비전의 눈물 젖은 드라마들 앞에서 양모 양말을 기우면서 끝났다. 그녀는 칠십이 년 동안 살아오면서 자기의 진짜 소명은 대담한 액션 물의 무장 투쟁, 음모, 도취였다는 것을 발견했던 것이다.

 "내장이 썩어문드러진 채 침대에서 죽느니 차라리 거리에서 군발이들과 싸우다가 내 몸이 납알로 범벅이 되는 게 더 나아요."

 클레멘시아 이사우라 여사가 말했다.

 프랑키는 다음날 아침, 며칠 전까지 사용하던 차는 반납하고 다른 차를 임대해서 끌고 클레멘시아 이사우라 여사 집으로 찾아왔다. 프랑키는 서로 다른 세 가지 경로를 통해 내게 도착한 메시지를 가지고 왔다. 명백한 협박의 의미가 담긴 메시지였다.
"떠날 건가, 아니면 땅 속에 묻힐 건가?"
마지막으로 남은 선택은 생각하고 말고 할 것도 없이 내가 작업을 중단하고 칠레를 탈출하는 것이었다. 프랑키도 같은 생각으로, 그는 이미 그날 오후 몬테비데오로 떠나는 딱 두 장 남은 비행기 티켓을 구해놓고 있었다.
탈출 과정은 칠레에서 겪었던 비밀 모험의 마지막 장(章)이었다. 전날 밤 나는 첫번째로 조직된 칠레 촬영 팀을 해체했고, 그 팀에게 다른 칠레 팀들을 해체하라고 지시를 내렸다. 그리고 첫번째 칠레 촬영 팀은 이미 촬영된 마지막 필름 세 통을 가능하면 빨리 칠레에서 반출시킬 수 있도록 비밀 결사 조직의 연락원에게 넘겼다. 일이 모두 잘 처리됐기 때문에 내가 칠레를 떠난 닷새 후 마드리드에 도착했을 때는 이미 엘리가 그 필름들을 받아놓고 있었다.
그 필름들은 성녀 '산타 테레시타 데 헤수스'를 닮은 매력적인 젊은 수녀가 칠레에서 마드리드에 있는 우리 집까지 가져다주었는데, 그 수녀는 마드리드에 도착한 그날 밤 다시 칠레로 돌아가야 했고 그전에 다른 비밀 임무 세 건을 수행해야 했기 때문에 우리 집에서 점심 식사를 하고 가라고 권해도 극구 사양했다고 한다. 얼마 전에 나는 우연치고는 너무나 신기하게도 그 수녀가 산티아고의 산프란시스코 성당에서 내게 접선 암호를 가르쳐주고 떠난 수녀와 동일 인물이라는 것을 알게 되었다.
 엘렉트릭 장군과의 인터뷰 가능성이 남아 있었기 때문에 나는 칠레를 떠나고 싶지 않았다. 그 장군과의 접촉 가능성은 정신이 오락가락하는 전직 복싱 챔피언을 만났던 그 식당에서 사라져버렸지만, 나는 클레멘시아 이사우라 여사 집에서 아침 식사를 하는 동안 다시 전화를 시도했다. 항상 전화를 받던 그 목소리의 여자가 '된다, 안 된다'를 확실히 대답해줄 테니 두 시간 후에 다시 한 번 전화해달라고 부탁했다. 그래서 나는 만약 비행기가 떠나기 단 일 분 전에라도 엘렉트릭 장군과의 인터뷰 약속을 받아낸다면 모든 위험을 감수하고서라도 칠레에 남기로 결정했다. 만약 일이 성사되지 않으면 나는 계획했던 대로 몬테비데오로 갈 예정이었다.
 나는 그 인터뷰를 어떤 장군의 '명예로운 양심 선언' 식으로 하기로 계획을 세웠다. 그런데 만약 그 인터뷰가 내가 칠레에서 보낸 행운과 불행의 육 주일에 걸친 모험의 대미를 장식할 만한 것이 되지 않으면 어쩌나 하는 생각에 머리 속이 복잡했다.
 내가 두 번째로 전화를 걸었을 때도 첫번째와 똑같은 대답뿐이었다. 두 시간 후에 다시 전화를 걸어달라는 것이었다. 클레멘시아 이사우라 여사는 자기 남편이 좀도둑을 놀래키기 위해 항상 베개 밑에 보관해두었던 노상 강도 퇴치용 권총을 주면서 받아두라고 했지만 우리는 권총을 몸에 지니고 가는 것이 신중하지 못한 행동이라고 그녀를 설득했다.
 클레멘시아 이사우라 여사는 하염없이 흐르는 눈물을 훔치며 우리를 전송했다. 나는 그녀가 그렇게 서럽게 울었던 것은 우리에게 가졌던 진한 애정 때문일 수도 있지만 새로 전개될 감동적인 모험에 동참하지 못하고 혼자 남는 아쉬움 때문에 더 그랬을 것으로 생각한다. 그렇지만 여사의 집에는 엄밀히 말해 '다른 내'가 남아 있었다. 나는 꼭 필요한 개인적인 물건들만 꺼내 작은 손가방에 넣고 영국제 양복이나 '다른 나'의 이름 첫자가 새겨진 와이셔츠, 손으로 그린 문양이 있는 이탈리아제 넥타이, 내가 살아가면서 가장 혐오스러워했던 화려한 남성용 액세서리 등을 넣은 바퀴 달린 가방은 클레멘시아 이사우라 여사에게 남겨두었던 것이다.

내가 '다른 나'의 물건 가운데 간직했던 유일한 것은 그동안 쓰고 다니던 도수 높은 안경뿐이었다. 나는 그것을 사흘 후에 리우데자네이루의 어느 호텔에서, 마치 그렇게 되기를 바랐던 것처럼 잊고 그냥 나와버렸다.

나는 다시 전화를 걸기로 한 때까지 남은 두 시간을 내 아이들과 해외에서 망명 생활을 하고 있는 친구들에게 줄 칠레산 선물을 사면서 보냈다. '아르마스 광장' 부근에 있는 카페에서 나는 세 번째로 전화를 걸었지만 역시 똑같은 대답을 들었을 뿐이다.

"두 시간 후에 다시 전화하세요."

그러나 그때는 여자가 전화를 받은 것이 아니라 어떤 남자가 받았다. 그는 암호를 정확하게 댔고, 그 다음번에도 접선이 성사되지 않으면 이 주일 이내에는 불가능하다고 내게 주의를 주었다. 그래서 프랑키와 나는 공항에서 마지막으로 전화해보기로 하고 카페에서 나와 공항을 향했다.

공항으로 가는 길은 군데군데 벌어진 공사와 혼동스러운 도

행복한 탈출

로표지판, 이리저리 꼬인 여러 갈래의 진입로 등으로 인해 더디 이를 데 없었다. 게다가 우리는 로스세리요스 구공항으로 가는 길은 잘 알고 있었지만 푸다우엘 신공항으로 가는 길은 잘 몰랐다. 결국 우리는 공장들이 빽빽히 들어찬 공장 지대에서 길을 잃고 헤맸다.

어떻게 해서든 그 지역을 벗어날 길을 찾으려고 이리저리 뱅뱅 도느라 경찰들을 태운 순찰차 한 대가 반대편 방향에서 우리 차 앞으로 끼여들 때까지 차가 공항 반대 방향으로 가고 있다는 것조차도 몰랐다.

나는 먼저 차에서 내려 경찰관들이 내리기를 기다렸다. 프랑키는 프랑키대로 경찰관들이 그 어떤 의심도 갖지 않도록 하기 위해 그 화려한 입술로부터 제어할 수 없는 분수처럼 뿜어져나오는 언사로 경찰들에게 숨돌릴 겨를도 채 주지 않고 선제 공격을 가해 그들을 제압해버렸다.

프랑키는 우리가 칠레에 인공위성을 통한 교통 통제망을 설치하기 위한 문제로 칠레 통신부 장관과 계약을 체결하기 위해 우루과이에서 왔다는 기가 막히게 급조된 이야기를 했다. 그리고 만약 삼십 분 이내에 떠나는 몬테비데오 행 비행기를 타지 못하면 모든 계획이 수포로 돌아가고 만다는 극적인 위험에 대해 그들에게 설명했다. 결국 경찰들과 우리는 공항으로 가는 고속도로로 다시 들어가기 위해서는 어떤 길로 가야 좋을지 정하느라 옥신각신하게 되었고, 마침내 답답해진 두 경찰관이 우리에게 설명해주기를 포기한 듯 잽싸게 순찰차에 올라타며 자기들을 뒤따라오라고 했다.

비행기 안에서 축배를

그렇게 해서 우리는 시속 백 킬로미터 이상으로 달리는 순찰차가 경보 사이렌과 빨간 경보등으로 말끔하게 치워주는 고속도로를 시원스럽게 달려 공항에 도착했다.

프랑키는 임대한 자동차를 되돌려주기 위해 렌터카 회사 '허츠(Hertz)'의 창구를 향해 달렸다. 그리고 나는 공중전화가 있는 곳으로 달려 그날 네 번째로 같은 전화 번호에 전화했으나 통화 중이었다. 다시 걸었을 때 신호음이 울렸다. 그러나 전화를 받은 여자가 암호를 알아듣지 못하고는 퉁명스럽게 끊는 바람에 황금 같은 시간을 허비해버리고 말았다. 나는 즉시 다시 전화를 걸었다. 그러자 지난번에 몇 번 전화를 받은 적이 있는 남자가 느릿느릿하고 부드러운 목소리로 전화를 받았는데, 내게 아무런 희망도 주지 않았다. 그가 내게 예고했던 대로 이 주일 이내에는 인터뷰를 하지 못할 것 같은 생각이 들었다. 화가 나고 맥이 풀려 전화 수화기를 내려놓았을 때는 비행기가 출발하기 삼십 분 전이었다.

프랑키가 허츠 렌터카 회사에 자동차를 반납하고 임대 비용을 지불하는 사이에 내가 먼저 출국 심사대를 통과하기로 약속해두었다. 그것은 내가 만약 출국하다 경찰들에 체포되는 경우에 뒤에 남아 있던 프랑키가 도망쳐서 대법원에 내가 체포되었다는 사실을 알려야 했기 때문이다.

그러나 나는 맨 마지막 순간까지 출국 심사대 앞에서 대기하며 프랑키를 기다리기로 결정했다. 그런데 프랑키가 예상보다 늦어졌다. 시간이 지남에 따라 007가방 하나에 여행 가방 두

개, 그리고 선물 쇼핑백까지 든 채 한 곳에 계속 서 있는 내 모습이 점점 더 사람들의 주목을 받고 있다는 생각이 들었다.

공항 스피커에서는 나보다 더 떨고 있는 것 같은 여자의 목소리가 몬테비데오 행 비행기에 탑승할 승객들을 마지막으로 부르는 것이 들렸다. 나는 공포에 사로잡혀 포터에게 프랑키의 가방과 고액권 한 장을 주면서 이렇게 말했다.

"이 가방을 허츠 렌터카 회사의 창구로 가져가서 임대료를 지불하고 있는 남자에게 주면서 내가 비행기를 타고 갔으니 즉시 따라오라고 좀 전해주시겠어요?"

"직접 가서 하시는 게 더 쉽겠네요."

포터가 내게 말했다.

나는 탑승객용 출입구에서 안내를 하고 있던 항공사의 여직원들 가운데 한 명에게 다가가 이렇게 말했다.

"실례합니다만, 지금 자동차 임대 비용을 지불하고 있는 친구를 찾아야 하는데 이 분만 기다려주시겠습니까?"

"십오 분밖에 안 남았습니다."

그 여직원이 말했다.

나는 체면이고 뭐고 생각할 겨를도 없이 렌터카 회사 창구를 향해 내달렸다. 어찌나 급하고 걱정스러웠는지 나는 '다른 내'가 가지고 있어야 할 절제된 행동을 잊어버렸고, 항상 그래 왔던 충동적인 영화감독으로 변해버렸다. 몇 시간 동안 연구하고, 세밀하게 준비하고, 꼼꼼하게 연습했던 것들이 단 이 분 만에 왕창 무너져내렸던 것이다. 프랑키는 환전 문제로 렌터카 회사 직원과 아주 차분하게 승강이를 벌이고 있었다.

"아니 이런 빌어먹을! 아무렇게나 지불해. 난 비행기 안에서 기다릴 테니까. 오 분밖에 안 남았어."

나는 화를 내며 프랑키를 독촉했다.

나는 자신을 진정시키려고 최대한의 노력을 기울이고 나서 출국 심사대 앞에 섰다. 출입국관리소 직원은 내 여권을 살펴보더니 나를 빤히 쳐다보았다. 나도 역시 그를 빤히 쳐다보았는데, 그는 내 사진을 보고 다시 내 얼굴을 쳐다보았다. 나는 계속해서 그를 쳐다보고 있었다.

"몬테비데오로 가십니까?"

출입국관리소 직원이 내게 물었다.

"엄마 젖 먹으러 가지요."

그는 벽에 걸린 전자시계를 바라보더니 이렇게 말했다.

"몬테비데오 행은 이미 떠났습니다."

나는 그렇지 않다고 그에게 주장했다. 그러자 그는 탑승 마감을 하려고 기다리고 있던 '란칠레(Lan-Chile)' 항공사의 여직원에게 확인을 해보았다. 다행히 아직 이 분이나 남아 있었다.

출입국관리소 직원이 내 여권에 스탬프를 찍고 나서 씩 웃으면서 여권을 돌려주었다.

"즐거운 여행 되십시오."

내가 출국 심사대를 채 통과하기도 전에 스피커가 공항 안이 쩡쩡 울릴 만큼 큰 소리로 내 위장 이름을 부르고 있었다. 나는 마지막 순간이 다가왔다고 생각했다. 그리고 그때까지만 해도 나 이외의 다른 사람들에게나 일어날 수 있다고 생각했던 일이 이제는 아무 대책도 없는 나에게 일어나고 있다고 생각하기에 이르렀다. 그러자 이상하리만치 마음이 한층 가벼워졌다.
　스피커를 통해 나를 찾았던 사람은 바로 프랑키였다. 내가 프랑키의 탑승권을 내 탑승권 사이에 끼워넣어 가지고 있었던 것이다. 나는 다시 출입구 쪽으로 달려야 했으며, 출입국관리소 직원에게 내 여권은 이미 스탬프가 찍혀 있지만 한 번만 더 나갔다 들어오게 해달라고 통사정을 해야 했다. 나는 프랑키를 질질 끌다시피 데리고 출국 심사대를 다시 통과해야 했다.
　우리가 비행기에 탑승한 마지막 승객들이었다. 어찌나 급히 비행기를 탔는지 십이 년 전 멕시코 행 비행기를 타야 했을 때 겪었던 그 과정을 하나하나 반복하고 있다는 생각조차 할 수 없을 정도였다. 우리는 유일하게 비어 있는 맨 마지막 열 좌석에 앉았다.
　나는 그 순간 그때까지의 긴 여정에서 느꼈던 것과는 정반대의 감정을 느꼈다. 가슴이 미어지는 슬픔과 분노를 느꼈고, 추방자의 참을 수 없는 고통을 다시 한 번 느꼈다. 그러나 동시에 내 모험에 참가했던 모든 사람들이 안전하다는 사실에 무한한 홀가분함을 느꼈다. 그러나 비행기 안의 스피커를 통해 갑작스럽게 튀어나온 안내 방송은 다시 나를 냉혹한 현실로 돌아가게 했다.
　"알려드립니다. 승객 여러분께서는 비행기 티켓을 손에 들고 계십시오. 잠시 검사가 있겠습니다."
　경찰인 것 같기도 하고 비행사 직원인 것 같기도 한 사복 차림의 남자 검사원 두 명이 안내 방송이 채 끝나기도 전에 이미 비행기 안에 들어와 있었다. 나는 그때까지 비행기 여행을 해본 경험이 많았기 때문에, 탑승 인원을 확인하기 위해 비행기가 출발하기 전 탑승권의 '카운터 사인' 확인을 요청하는 것은 그리 이상할 게 없다는 것을 알고 있었다. 그러나 비행기 티켓을 보여달라고 하는 것은 처음 있는 일이었다. 별생각이 다 들었다. 불안해진 나는 캐러멜을 나누어주고 있던 스튜어디스의 아름답기 그지없는 푸른색 눈동자에서 도피처를 찾았다.
"이건 너무 이상하군요, 아가씨."
내가 스튜어디스에게 말했다.
"아, 손님, 잠시 기다려주세요. 이건 저희들 손에서 해결될 문제가 아니거든요."
위기에 처했을 때 항상 그렇듯이, 프랑키가 스튜어디스에게 몬테비데오에서 함께 밤을 새우고 싶은 생각이 없냐고 농담을 건네자 그녀는 아무렇지도 않다는 듯이 똑같은 톤으로 우리가 타고 있던 비행기의 부조종사인 자기 남편에게 물어보는 게 어떻겠냐고 응수해왔다. 그런 농담에도 불구하고 나는 '다른 나' 속에 숨어서 사는 치욕을 단 일 분이라도 더 견딜 수가 없을 지경이었다. 나는 자리를 박차고 벌떡 일어나서 큰 소리로 이렇게 떠들어대면서 검사원들을 맞이하고 싶은 충동을 느꼈다.
"모두들 엿이나 처먹어요. 나는 칠레 영화감독으로, 어머니 크리스티나와 아버지 에르난의 아들 미겔 리틴이오. 당신들은 물론 그 누구에게도 내가 내 이름과 내 얼굴을 가지고 내 나라에서 사는 것을 막을 권리가 없소."
그러나 진실이 밝혀질 시간이 되었을 때 나는 '다른 나'의 보호대 안에 몸을 웅크린 채 온갖 거드름을 피우며 티켓을 보여주기로 나 자신을 억제했다. 검사원은 내 티켓을 보자마자 얼굴도 쳐다보지 않고 돌려주었다.

오 분 후 우리가 탄 비행기가 석양빛에 물들어 있는 안데스 산맥의 분홍색 구름 위를 날고 있을 때 나는 내가 뒤에 남긴 육 주일은 칠레 땅을 밟았을 때 바랐던 것처럼 내 삶에 있어서 가장 영웅적인 시간이 아니라 그보다 더 중요한, 가장 숭고한 육 주일이었다는 걸 깨달았다.

나는 시계를 보았다. 다섯 시 십 분이었다. 그 시각에 피노체트는 궁정 신하들을 대동하고 집무실을 나와 텅 빈 길다란 복도를 천천히 걸어서 양탄자가 깔린 호화로운 계단을 통해 일 층으로 내려왔을 것이다. 우리가 그의 엉덩이에 매달아놓은 삼만 이천이백 미터의 당나귀 꼬리를 질질 끌고서 말이다.

나는 무한히 감사하는 마음으로 엘레나를 생각했다. 에메랄드 빛깔의 눈동자를 가진 스튜어디스가 우리에게 탑승 기념 칵테일을 한 잔씩 돌렸다. 그리고 그녀는 우리가 묻지 않도록 미리 이렇게 이야기했다.

"아까 그 검사원들은 몰래 비행기를 탄 사람이 한 명 있다고 생각했던 모양이에요."

프랑키와 나는 그 사람을 위해 축배의 잔을 높이 쳐들었다.

"한 사람이 아니라 두 사람이지."

내가 말했다.

"건배!"

역자 주해

1) '라모네다 궁(Palacio de la Moneda)'은 칠레 '대통령궁'의 실제 이름으로, 살바도르 아옌데 대통령이 쿠데타 군에 의해 암살당한 곳이기도 하다. 촬영이 이루어질 당시에는 독재자 피노체트가 사용하고 있었는데, 그곳을 촬영한다는 것은 독재의 상징을 촬영한다는 의미가 있었을 것이다.
2) 칠레의 시장경제를 이끈 경제학자들은 주로 시카고 대학 출신들이었다. 쿠데타로 사회주의 아옌데 정권을 전복시킨 피노체트는 경제에 대해 아는 바가 별로 없었으므로 시카고 대학 출신 칠레인들을 미국에서 불러들여 중용했다. 그러나 그들에 의해서 실현된 소위 '라틴아메리카 최초의 본격적인 미국식 시장경제'는 1982~1983년의 칠레 위기로 파산했다. 30퍼센트에 달하는 실업률, 산더미 같은 외채를 남긴 채 시카고 사단은 숙청되었다. 물론 이 년 후 그들은 피노체트에 의해 다시 중용되었고, 1970년대의 실패를 교훈 삼아 외국 자본에 대한 적절한 조정, 투자 의욕 증진 등을 통해 경제 정책을 수행한 결과 1987~1993년 사이에 평균 6

퍼센트의 경제성장률을 보였다.
3) 피노체트 장군이 군사 쿠데타를 일으킨 날짜로, 앞으로 이 책에서 언급되는 '9월 11일'은 모두 그날을 가리킨다.
4) 중남미의 대표적인 현대 소설가 가운데 한 사람인 알레호 카르펜티에르(Alejo Carpentier : 1904~1980)는 프랑스인과 러시아인의 피를 이어받은 쿠바 이민 2세대로, 쿠바 음악사를 쓴 작곡이론가이기도 하다. 그래서인지 그의 소설에서 음악적인 요소들이 발견되기도 한다. 그는 1920년대에 정치 활동에 적극적으로 참여한 쿠바 지성인 모임의 일원이 되었는데, 그로 인해 감금당한 경험도 있다.

그의 작품《잃어버린 길(Los pasos perdidos)》(1953)은 '탐색'이라는 주제를 다루고 있는데, 폐소공포증과 바티스타 체제의 실패를 반영한 작품이기도 하다.

거대한 산업도시에서 살며 영화음악을 제작하는 세련된 음악가가 원시 악기를 찾아 중남미의 한 나라를 여행한다. 이 여행은 잃어버린 발자취의 탐색이다. 처음에 그는 혁명의 조짐이 보이는 중남미의 한 도시에 들어가게 되고, 파업과 투쟁이 일어나자 혁명을 피해서 향수를 가득 담은 채 파리에 대해 이야기하는 소외당한 원주민 화가들이 있는 한 예술가의 은신처로 가게 된다. 그는 마지막으로 문명과는 동떨어진 유토피아를 건설할 곳을 찾고자 하는 한 탐정대를 따라 셀바로 간다. 그러나 탐험대의 다른 일원들과는 달리 그는 문명에서 떨어져서 살지 못한다. 그는 어느 날 헬리콥터에 의해 셀바에서 구출된다. 그러나 몇 개월 뒤 그는 사랑했던 탐험대원 로사리오를 만나기 위해 다시 정글로 돌아가려

하지만 결국 실패한다. 이 책에서 말하는 '잃어버린 길'은 작가 자신뿐만 아니라 동포인 쿠바인들이 찾아가려 애쓰지만 찾기가 쉽지 않은 일종의 딜레마라고 할 수 있을 것이다.

5) 스페인과의 독립전쟁을 승리로 이끌어 칠레 건국의 아버지로 추앙받고 있는 인물. 1817년부터 1823년까지 칠레를 통치하며 수많은 업적을 남겼으나 나중에는 독재성을 보여 점차 국민들의 지지를 상실했다. '베르나르도 오이긴스(Bernardo O'Higgins)'라는 그의 이름이 붙여진 건물, 도로, 물건들이 칠레 전역에 수없이 많다.

6) 1970년 칠레 대통령 선거가 실시되기 전에 살바도르 아옌데를 중심으로 하여 급조된 정당. '인민연합'은 민족주의적 친모스크바 노선의 추종 집단, 사회당과 급진당, 그리고 '통합인민 행동운동(Movimiento Acción Popular Unitario : MAPU)'이 지지 기반이었다. '인민연합'의 목표는 부의 재분배를 위해 국가 주도의 경제 정책을 수립하여 대광산, 금융 기관 및 대외 무역을 통제하는 것이었다. 대통령 선거에서 기민당 후보는 27.3퍼센트, 우익 진영 후보는 34.9퍼센트, 살바도르 아옌데는 36.3퍼센트를 획득했는데, 결국 결선 투표에서 살바도르 아옌데가 대통령에 당선되어 집권했다. 그것은 서반구에서 좌익 후보가 선거를 통해 집권에 성공한 최초의 사례가 되었다.

7) 쿠바 출신 가수 파블로 밀라네스(Pablo Milanés)가 부른 노래의 한 구절로, 원문은 "Yo pisaré las calles nuevamente de lo que fue Santiago ensangrentado"이다. 그가 부른 〈잃어버린 것만큼 얻기를(Cuanto gane cuanto perdí)〉·〈라틴아메리카의

단결을 위한 노래(Canción por la unidad Latinoamericana)〉·〈사랑(Amor)〉·〈내가 그대에게 말할 때 나를 믿어주오(Creeme cuando te diga)〉·〈고귀한 희망(Sublime Ilusión)〉 등의 노래 제목에서 볼 수 있듯이, 파블로 밀라네스는 라틴아메리카의 단결과 정체성 추구, 사회주의적 혁명에 대한 찬양, 인간과 삶에 대한 보편적인 사랑 등을 서정성 짙은 언어와 리듬, 아름다운 목소리에 담아내고 있다. 그는 노래를 통해 중남미 청년들의 영혼을 일깨우고 그들에게 미래에 대한 비전을 제시해주려 노력한다.

8) 마르셀 카르네(Marcel Carné)의 대표작으로는 〈천국의 아이들〉(1945)이 있는데, 십구 세기 파리의 연극가를 배경으로 한 이 영화는 나치 점령하의 파리에서 이 년에 걸쳐 제작되었고 나치가 물러간 후에야 완성·개봉되었다.

9) 대통령에 당선된 살바도르 아옌데는 1967년 11월 미겔 리틴을 국영 '칠레 필름'의 대표로 임명했다. '칠레 필름'은 칠레의 문화를 추구하는 진실로 민족적인 영화, 혁명적인 영화를 창조하기 위해 국가가 설립할 '국가영화협회(Instituto Nacional de Films)'의 구성을 위한 토대로, 영화 제작 회사가 아니라 촬영소와 설비를 독립 영화 제작자들에게 빌려주는 곳이었다.

10) 미겔 리틴이 1969년에 제작한 영화로, 당시 칠레의 여론에 깊이 영향을 미쳤던 실제 사건에 기초했다. 이 작품은 칠레 영화 사상 가장 많은 관객을 동원했다. 미겔 리틴은 이 영화를 만들기 위해 실존 인물이었던 영화 주인공의 어린 시절, 청년기, 그리고 그 이후에 그가 살았던 장소들을 직접 방문했고, 감옥에서 주인공과 함께 있었던 사람들까지 인터뷰했으며, 그 인물에 대

한 모든 기록을 참조했다. 미겔 리틴이 직접 밝힌 영화 제작 의도는 첫째, 부패한 공무원의 사회적 타락을 공개적으로 비난하는 것이었고, 둘째, 그 부패 구조에 얽매여 있으면서도 그것을 깨닫지 못하고 깨달으려고도 하지 않는 칠레 중류 계급에게 경종을 울리려는 것이었다.

칠레 보수 유력지 《엘메르쿠리오(El Mercurio)》 같은 신문은 미겔 리틴이 영화를 촬영하는 동안 대중에게 영화를 보지 말라고 선전하고, 영화가 국가를 배반한다고 비난하면서 미겔 리틴을 앞잡이니 배신자니 하면서 영화에 대한 반대 캠페인을 벌였다. 또 라디오와 텔레비전의 시사해설자들은 왜 미겔 리틴 같은 재주 있는 젊은이들이 타락했는가를 개탄했으며, 제작 팀은 영화를 만드는 동안 물리적인 공격을 받기도 했다. 그렇지만 그들의 행동은 미겔 리틴이 영화를 만들고 있다는 사실을 나라 전체에 알려주는 역할을 한 셈이 되었다.

11) 중남미 국가에는 각 도시나 마을의 한가운데에 반드시 정사각형 모양의 광장이 하나 정도는 있게 마련인데, 그 광장들은 각국의 역사·사회적인 전통에 의해 동일한 이름을 갖고 있다. 예를 들면, 칠레 내에 있는 크고 작은 도시의 중심지에 있는 광장은 거의 모두가 '아르마스 광장'이라는 이름을 갖고 있다. 그런 광장들은 그 지역의 정치·사회·문화·종교·경제의 중심지 역할을 한다.

12) 비올레타 파라(Violeta Parra)는 조국 칠레에 대한 사랑과 독재정치 아래서 신음하는 조국과 동포들의 참상, 인간에 대한 보편적인 사랑과 찬미, 조국의 미래에 대한 희망 등을 서정적으로

승화시켜 슬프도록 아름다운 노래말과 목소리에 담아내고 있다. 노래말이나 리듬, 목소리 등 모든 것이 듣는 이의 가슴을 후비고 들어올 만하다. 비올레타 파라는 이 책에 언급된 노래 (《Gracias a la vida》) 이외에도 〈내가 가장 사랑한 남자(El hombre que yo más quiero)〉·〈사랑은 우리가 가야 할 길(El amor es un camino)〉 등을 노래했다.

13) 디에고 포르탈레스는 1930년도 초 정치 무대의 중심 인물로 등장, 칠레 안정의 기반 확립에 크게 기여했다. 그는 여러 가지 개혁을 단행하며 칠레 정치를 좌우하다가 1937년에 암살되었다.

14) 이 두 사람은 많은 경우에 노래를 함께 부르는데 파블로 밀라네스가 노래를 하면 간주곡은 실비오 로드리게스(Silvio Rodríguez)가 하거나 그 반대로 한다. 실비오 로드리게스의 노래로는 〈우리 전진합시다(Vamos a andar)〉·〈나는 그대가 자유롭기를 바란다(Yo te quiero libre)〉·〈니카라과를 위한 노래(Canción urgente para Nicaragua)〉·〈다시 비가 내리고(Llueve otra vez)〉 등이 있다. 노래 제목에서 볼 수 있듯이 라틴아메리카의 단결과 정체성 추구, 사회주의적 혁명에 대한 찬양, 자유를 위한 반독재 투쟁의 고양, 인간과 삶에 대한 보편적인 사랑 등을 서정성 짙은 언어와 리듬에 담아내고 있다. 이 두 사람은 주로 기타, 드럼, 봉고, 피아노, 관악기 등을 사용하여 중남미 청년들의 영혼을 일깨우고 미래에 대한 비전을 제시해준다.

15) 파블로 네루다(Pablo Neruda : 1904 ~ 1973)의 본명은 네프탈리 레예스이며, 필명은 체코 시인 '얀 네루다'의 이름에서 따온 것이다. 그는 스페인어권 사회시의 대표적인 시인이자 열정적인

사랑의 시인이기도 하다. 1969년 대통령 선거에서 공산당의 후보로 지명되었으나 '인민연합'의 단일 후보로 살바도르 아옌데가 지명되도록 후보를 사퇴해 결국 아옌데가 대통령이 되도록 했다. 1971년 노벨문학상을 수상했다. 네루다의 장례식은 피노체트 군사 정권에 대한 최초의 군중 시위가 되었다.

16) 원문을 보면 다음과 같다. "En todas partes pan, arroz, manzanas ; en Chile, alambre, alambre, alambre."

17) 역자는 칠레에서 사용하는 두 동사의 구분을 위해 편의상 원문의 'rasurar'를 '면도하다'라고 번역했고, 'afeitar'를 '수염을 깎다'라고 번역했다. 한국어에서 두 동사의 의미상 차이는 여기서 따지지 않기로 하겠다.

18) 원문은 다음과 같다. "Aquí yace Salvador Allende, futuro presidente de Chile."

19) 원문은 다음과 같다. "Éste es un Gobierno de mierda, pero es mi Gobierno." 'mierda'라는 말은 상당한 불쾌감을 자아낼 정도의 강한 표현이다. 그러나 두 문장 사이에 개입되어 있는 역설과 논리의 반전으로 정부에 대한 칠레 국민들의 애정과 신뢰를 읽을 수 있다.

20) 칠레는 1920년대에 미국의 대중남미 원조액 이십억 달러 중 삼억 달러를 지원받고, 초석의 수출을 늘려 군인들의 봉급을 인상하고, 전함과 전투기 등도 도입했다. 그러나 1920년대 말에 이르러 경제 상황이 악화되었고, 이에 정부는 더 이상 막대한 재정 지출을 감당하지 못하게 되었다. 이때 세계 경제공황까지 겹쳐 경제적 위기가 가중되면서 칠레에 혁명운동이 확산되어갔다. 결국

1932년 6월 마르마두케 그로베(Marmaduque Grove) 대령이 군사 쿠데타를 일으켜 십이 일 동안 사회주의 공화국 건설을 시도했다. 그의 군사평의회는 먼저 의회를 해산하고, 곧바로 정부 통제의 신용은행을 원래의 소유주들에게 반환함으로써 일정 기간 대중의 지지를 받았다. 그러나 육군과 해군의 전복 음모와 시민 봉기가 계속되고, 군부 내에서도 다수가 민간에게 정권 이양을 요구하여 1932년 10월 대법원장이 행정권을 장악한 후 12월에 치러진 선거에서 아르투로 알레산드리가 재선되었다.

21) 네루다는 1939년 처음으로 '이슬라네그라'를 방문했는데, 말년에 이르러 그곳에 집을 짓고 이주한다. 그후 그곳의 바다에 대한 이미지가 그의 후기 시에 자주 나타난다.

22) 《스무 개의 사랑의 시와 절망의 노래 하나(Veinte poemas de amor y una canción desesperada)》라는 제목의 시집이 1924년에 발표되었는데, 위에서 언급한 〈스무 개의 사랑의 시〉는 그 시집에 있는 시들을 가리킨다. 우리 나라에도 민용태 교수의 유려한 번역을 통해 소개된 바 있다.

23) 남미 인디오들이 걸치고 다니는 가지각색의 화려한 색으로 물들인 모포처럼 생긴 외투.

24) 《엘메르쿠리오》는 칠레의 유력 일간지로, 극우적인 색채를 띠고 있다.

25) 《케 파사?(¿Qué pasa?)》는 여러 가지 사건, 사고에 대해 다루는 칠레 잡지다.

26) 우리 나라 말로 하면 '백설처럼 순결한 우리의 성모(Nuestra Señora de las Nieves) 병원'이 된다.

27) 주로 멜로드라마적인 남녀간의 사랑과 이별 등을 테마로 한 볼레로 풍의 대중가요를 부르는 여가수로, 라틴아메리카 중년 남녀로부터 사랑을 받고 있다. 앞서 언급한 '비올레타 파라'나 '실비오 로드리게스', '파블로 밀라네스' 등과는 여러 가지 면에서 다르다고 할 수 있겠다.
28) "군부가 1973년 9월 11일 쿠데타를 일으켜 대통령궁을 침공하자 아옌데 대통령이 자살했다"는 기록이 있으나 (Kenneth Medhurst, 《Allende's Chile》, N.Y.:St. Martin's Press, 1972; Juan G. Espinosa y Andrew S. Zimbalist, 《Economic Democracy: Worker's Participation in Chilean Industry》, 1970~1973, N.Y.:Academic Press, 1981 참조) 이 책에서 밝히고 있는 것처럼 아옌데 대통령은 군부의 음모에 의해 시해된 것으로 보인다. 앞에서 밝힌 바 있듯이, 군사위원회의 정보 조직에 참여했던 한 조직원이 살바도르 아옌데 대통령의 시신 상태에 대해 미국 신문기자인 토머스 아우서에게 증언한 바에 의하면 "대통령의 두개골은 벌어져 있었고 뇌 파편들이 바닥과 벽에 흩어져 있었다"고 하는데, 시체의 처참한 상태로만 유추해보아도 자살했다는 추론은 터무니없다고 할 수 있겠다.
29) 바릴로체는 남위 41.5도 정도에 위치한 아르헨티나의 지방 도시로, 거대한 호수를 끼고 있는데 호수의 반대편은 칠레와 국경을 이루고 있다. 바릴로체의 원래 이름은 '산카를로스데바릴로체'이다.

미셸 리틴과의 대화
아옌데 정권의 칠레 영화

미겔 리틴과의 대화*

아옌데 정권의 칠레 영화

대담자 : 감독님께서 만든 영화 〈나우알토로의 표범〉의 대본은 허구적인 겁니까, 아니면 사실에 기초한 것입니까?

미겔 리틴 : 칠레의 여론에 깊이 영향을 미쳤던 실제적인 사건에 기초했습니다. 그 사건에 대해 아주 다양한 양상들이 나타났지요. 어떤 칠레인도 그 사건에 대해 수동적인 태도를 보이지는 않았어요. 어떤 사람들은 그 사건에 동정적이었고, 어떤 사람들은 적대감을 나타내기도 했지요. 그러한 사실은 우

---

* 살바도르 아옌데(Salvador Allende)가 1969년 11월 정권을 장악했을 때, 그는 미겔 리틴을 '칠레 필름'의 대표로 임명했다. 리틴은 1970년 초 뉴욕을 방문하여 칠레 영화의 전망에 대해 이야기했다. 게리 크라우더스(Gary Crowdus)와 《가디언(*Guardian*)》지의 미술 편집자인 어윈 실버(Irwin Silber)는 리틴과 기자회견을 하는 자리에서 그의 영화 〈나우알토로의 표범〉 (1969)과 칠레 영화들에 관해 질문했다. 리틴은 그 대담을 마친 후인 1973년 피노체트 장군이 쿠데타를 일으켜 정권을 잡자 망명했다. 본 대담에는 당시 미겔 리틴의 영화·예술에 대한 탁월한 시각과 인간과 삶에 대한 애정이 잘 드러나 있다.

리가 영화를 만들기로 결심하는 데 매우 중요했습니다. 왜냐하면, 그 사건을 통해 우리가 민중에게 도달할 수 있는 어떤 것, 다시 말하면 영화에 관해서도 그들은 역시 수동적이지 않다는 사실을 깨달았기 때문입니다. 그리고 칠레 대중은 그 영화에 지대한 관심을 보였고, 그것은 칠레 영화 사상 가장 많은 관객을 동원한 영화가 되었던 겁니다.

대담자: 감독님은 대본을 어떻게 준비하셨습니까?

미겔 리틴: 저는 그 사건에 관해 사람들이 개인적으로 기록해놓은 것이나 신문, 잡지, 그리고 법률적인 기록까지 이용할 수 있는 모든 기록들을 조사했습니다. 심지어는 감옥에서 그 사람과 함께 있었던 사람들도 인터뷰했으며, 그의 어린 시절, 청년기, 그리고 그 이후에 그가 살았던 장소들도 모두 방문했지요. 그렇게 작업하고 나니까 제가 그 인물과 그의 삶에 대하여 처음에 가졌던 생각은 사라졌고, 대신에 민중의 신화 속에 스며 있는 한 인물이 나타났어요. 그는 처음에는 민중들의 찬사를 받았고 나중에는 숭배의 대상이 되었죠. 처음에 사람들은 "그를 쳐라, 그를 쳐버려!"라고 외쳤지만 나중에는 그를 생각하면서 울더군요.

대담자: 감독님은 그 영화가 대단한 인기를 누리며 성공했다고 말씀하셨는데요, 당시 정부는 그 영화에 대해 어떤 반응을 보였습니까?

미겔 리틴: 그 영화는 프레이(Frei) 내각 동안 영화화되었지만 배경이 된 사건은 알레산드리(Alessandri) 내각이 집권하고 있을 때 발생했던 거였어요. 그 영화는 당시의 정부와는 조금도 관계가 없었지요. 그래서 공식적으로는 특별한 하자가

없었어요. 그러나 유력한 보수 일간지 《엘메르쿠리오》 같은 신문은 우리가 그 영화를 촬영하는 동안 대중에게 그것을 보지 못하도록 선전하고 우리가 국가를 배반한다고 비난했으며, 우리를 앞잡이니 배신자니 하면서 그 영화에 대한 반대 캠페인을 벌였지요. 그들은 우리 나라에는 역사나 자연 경관, 포도주, 여자들과 같은 좋은 소재들이 많이 있는데 왜 하필이면 그런 추악한 것들을 파헤쳐야 하느냐고 하더군요. 그래서 우리는 어떤 사람이 추악함 속에 빠져 있는데도 그것을 파헤치지 않는다면 그것이 오히려 부도덕한 행위이며, 세상에는 폭로되어야 하는 비열한 사람들이 많이 존재한다는 점을 들어 그들의 논리를 반박했습니다. 그러나 그들은 우리가 그 사건을 영화화하는 동안 부정적 반응을 일으키는 데 성공했어요. 라디오와 텔레비전의 시사해설자들은 왜 재주 있는 젊은이들이 그토록 타락했는가 개탄했으며, 우리는 영화를 찍는 동안 물리적인 공격을 받기도 했어요. 그러나 결국 그들은 우리가 영화를 만들고 있다는 것을 나라 전체에 알려주는 역할을 한 셈이 되었지요.

대담자 : 어찌되었든, 영화 제작 기간 동안이나 그후에 검열을 받은 적이 있습니까?

미겔 리틴 : 우리는 완전히 무시되었기 때문에 어떤 공개적인 검열도 받지 않았습니다. 검열은 우리에게 그 어떤 도움도 주지 못하는 제도입니다. 칠레의 검열단은 아주 용의주도합니다. 그들이 공식적으로 영화를 검열하면 영화의 상태가 엉망이 되어버리죠. 물론 우리는 검열을 회피할 효과적인 방법을 갖고 있었습니다. 예를 들면, 대학은 검열 없이 영화를 상영

할 수 있는 곳이므로 만약 그 영화가 검열을 받지 않게 하려면 대학에서 상영할 수도 있었지요.

대담자 : 〈나우알토로의 표범〉에서 감독님의 기본적인 정치적 의도는 무엇이었습니까?

미겔 리틴 : 첫째, 부정한 공무원들의 양상, 즉 사회적인 타락을 공개적으로 비난하는 것이었어요. 둘째, 그렇게 부패에 얽매여 있으면서도 그것을 깨닫지도 못하고 깨닫는 것을 원치조차 않는 칠레 중류 계급에게 그것을 알게 하려는 것이었죠. 칠레의 도시 지역 일반 대중은 거의 대부분이 실업이나 생계 수단의 결핍 때문에 대도시로 이주한 농민들입니다. 그들은 다면성을 지니고 있습니다. 즉 그들은 겉으로 보기에 문화적으로 식민화된 부분, 관제 문화에 물든 부분을 지니고 있는데, 그것들은 케이크 위의 크림처럼 피상적인 부분입니다. 만약 선생이 그 크림 속에 손가락을 집어넣는다면 당신은 그들의 진정한 실체를 발견할 수 있겠지요.

대담자 : 그 영화의 되풀이되는 주제들 가운데 하나는 농민에 대한 알코올의 효과입니다. 알코올은 칠레에 만연해 있는 여러 문제 가운데 대표적인 것입니까?

미겔 리틴 : 그것은 널리 퍼져 있는 무서운 문제입니다. 칠레의 알코올 중독률은 세계에서 가장 높다고 볼 수 있습니다. 실제로 칠레의 모든 도시들은 술집들에 의해 둘러싸여 있다고 할 수 있죠. 산파빈 데 알리코 나 팔미요 같은 작은 도시에서는 스무 집 가운데 열다섯 집 꼴로 포도주를 파니까요. 술은 마약과 같습니다. 그리고 그런 현상은 정치적인 중요성을 지니고 있습니다. 영양 상태가 좋지 않고 단백질이 결핍된 농부

들이 작업 후 할 일이 없을 때 술에 취해 자학하게 되지요. 그런 농부들은 시간의 반을 술에 취한 채 보내고 아슬아슬한 광란 상태에서 많은 것들을 파괴합니다. 국가나 사회의 기본 체제는 제외하고 말입니다. 그러나 농민들이 스스로를 각성하기 위한 자체 조직을 결성하는 중이기 때문에 그런 현상은 사라지고 있지요.

대담자 : 교회 또한 그 영화에서 중요한 역할을 하지요. 감독님은 알코올의 퇴행적인 효과들과 교회의 영향이 같은 거라고 생각하십니까?

미겔 리틴 : 사회 체제에 참여하고 있는 사람들은 비록 그들이 상황을 이해하면서 관찰자적 입장으로 참여한다고 해도 죄가 있는 셈이지요. 그것은 그들이 좋은 사람이다, 나쁜 사람이다 하는 그런 문제가 아닙니다. 신경을 많이 썼던 부분입니다만, 그 영화에 나오는 모든 이들은 매우 좋은 사람들입니다. 신부는 그가 할 수 있는 모든 것을 합니다. 그러나 그 또한 사회 체제에 봉사하고 있는 셈이지요. 교구 성직자, 경찰, 식민화된 관제 문화를 가르치는 교사, 그들은 모두 인간을 복종하도록 준비시키고 길들이니까요. 그러고 나면 사회 체제는 그들의 동의하에 사람들을 타락시킵니다. 알코올, 종교, 미소, 법률, 온화함, 이런 모든 것들은 인간을 훈련시키고 복종시키기 위한 체제의 도구입니다.

대담자 : 칠레에서 영화는 어떤 방식으로 배급됩니까? 배급은 대도시에 있는 극장들로 제한됩니까?

미겔 리틴 : 현재 국내에 약 육천칠백여 개의 극장이 있습니다. 또 농민들에게 자유롭게 상영할 수 있는 십육 밀리 영화

의 소규모 극장 배급망이 있지요. 새로운 정치 상황 아래서 농민들은 그 배급망을 확대하려고 시도하고 있습니다. 그러나 우리가 영화를 만들었을 때만 해도 상업적인 배급망밖에 없었어요. 그래서 제가 만든 영화에 반대하는 매우 격렬한 캠페인이 전개되기도 했지만, 반면에 좌파 계열 신문에서는 그 영화를 지지하는 매우 강렬한 캠페인도 벌였지요. 결국 그 논쟁은 모든 사람들이 그 영화를 보도록 유도한 셈이 되었어요. 그렇게 되자 그 영화는 돈 문제에 민감한 영화 배급업자들의 관심을 끌었고, 결국 광범위한 배급권을 얻을 수 있었지요.

대담자 : 감독님이 '칠레 필름' 대표로 막 지명되었다는 것을 알고 있습니다. 그것은 국영 영화 제작 회사입니까?

미겔 리틴 : 그렇습니다. 제작 회사일 뿐만이 아니라 영화 촬영소와 촬영 설비를 독립 영화 제작자들에게 빌려주는 곳이기도 합니다.

대담자 : 현재 '칠레 필름'의 활동 가운데 하나가 정기적인 뉴스 릴의 제작이라고 알고 있습니다만.

미겔 리틴 : '칠레 필름'을 운영한 순간부터 우리는 일 주일에 십 분씩의 뉴스 릴을 만들기 시작했습니다. 곧 우리는 두 개의 다른 주제, 그러니까 식민주의적이고 의존적인 수백 년의 종속 상태에서 이어져내려온 사회와 그 사회를 변혁시키기 위해 현재 제안되고 있는 주장에 대한 영화를 만들고 있는 중이지요. 지금까지 마푸체 인디언들, 농민들, 북부 지역 노동자들, 광부들, 여성 문제 같은 특별한 소재를 대상으로 한 뉴스 릴이 제작되어왔습니다.

첫번째 뉴스 릴에서 우리는 구두 해설 이외에도 자막을 넣었지요. 그러자 그 영화는 문맹자들에게는 잘 이해되지 못했다는 게 문제로 대두되었어요. 이제 우리는 다른 유형의 영화를 만들어야 합니다.

대담자: 아옌데의 정치운동에 참여한 예술가와 지식인은 어느 정도입니까?

미겔 리틴: 전부예요. 칠레의 모든 지식인, 예술가, 저항 가수, 조각가, 화가, 영화 제작자, 배우, 연극 연출가, 희곡 작가들은 항상 좌파였죠. 칠레 인텔리들의 99.9퍼센트는 좌파라고 말하고 싶습니다.

대담자: 이삼 년 전에 감독님은 그 영화를 만들고 있었습니다만 그해에 칠레에서 얼마나 많은 영화들이 만들어졌지요?

미겔 리틴: 여덟 편의 장편과 네 편의 단편 정도지요.

대담자: 그 영화들의 일반적인 특징은 무엇입니까? 감독님이 만든 영화와 비슷한 점이 있었습니까?

미겔 리틴: 그렇습니다. 칠레에는 브라질의 시네마 노보(Cinema Novo), 아르헨티나의 해방영화(Cine Liberación), 콜롬비아의 시네 누에보(Cine Nuevo), 그리고 '새로운 라틴 아메리카 영화'라고 불리는 모든 것과 직접적으로 관계되는 '새로운 칠레 영화(Nuevo Cine Chileno)'라는 흐름이 있습니다. 1968년에는 그 노선에 속하는 것으로 분류될 수 있는 세 편의 영화들, 그러니까 라울 루이스(Raul Ruiz)의 〈세 마리의 슬픈 호랑이들(Tres tristes tigres)〉, 〈나우알토로의 표범〉, 그리고 알도 프란시아(Aldo Francia)의 〈내 사랑, 발파라이소(Valparaiso, mi amor)〉가 만들어졌죠. 그 밖의 다른 영화들은 거의가 예술적·이데올로기적 가치가 부족한, 그러니까 브

라질 사람들이 아주 적절하게 부르는 것처럼 '샹카다스(추잡한 작품들)'라고 할 수 있는 것들이에요. 그런 것들은 비평가나 민중으로부터 어떤 반응도 유도해내지 못하는 할리우드의 부산물들이지요.

대담자: 아옌데가 대통령에 당선되고 나서 '칠레 필름'의 조직과 활동은 어떻습니까?

미겔 리틴: 우리는 이제 변화의 과정 중에 있습니다. 아옌데의 선거운동 기간 동안 각 지구는 인민연합위원회(Comite de la Unidad Popular)라고 불리는 단체로 조직되었습니다. 영화 제작자들도 그들 자신의 인민연합위원회를 가지고 있었고, 그 지역에 제공되는 정치적인 프로그램뿐만 아니라 그 운동 자체에도 적극적으로 참여했지요. 그래서 아옌데가 승리하자 영화 제작자들은 '칠레 필름'이 어떤 역할을 해야 하는가, 그 조직을 누가 지도해야 할 것인가에 대해 대통령에게 제안했습니다. 영화 제작자들의 제의에 따라 비록 집단적인 지도 체제이긴 하지만 제가 '칠레 필름'의 대표로 선출되었던 거지요.

'칠레 필름'은 우리 자신의 문화를 추구하는 진실로 민족적인 영화, 혁명적인 영화를 창조하기 위해 국가가 설립할 국가영화협회의 구성을 위한 토대입니다. 왜냐하면, 제가 이미 언급했듯이 칠레에는 케이크 위의 크림, 그러니까 관제적인 신식민주의 문화가 존재하지만 동시에 대중적 하위 문화의 표현도 존재하기 때문입니다. 이러한 가치를 회복하는 것은 그것이 우리 민중들에게 주체성을 갖게 하는 가치이기 때문에 본질적으로 혁명적인 행위라고 할 수 있지요. 이것은 '칠레 필름' 정책의 기본 원리가 되겠지만 그렇다고 해서 창조적인 예술 활동에 국가적인 통제력이 존재하는 것을 의미하지는 않습니다. 우리는 혁명적 영화는 명령에 의해 제작될 수 없으며, 각 개인마다 어떤 내면적 신조가 존재해야 한다고 믿고 있습니다. 그래서 '칠레 필름'의 문은 항상 열려 있지요. 절대적인 자유가 존재합니다.

대담자 : 글라우베르 로차(Glauber Rocha)가 말했듯이, 라틴아메리카에서의 식민주의가 경제적인 차원에서와 마찬가지로 문화적인 차원에서도 작용하는 상황에서 미국 영화의 수입 할당에 대해 어떤 의견이 있었습니까?

미겔 리틴 : 많은 라틴아메리카 국가에서는 사람들이 보는 모든 영화가 미국 영화지요. 미국 영화는 대중들에게 화면 속에 있는 것을 보여주는 대신에 실제로는 그들로부터 모든 것을 빼앗아갑니다. 유럽의 영화도 마찬가지입니다. 어차피 유럽 영화들도 같은 이데올로기를 팔기 때문입니다. 중요한 문제는 그들의 부르주아 이데올로기를 얼마나 정확히 혁명적 이데올로기로 대체하느냐 하는 것이지요. 우리는 우리들의 활발한 제작을 통해 현 상황이 급진적으로 변화되기를 희망합니다. 물론 우리가 일 년에 고작해야 영화 한 편 정도밖에 만들지 못한다면 어떤 것도 변화시키지 못하겠지만 만일 스무 편 정도를 만든다면 미국 영화들은 상영 순서를 기다려야 할 겁니다. 그렇게 되려면 많은 시간이 필요하겠지만요. 우리는 또한 모든 다른 제3세계 민중에게 활용될 수 있는 영화나 소비 사회의 생산품이 아닌 진정한 영화를 만들려고 계획하고 있습니다.

그러나 만약 우리가 즉시 극장을 전부 인수하여 모든 미국 영화 상영을 금지시킨다면 우리는 무엇을 상영하지요? 가장 중요한 것은 우리 자신의 표현이 담긴 영화를 많이 창조하고 정규적인 상업적 배급망, 공개적인 시사회에서 무료로 대중에게 공급되는 순회 통로, 텔레비전, 그리고 기타 등등을 통해 우리 영화의 광범위한 배급을 확실히 하는 것입니다. 그리고 우리는 영화 상영을 통해 어떤 독특한 표현, 어떤 새롭고 다른 영화를 발전시킬 수 있도록 영화 제작자가 자기가 연출한 영화에서 대중과 대화하기를 원합니다. 왜냐하면 상당한 겸손이 필요하고 커다란 고통이 수반되는 문제이긴 하지만 우리는 영화를 만드는 우리 자신이 프티 부르주아이며, 어떤 의미로는 신식민화되었다는 것을 받아들여야 하기 때문이지요. 그리고 진정으로 민중에게 가까이 다가서기를 원한다면 우리는 그들을 깊이 알아야 합니다. 일정한 거리를 둔 채 그들을 후원하거나 그들에게 우리의 가치를 일방적으로 주입시켜서는 안 됩니다. 그것은 단지 또 다른 하나의 새로운 식민화를 의미하기 때문이죠. 칠레에서는 민중이 스승이기 때문에 우리가 민중의 투쟁에 깊이 동참하는 영화들을 탐구하고 연구하고 만들어야 한다는 것은 분명합니다.

　대담자 : 그런 일련의 작업들이 어떤 방법으로 행해질 수 있을까요? 예를 들면, 더욱 많은 노동 계급 출신 영화 제작자들을 양성하기 위한 어떤 아이디어 같은 게 있습니까?

　미겔 리틴 : 우리는 프티 부르주아로서의 자신의 상황을 인식함과 더불어 우리 스스로 자신의 기존 틀을 이미 깨기 시작했다고 생각합니다. 더불어 우리는 학생들과 교사들이 공통된 경험을 나누고, 영화 제작자들끼리 토론을 하고, 민족적 현실을 분석하기 위한 기초가 될 영화 워크숍을 진행하고 있습니니

다. 예를 들면, 영화 제작자들이 칠로에라는 곳으로 촬영하러 가면 그곳 민중들과 함께 영화를 만들지요. 그들은 그 지역의 전달 매체가 되며, 동시에 그곳을 영화의 중심 축으로 만들어 내지요. 이 계획은 나라 전역에 걸쳐 시작될 겁니다. 다시 말하면, 우리는 새로운 영화뿐만 아니라 새로운 영화 제작자를 만들어내고, 결국에는 지식인이 영화를 창조하는 것이 아니라 지금까지 민속이나 토속 음악 등을 통해 그 자신을 표현했던 민중들이 이제는 영화를 통해 자신들을 표현할 수 있는 그런 영화 센터를 운영할 것입니다. 물론 이런 계획은 말로는 쉽지만 성취하기는 매우 어려울 거라는 점도 잘 알고 있습니다.

대담자: 감독님은 오늘날 칠레에서 영화의 역할은 무엇이며, 칠레가 완전히 사회주의화될 때 영화의 역할은 무엇이 되리라고 생각하십니까?

미겔 리틴: 우리는 정치 발전에 대해 이야기하면서 스페인 출신 시인인 안토니오 마차도(Antonio Machado)의 시구를 인용해 왔지요. "보행자여, 길은 없다. 길은 걸어간 후에 만들어지니라." 구체적으로 우리 나라에서 영화는 위대한 혁명적 전망을 위한 길을 열고, 혁명이 무엇인가를 해명하고, 동시에 현실의 증인이 되며—그러나 미래의 변형을 설계하면서—그리고 군중의 선동체가 아니라 모든 사안들의 전위가 되어야 합니다. 예를 들면, 정부가 칠레 어린이에게 우유 반 리터씩을 마실 수 있는 조건을 만들어냈다고 해서 당장에 어린이의 영양 문제가 해결되었다고 말할 수는 없는 거죠. 오히려 그것은 단지 그 문제를 끝내기 위한 첫걸음이라고 말해야 합니다.

이런 점은 매우 중요합니다. 그래서 우리 나라와 같은 종속된 국가에서 영화의 역할이라는 것은 문화적 식민주의의 모든 흔적을 정확히 깨뜨리고 혁명을 심화시키는 것입니다.

우리는 현실이 도식적이거나 고정된 것이 아니기 때문에 피상적이고 틀에 짜인 견해를 단호히 거부합니다. 사실상 현실은 너무도 역동적이고 풍부하고 변화무쌍하여 그것에 깊이 들어갈수록 우리 자신도 마찬가지로 변화하게 되지요. 우리는 프티 부르주아이기를 멈추고 대신에 학교나 병원을 세우는 그 누군가와 같은 그런 능력을 가지고 영화라는 도구를 사용하는 노동자가 되는 것입니다.

대담자: 만약 모든 지역에서 항상 그렇듯이 영화 만드는 사람들의 계급성이 프티 부르주아이고 그들이 단지 독립적인 실체로서 움직인다면, 그들의 작업을 지도할 정치적인 방향성과 정치적인 건전성을 어디서 찾을 수 있을까요?

미겔 리틴: 발코니에서 민중에게 연설하는 사람과 민중과 더불어 민중 사이에서 일하는 사람 사이에는 태도에 있어서 분명히 다른 점이 있습니다. 그래서 우리가 발코니에서 말하는 것을 멈추고, 모든 풍부함과 역동성을 포함하고 있는 민중의 투쟁 속에서 말할 때 우리 자신도 변화되리라고 생각합니다. 우리는 자신의 심리적인 상태를 변화시켜서 자기 안에 들어 있는 프티 부르주아가 사라지기를 바랍니다. 우리가 항상 받아들여야 하는 것은 자신이 실수를 할 수 있다는 점이지요. 우리는 끊임없이 자신의 행동을 분석하여 우리의 방법들을 고쳐나가야 합니다.

저는 칠레의 현실을 두 가지로 특징지을 수 있다고 생각합니다. 그것은 중용과 반교조주의지요. 우리는 정말로 민족이 당면한 문제에 대해 걱정하고 있으며, 이렇게 말씀드리면 주제넘을지 모르겠지만 현대 세계의 모든 복잡성, 즉 식민 사회의 유산이 의미하는 모든 것, 사회가 필요로 하는 거대한 테크놀러지에서 격리된 제반 사회 문제를 해결했고, 지금 우리는 오직 한 길을 곁눈가리개를 한 말처럼 걸어가야 합니다. 그래서 우리는 항상 토론하고 분석하지요. 저는 항상 피터 바이스(Peter Weiss)의 〈마라/사드(Marat/Sade)〉 중의 "중요한 것은 당신 자신의 머리로부터 당신을 끌어내어 자신의 내면을 폭로하는 것, 그리고 신선한 눈으로 세계를 보는 것"이라는 구절에 깃들인 사상을 좋아해 왔어요.

대담자 : 감독님과 쿠바영화예술사업협회(ICAIC)의 알프레도 게바라(Alfredo Guevara)가 어떤 계약에 막 서명했다고 알고 있습니다. 그 계약은 무엇을 뜻합니까?

미겔 리틴 : 그것은 영화에 관한 모든 사항들, 즉 공동 제작, 영화와 출판물의 교환, 양국간의 영화 제작자·기술자·교사들의 교환을 포함하는 계약이지요. 우리의 공동 제작은 상호 평등주의에 입각해 있기 때문에 사회주의 국가 사이의 관계 설정에 이상적인 모델이 될 것입니다. 그것은 두 자유주의적인 영화 기술 사이의 의미 있는 관계라고 할 수 있습니다.

대담자 : 라틴아메리카 영화 제작 시설의 일반적인 부족 때문에 모든 다양한 제작 물자를 공동으로 부담하는 것에 대해 약간의 논의가 있었다고 들었는데요. 감독님은 그것에 대해 어떻게 생각하시는지요?

미겔 리틴 : 정부의 한 공식 기관의 대표로서가 아니라 단지

영화 제작자로서 말하자면, 저는 우리의 기술 자원들이 모든 면에서 매우 부족하기 때문에 라틴아메리카 영화의 제작을 위한 중앙 조직 같은 것을 만드는 것은 매우 좋은 해결책이 될 거라고 믿습니다. 그러나 각국의 특수한 상황을 고려할 필요가 있을 것입니다. 예를 들면, 브라질의 파시즘 같은 것으로 경찰이 예술가들을 자주 고문하고 죽이는 브라질에서 진정한 영화를 만드는 것은 실제로 불가능합니다. 최근의 아르헨티나 또한 자유로운 표현이 매우 어렵지요. 더구나 혁명적 투쟁은 정치 상황이 다른 각국에서 각기 다른 전략을 가지고 다른 전술을 사용하기 때문에 우리의 관계는 상호간에 특수한 방법들을 존중하는 방향으로 정립되어야 합니다. 예를 들면, 민중을 억압하는 유일한 방법이 무력인 독재 정권 지역들이 존재하는 라틴아메리카 나머지 지역에 칠레 혁명의 선거 방법을 수출할 수는 없는 거지요. 그래서 매우 조심스럽고 현실적인 태도로 임하는 것이 중요합니다. "권력은 총을 쥐고 있는 자의 손에 달려 있다"라는 말은 라틴아메리카에서는 그 이상의 의미를 가지기 때문에 칠레에서 계급 사이에 대결의 순간이 올 것이라고 우리는 생각하고 있습니다.

   대담자 : 감독님은 방금 말씀하신 것이 칠레의 정치 발전을 위한 미래라고 느끼십니까?

   미겔 리틴 : 그렇습니다. 왜냐하면, 권력을 쥐고 있는 계급은 평화적으로는 절대로 그것을 포기하지 않을 것이기 때문입니다. 칠레에는 분명 평화적인 해결이 있었습니다만 그것은 진정한 해결책도 평화적인 것도 아니었습니다. 그래서 우리는 권력을 이양받기 위해 정부를 변화시켜야 했습니다.

대담자 : 감독님은 곧 다른 영화를 만들 계획이십니까?

미겔 리틴 : 예, 5월에 자그마한 농촌 부락에서 영화 촬영을 시작할 겁니다. 이 영화는 지주 대가족의 흥망성쇠, 종속 상태에서 벗어난 농민들의 신분 상승, 그리고 그들이 객체로부터 주체·주인공으로 변화하는 모습 등을 다룰 겁니다.

대담자 : 그것은 허구적인 대본입니까?

미겔 리틴 : 예, 하지만 사실에 기초한 것입니다. 제가 말씀드렸듯이, 칠레에서 일어났던 일은 언뜻 보기에는 평화적인 것이었지만 사실은 제도화의 주변에서 계급투쟁이 극심했고, 그 계급투쟁은 공식적인 식민주의 역사에서는 무시되었던 것이 사실입니다. 칠레 민중의 조직된 힘은 늘 경찰·군대와 맞서 왔습니다. 지금은 국민이 투표를 함으로써 칠레의 모든 것이 해결된 것처럼 보이는 까닭에 제가 이것을 말씀드리는 것입니다. 하지만 이것은 눈에 보이는 것일 뿐 사실 오랜 기간에 걸쳐 일어났던 것은 피비린내 나는 계급투쟁이었으며, 저는 그것을 영화에서 보여줄 겁니다.

그렇지만 대본에는 여전히 저를 당황케 하는 것, 즉 제국주의가 있습니다. 저는 내부로부터 그 제국주의에 대해 배우고자 하는데, 왜냐하면 그것은 이 영화의 전개에 있어 상당히 중요한 역할을 담당하며 그것에 관한 정보를 외부로부터 얻는 것보다는 내부로부터 찾는 편이 낫기 때문이지요. 저는 근본적인 제국주의의 고리를 찾고자 하는데, 라틴아메리카에서는 제국주의와 종속 경제를 고려하거나 보여주지 않고서는 정치 영화를 만드는 것이 불가능합니다. 우리는 제국주의가 그 속에서 살아가는 인간에게 어떻게 영향을 미치고 있는지를 민중으로 하여금 깨닫게 하는 영상과 대사들을 찾아내야 합니다. '제국주의'와 '혁명'이라는 단어는 너무 많이 사용되어 민중은 이제 두 가지를 구별해내지 못합니다. 저는 현학적인 언어로 이야기하는 데에는 관심이 없습니다. 저는 민중에게 다가가고 싶습니다. 따라서 저의 관심은 항상 이러한 생각들을 어떻게 효과적으로 전달하느냐 하는 것입니다.

시나리오

칠레의 모든 기록

시나리오

칠레의 모든 기록*

감　　독 : 미겔 리틴
촬　　영 : 우고 아디랄디 / 진 아이비스
　　　　　트리스탄 바이엘 / 파블로 마르티네스
편　　집 : 카르멘 프리아스
음　　악 : 앙헬 파라
상영시간 : 110분

---

* 칠레에 밀입국한 미겔 리틴은 〈기아의 행진〉이라는 가제를 붙여 비밀리에 영화를 촬영했는데, 그 결과 텔레비전 방영을 위한 네 시간짜리 영화 한 편과 극장 상영을 위한 두 시간짜리 영화 한 편이 제작되었다. 이 책에 소개하고 있는 시나리오 〈칠레의 모든 기록(Acta general de Chile)〉은 두 영화 가운데 후자다.

- 눈 덮인 안데스 산맥.
- 한 남자가 올라온다.
- 씽씽거리는 바람소리.
- 크레디트 타이틀이 시작된다.
- 메인 타이틀, 〈칠레의 모든 기록〉.
- 산티아고로 가는 도로, 안개 낀 스산한 새벽 길로 차들이 오간다.
- 역 앞 광장.
- 역 앞 광장으로 미겔 리틴이 다가온다.
- 택시 안의 미겔 리틴, 산티아고의 거리를 응시한다.
- 크레디트 타이틀이 끝난다.

제1장 미겔 리틴, 칠레에 잠입하다

리틴의 내레이션 : 산티아고는 낯선 얼굴을 하고 있었다. 1985년 5월의 색 바랜 아침, 십이 년 간의 부재 후에 보는 산티아고. 산티아고는 내게 길을 잃은 듯한 불안감을 던져준다. 마치 역사가 흔적도 없이 송두리째 거리를 빠져나가버린 것과 같은 그런 느낌을. 거리는 누구에게도 자신의 진실을 드러내고 싶어하지 않는 것 같다.

가려져 있던 거리의 참모습이 갑작스레 선명히 나타난다.

산티아고, 그것은 고통의 나라, 웃음을 잃은 나라, 버림받은 나라, 전쟁 상태에 있는 나라 칠레의 수도 이름이다.

―깨끗이 청소된 중심가.

―지저분한 뒷골목.

리틴의 내레이션 : 나는 거리를 돌아다닌다. 숱한 물음을 가슴에 안은 채 길모퉁이에서 사람들의 표정을, 미소를, 시선을, 대답을 구하면서. 칠레 사람들은 자신들을 어떻게 생각하고 있을까? 독재 치하에서 살아간다는 것은 대체 어떤 것일까?

―고문 반대 전국 위원회 창설자 파니 포사로요(여인)의 증언.

포사로요 : 너무나 불합리해요. 너무나 고통스런 일이에요. 국민들은 과거에는 상상도 할 수 없었던 고통에 빠져 있어요. 갖가지 폭력에 시달리고 굶주림에 허덕이고 있어요. 굶주림 때문에 아이들이 매춘을 해야만 하고, 여성들도 스스로 매춘을 하거나 아이들에게 매춘을 시켜요. 이런 상황을 보고 있는 것은 너무나 고통스런 일이죠.

―국제 기독교 민주당 조직의장 안드레스 살디바르(여인)가 주장한다.

살디바르 : 칠레 국민이 단결할 수 있는 유일한 길은 독재 타도와 민주 회복을 위한 공동 행동강령을 만드는 것이에요.

―전 군사평의회 공보관 페데리코 빌로비가 얘기한다.

빌로비 : 나는 피노체트 개인을 지지한 것은 아니에요. 내가 지지했던 것은 아옌데를 쓰러뜨린 군사운동이었지요. 아옌데 시대에는 자유가 억압당하고 국가는 국민의 동의 없이 공산주의 국가로 이끌려갔어요.

―경제학자인 사회당의 리카르도 라고스의 증언.

라고스 : 십이 년 동안 칠레는 깊은 상처를 입었어요. 인민들은 산산이 흩어졌고 경제와 사회는 심각한 타격을 받았지요. 계급간의 대립은 격화되고 있어요. 그러나 사회가 조각났다고

해서 그 상처를 치유할 힘마저 상실했다고는 생각하지 않아요.
　—피노체트의 법률 고문을 지냈고 1983년 문교부 장관을 역임한 모니카 마다리아가(여인)의 증언.

마다리아가 : 군 내부의 대립은 전혀 없어요. 군은 단결을 강화하고 있으니까요. 군 내부에서 분열이 일어날 가능성은 전혀 없어요.

　—기독교 민주당의 전 대통령 후보 라도밀로 토미치가 주장한다.

토미치 : 현재 역사적으로 최우선 과제는 독재를 종식시키는 일이에요. 그리고 협정을 맺어 새 정권을 만들어, 십사만 자루의 총칼에 의지해온 현 정권을 갈아치워야 해요. 지금은 이상 사회를 논하거나 과거의 일로 다툴 때가 아니에요. 현재의 과제에 최우선적으로 매달려야 해요. 즉 독재를 한시라도 빨리 종식시키는 일, 폭력에 의하지 않고 새 정권을 수립하기 위한 국민적 합의를 이루어내는 일에 매진해야 하는 거죠.

　—인민민주운동의 파트리시오 아레스(대학교수)의 증언.

아레스 : 현 정권은 출발에서부터 폭력과 테러의 정권이었어요. 무력과 폭력으로 권력을 장악했고, 무력과 폭력으로 국민을 억압하고 있어요. 폭력은 갖가지 형태를 띠고 있죠. 공갈, 반국민적인 경제 정책, 생활고 등 간접적인 폭력에서부터 무력, 고문, 제도화된 폭력에 이르기까지 여러 가지입니다.

　—녹슨 철제 케이블카가 급경사를 오르고 있다.
　—산꼭대기로 내몰린 빈민가.
　—누더기를 걸친 소년, 생활고에 지친 노인 등.
　—슬픈 선율의 노래가 흐른다.

리틴의 내레이션 : 발파라이소는 가을 안개에 휩싸여 있다. 나

는 공중에 매달린 채 천천히 산꼭대기로 올라간다. 낡고 녹슨 지저분한 집들, 닫혀진 창과 출입문, 그곳에서 사람들의 표정을 찾아내는 것은 불가능했다. 케이블카는 느릿느릿 오르내리면서 항구에서 산으로, 산에서 항구로 얼굴이 검게 그을린 사람들을 실어나른다. 산을 오르면 오를수록 빈민들의 주거지는 빈곤의 정도가 심해진다. 꼭대기의 생활은 아래보다 배 이상 더 고달프다. 파나마 운하가 개통되기 전만 해도 남태평양 최대의 항구였던 발파라이소는 이제 쇠락해버린 가난한 항구에 불과하다. 십이 년 간 발파라이소에서도 빈곤은 확대되고, 공장은 폐쇄되고, 항구의 활기도 사라져갔다. 이제 이 항구에는 부(富)가 들어오지 않는다.

노랫소리(앙헬 파라)
발파라이소여, 그대는 어디로 가버렸나
열정적으로 밤을 밝히던 항구의 거리는

그대는 선원들을 맞느라
밤이 지나는 줄도 몰랐지
하룻밤 풋사랑으로
그대는 선원들에게 비밀을 고백했지

그러나 지금 그대는 색 바랜 판화
나는 속삭이듯 물어본다
미래는 멀리 있는 것인가

발파라이소여, 그대는 어디로 가버렸나
열정적으로 밤을 밝히던 항구의 거리는

─빈민가 라레과에 사는 한 남자의 증언.
남자 : 우리는 끊임없이 타격을 받아왔어요. 그러나 당하면 당할수록 더 강렬한 투지가 솟아나는걸요. 독재를 타도하고 새로운 봄에 대한 열망이 더욱 간절해져요. 노동자와 민중에게 봉사하는 민주적인 인민의 정부에 대한 열망이 더욱 강렬해진다 이 말입니다.
─흙이 드러난 도로.
─허리를 구부리고 무표정하게 오가는 주민들.

노랫소리(앙헬 파라)
라레과는 새 봄을 기다린다
가난한 이들을 위한 정부를 기다린다
고통이 끝나기만을 기다린다

리틴의 내레이션 : 라레과의 노동자들은 십중팔구 실업 상태에 놓여 있다.
─벽을 가득 메운 무수한 사진들.
─그 앞에서 아버지의 사진을 가슴에 단 빅토리아 디아스가 증언한다.
─표정과 모습이 각기 다른 남녀 사진들이 클로즈업된다.
디아스 : 나는 빅토리아 디아스라고 합니다. 아버지는 1967년 5월 12일 체포된 후 행방불명되었어요. 나는 항상 아버지가

어떤 분이었고, 왜 행방불명되었는지를 생각하고 있지요. 아버지가 저지른 죄라면 노동자들의 생활을 개선시키기 위해 싸운 것뿐이에요. 인민에게 좀더 나은 생활을 보장하는 체제를 만들려고 하는 것, 그것은 현 정권에게는 죄악이지요. 그 점은 1973년 9월 11일부터 분명해졌어요.

─같은 벽 앞에서 중년 부인 비올레타 모랄레스가 증언한다.

모랄레스 : 나는 비올레타 모랄레스라고 합니다. 니에토 모랄레스의 누이예요. 동생은 1974년 8월 13일에 체포되어 행방불명되었으니 벌써 십이 년이 지났군요. 처음에는 참 암담했지요. 당시엔 도움을 청하고 하소연할 수 있는 조직도 없었으니까요.

디아스 : 아버지는 다른 행방불명자들처럼 보다 나은 생활을 위해 싸웠을 뿐입니다. 아버진 결코 테러리스트가 아니에요. 모두들 인간다운 생활을 원했을 뿐이죠. 여러분께 묻고 싶어요. 도대체 언제까지 칠레를 비롯한 다른 수많은 나라에서 사람들이 체포되고 실종되는 것을 그냥 두고만 볼 거냐고요. 우리 모두 궐기해서 "이제는 끝났다"라고 말할 날은 도대체 언제나 올까요?

모랄레스 : 우리는 가족의 문제를 덮어두고 싶지 않아요. 만약 우리가 아무 말도 하지 않고 있다면 이번엔 다른 누군가가 그런 공포에 직면하게 되겠죠.

디아스 : 행방불명자 문제는 1973년 9월 11일, 바로 그날부터 지금까지 끊임없이 계속되고 있어요. 과거 칠레에는 삶의 문화, 민주주의의 문화가 있었어요. 그런데 지금은 죽음의 문화만 있을 뿐이죠.

―행방불명자들의 사진을 들고 시위하는 부인들의 사진.

―벽을 가득 메운 행방불명자들의 얼굴 사진 몇 컷.

―마다리아가의 냉소적인 주장.

마다리아가 : 나는 누군가를 재판할 수 있는 입장은 아니에요. 책임의 소재를 따지는 것은 사법부나 역사가 하는 일이니까요. 따라서 고문이 행해진다는 둥 행방불명자가 발생했다는 둥 아무리 떠들어대도 사실을 가리는 것은 법원이라고 말하고 싶군요. 우리들 개개인이 증거도 없이 죄의 유무를 운운하는 일은 있을 수 없어요. 우리들이 할 수 있는 것은 소송을 하여 판결을 받아내는 일이에요.

―행방불명자들의 사진이 차례차례 나타난다.

리틴의 내레이션 : 마다리아가 여사가 권력 집단의 일원이었을 때 거리나 집에서 수많은 사람이 체포되었다. 현재 체포되어 행방불명된 사람의 숫자는 이루 다 헤아릴 수 없을 정도이다.

―산티아고의 밤, 빛의 바다.

―사람들로 흥청거리는 백화점.

리틴의 내레이션 : 산티아고의 밤은 언뜻 평온해보이지만 그 이면에는 위험이 도사리고 있다. 사복 경관, 밀고자가 도처에서 감시하고 있는 것이다. 여기서는 어떤 일이 일어나도 별로 놀랄 만한 일이 아니다. 영장 없는 체포, 실종, 교수형, 살인, 고문, 백색 테러 등…….

―장발에 콧수염을 기른 안드레스 안토니오의 증언.

안토니오 : 내 이름은 안드레스 안토니오예요. 공군의 정보 기관원이었죠. 수많은 작전에 참가했어요. 체포, 유괴, 납치 등 헤아릴 수 없을 정도였죠. 고문으로 죽는 경우도 보았어요.

공안 기관의 활동이란 모든 수단을 동원해서 피노체트 정권에 반대하는 입을 틀어막고 의지를 꺾어버리는 일이 전부죠. 제가 소속된 반에서는 혐의자를 몇 주일 동안 계속 감시하고 미행하면서 그와 접촉하는 사람들의 사진을 찍고 적당한 때에 일제히 체포해서 그동안 수집한 자료와 함께 심문계로 넘기는 일을 했어요. 심문계에서는 고문을 하죠. 성기에 전류를 흘리기도 하고 무차별 구타하기도 하고 수갑을 채워서 공중에 매달기도 해요. 공중에 매달 때는 손목에 붕대를 감고 수갑을 채워서 발이 바닥에 닿을락말락한 상태에서 천장에 있는 철봉에 매답니다. 그러면 팔에 전 체중이 실리게 되죠. 그 상태로 한두 시간 매달아둡니다. 본격적으로 고문하기 위해 철봉에서 몸을 내려놓으면 모두들 참혹한 비명을 지르고 말아요. 몸을 풀어주는 순간 멈춰 있던 피가 갑자기 팔로 흘러들어가는데, 그것은 마치 수백만 개의 바늘이 팔을 찌르는 듯한 아픔을 주기 때문이죠.

내가 처음으로 고문하는 장면을 본 것은 1974년으로, 정보 기관에 막 들어갔을 때였어요. 발디비아 광장에 있는 'MIR(좌익혁명운동)' 전 회원의 아파트가 고문실로 변해 있었어요. 나는 그때 상관을 따라갔었는데 어떤 젊은 여자를 고문하며 전기 충격을 가하고 있더군요. 세바요스 사령관은 그녀에게 불지 않으면 군인들에게 윤간당할 것이라고 협박했어요. 나는 너무나 무서워서 침실로 들어가 울었지요.

—인간 사슬을 만들어 항의하는 사람들.
—소방 호스로 물을 뿌리며 최루탄으로 응수하는 피노체트 군대.
—노랫소리, 함성소리.

리틴의 내레이션 : 정의를 요구하는 민중의 목소리에 대해 피노체트는 예의 상투적인 방식으로만 대답하고 있다.

―움집들이 밀집해 있는 라빅토리아 지역.

―빨간 스웨터에 앞치마를 두른 여인(1)의 증언.

여인 1 : 현재 이 지역에는 삼만 이천 명이 살고 있습니다만 그중 70퍼센트는 실업자들이죠. 보시는 바와 같이 집은 우리들이 손수 지어야 합니다. 이런 비참한 상태에서 겨울이 되면 비 때문에 마을은 온통 진흙탕이 되고 말아요. 대다수의 사람들이 의사는 구경도 못하고 지내며, 인간답게 살 만한 주거지도 없고, 일할 수 있는 권리도 빼앗겼어요.

―공동구입위원회의 물품 분배소. 주부들이 모여 있다.

리틴의 내레이션 : 독재 체제 아래서 민중들은 자신들의 조직을 만들었다. 공동구입위원회도 그런 조직들 가운데 하나다. 이 위원회의 지도자는 모두 여자들로, 그것은 대량 체포로 인해 남자들이 없어지는 경우에도 조직을 계속 유지하기 위한 것이다.

―나이가 들어보이는 주부 두 사람의 설명.

주부 1 : 물건을 싸게 사려는 것이 주요 목적이에요. 가게에서 따로따로 사면 돈이 없기 때문에 조금씩밖에 못 사고 가격도 몇 배나 비싸거든요. 그래서 중앙시장에서 집단으로 공동구입하자는 얘기가 나왔죠. 이렇게 모두들 열심히 활동하는 중이에요.

주부 2 : 우리는 항상 공동으로 구입하죠. 칠레에는 빈민들이 많거든요. 내 딸은 정치범으로 감옥에 갇혀 있는데 아이가 여덟이나 돼요. 모두 내가 키워야만 하는데…… 수입이 보잘것 없어요. 공동으로 구입하면 훨씬 싸게 살 수 있지요.
　―트렌치 코트에 청바지를 입은 라빅토리아 지역의 어떤 여인(2)의 증언.

여인 2 : 현재 누구 한 사람도 마음놓고 공부하거나 일하거나 결혼해서 가정을 꾸미거나 자식을 교육시킬 수 없는 형편이에요. 현재는 살아남는 것만도 힘겨운 실정이거든요.
　―조금 전에 증언한 같은 지역의 여인(1).

여인 1 : 우리는 민주주의의 완전한 실현을 위해 싸우고 있어요. 의료 문제나 주택난 등 경제적인 요구 때문만은 아니에요. 무엇보다도 먼저 정권이 바뀌어야 해요. 정권이 바뀌더라도 생활은 어렵겠지만 대신 자유를 얻게 되잖아요. 정부를 자유롭게 선택할 수 있는 거죠. 또 언제 체포되고 연행되어 실종되었다가 시체로 발견될지 몰라 벌벌 떨지 않고서도 거리를 자유롭게 활보할 수가 있죠. 내 남편은 정치범인데 재판도 받지 않고 벌써 삼 년째 감옥에 갇혀 있어요. 감옥에는 현 정권에 맞선 용기 있는 사람들이 수없이 많이 갇혀 있지요.
　―'공동냄비' 급식소, 초로의 여인의 증언.
　―요리하는 여인들.
　―수프를 나눠주기만을 기다리는 행렬.
　―집에 돌아와 수프를 먹는 여인.

초로의 여인 : 공동 급식에는 오십 가구에 이백오십 명 정도가 참여하고 있습니다. 그들 가운데는 자식이 일곱인 사람도 있고, 네다섯인 사람도 있죠. 제일 적은 경우엔 둘, 제일 많은 경우엔 아홉이나 거느린 사람도 있어요. 그 부인의 경우에는 남편이 직업도 없고 자식은 정치범이에요. 그 부인은 취로사

업장에서 일하다가 해고되었죠. 그래서 여기에 참여하게 되었어요. 다들 갖가지 문제를 안고 있어요. 우리는 가난하기 때문에 이 공동냄비도 매일 얻어오는 물건으로 운영하고 있어요. 중앙시장에 가서 뼈와 감자를 받아오고, 지금은 빈 병도 모으고 있죠. 취사연료는 가구 공장에서 얻어온 대팻밥을 쓰고 있어요. 가스도 부엌도 없죠. 회비는 십 페소에서 이십 페소 정도입니다. 그 밖에 기부를 받기도 하죠. 기부금으로 감자와 양파 등을 삽니다. 이 지역에는 열여섯 개의 공동냄비가 있어요. 지금은 식용유와 우유, 밀가루가 없기 때문에 감자와 쌀로 음식을 만든답니다.

리틴의 내레이션 : 공동냄비는 기아에 대한 민중의 자구책이다. 산티아고에는 삼만 명 이상이 공동냄비만으로 연명하고 있다.

─일고여덟 명의 여인들이 단식을 하고 있다.

─그 여인들의 호소.

여인 1 : 단식의 목적은 생명의 의미를 일깨우기 위한 것이에요. 정치범, 실종자, 강제 수사와 고문을 당한 사람들을 생각하면서 시작했죠.

여인 2 : 우리의 바람은 현재의 극악한 폭력이 종식되는 거예요.

여인 3 : 빈민 거주 지역에서의 탄압은 중지되어야 해요. 누가 항의라도 하면 주민들이 닥치는 대로 살해되고 말죠.

여인 4 : 우린 목이 잘려 살해된 사람들을 추도하기 위해 단식을 하고 있어요.

─빈민 거주 지역의 집들, 오가는 사람들.

―단식 중인 여자들이 앙헬 파라의 노래를 부르고 있다.

　　노랫소리(앙헬 파라)
　　민중을 억압하는 자는 쓰러진다
　　민중의 빵을 가로챈 자들은 쓰러진다
　　스스로 휘두른 폭력에 의해 쓰러진다
　　들판에 떠오르는 태양처럼
　　민중은 우뚝 일어서리라
　　민중에게 믿음을, 믿음을
　　전하는 사람들이여
　　민중의 미래를 맞으려는 사람들이여
　　눈뜨는 민중 속에 있는 그대여
　　걷기 시작한 민중 속에 있는 그대여

―노랫소리는 합창으로 이어진다.

　　노랫소리(앙헬 파라)
　　우리들의 새벽이 온다
　　그대의 들녘이 푸르러진다
　　새로운 인간이 태어난다
　　새로운 대지에서
　　천둥 같은 울음소리는
　　침묵을 깨뜨리고
　　사랑의 노래에
　　신이 머문다

—산티아고 중심지, 오가는 차들.
—거리 한쪽 구석에 리틴의 모습이 보인다.
—여러 가지 상품들을 길거리에 늘어놓은 노천 시장.
—인파 속을 걷는 미겔 리틴.
—리틴, 다리 위에 서서 강을 바라본다.

리틴의 내레이션 : 산티아고에서 보낸 며칠 동안, 나는 사람들의 표정에서 나의 질문에 대한 해답을 찾아내려 했다. 칠레 사람들은 하나가 되는 것일까? 나는 9월 11일, 혼자 힘으로 운명에 맞서서 칠레 민중에게 자유의 깃발을 남겼던 그를 생각한다. 아옌데, 그는 사람들의 기억 속에 살아 있는 것일까? 그의 사상과 행동은 민중의 기억 속에 살아 있는 것일까? 그의 혼을 찾아내려면 땅 속을 파보아야 하는가.

제 2 장 노르테그란데, 팜파에 가서

—붉은 산들, 황량한 사막, 폐차나 다름없는 화물열차가 지나간다.
—끝없이 펼쳐진 사막 여기저기에 십자가가 보인다.
—노을 저편에 폐허의 도시가 흔들린다.
—해변의 성당에 무수한 촛불과 마리아 상이 놓여 있다.

리틴의 내레이션 : '칠레'라는 말은 아이마라어(語)로 '땅의 끝'이라는 의미이다. 말 그대로 끝이다. 그러나 동시에 일이 시작되는 곳이기도 하다.

이십만 평방킬로미터에 걸쳐 사막 지대가 펼쳐져 있다. 1535년에 디에고 데 알마그로 총독의 군대가 이 땅에 들어왔지만 수많은 사망자들을 남기고 페루로 되돌아갔다. 그들은 금을 찾으러 왔다가 죽음을 찾았던 것이다. 옷은 누더기가 되고 따가운 햇살에 얼굴이 갈라터지고 밤의 한기로 눈이 부어올랐다.

그로부터 삼백 년 뒤 초석(硝石)이 부(富)와 제국을 탄생시켰다. 초석은 번영을 가져다준 한편 전쟁을 야기했다. 초석 산업이 최전성기에 달했을 때 이곳에는 백이십 개의 초석 회사가 있었다. 그러나 지금 그 자리에는 쓸쓸한 촌락만 남아 있다. 부의 흔적은 단지 돌무더기와 동굴, 녹슨 철길, 축 늘어진 전깃줄 등 고독한 모습을 띠고 잃어버린 기억 속에만 남아 있을 뿐이다.

초석은 영국이 지배하는 제국을 탄생시켰고, 이만 오천 명의 사망자를 낸 페루—볼리비아 동맹과 칠레 사이의 전쟁을 야기했다. 그리고 1891년 호세 마누엘 발마세다 대통령의 생명을 빼앗은 내전의 원인이 되기도 했다. 쿠데타, 무수한 학살…… 아마 이 때문에 북부 사람들은 유일하고 영원한 것, 즉 죽음에 대한 신앙을 가지게 되었을 것이다.

—작가 안드레스 사베사의 증언.

사베사 : 우리 안토파가스타 시의 시민들은 이 도시를 북부의 명예로 여기고 있습니다. 칠레의 민족성이 이 용광로 같은 도시에서 형성되었기 때문입니다. 세계 각지로부터 이민자들이 몰려와 고독한 용광로 속에서 하나로 용해되어 안토파가스타의 사람들이 탄생했고, 그들이 도시를 건설하고 역사를 시작했죠. 그러므로 사막의 한가운데 있는 우리들은 칠레의 통합물입니다. 도시는 고독과 무변광대의 한복판에 있습니다. 한쪽에는 바다가 있고, 다른 한쪽에는 광야가 펼쳐져 있습니다.

이 땅은 언뜻 불모지로 보이지만 내부에는 부(富)가 잠들어 있습니다. 구리와 초석이 묻혀 있는 것이죠. 그렇듯 이곳은 사람을 미혹시키는 진실과 허위의 땅인 것입니다.

―광산이 가동될 때 다양한 모습의 노동자들과 경영자들이 함께 찍은 기념 사진.

―신문을 인쇄하는 모습, 초석을 채굴하는 모습, 초석을 운반하는 말의 행렬, 철도를 부설하는 노동자들, 초석을 운반하는 화차의 기록영화.

리틴의 내레이션 : 1879년 칠레와 페루―볼리비아 동맹 사이에 전쟁이 발발했을 때 영국인 존 토머스 노스는 발파라이소 은행에서 융자를 얻어 초석 회사를 매입했다. 그리고 전쟁이 끝났을 때 그는 동업자들과 함께 이 지방의 대지주가 되었다.

광산 개발로 공업화가 시작되고 칠레의 프롤레타리아도 형성되었다. 또한 이십 세기 초에는 노동자 계급의 전국적인 조직이 결성되었다. 그 조직의 창설자는 루이스 에밀리오 렌카 바렌으로, 칠레 노동운동사에서 가장 중요한 인물이다. 그러나 저개발의 역사가 반복되고 종속의 굴레가 씌워졌다. 노르테그란데의 번영은 타국의 부(富)를 약속했다.

런던에서 백색 금으로 불리는 초석이 칠레에서 발견되자 사람들이 칠레 북부로 쏟아져들어왔다. 유럽에서 수많은 이민자들이 건너왔다. 그때 그들은 희망과 함께 유럽의 사상도 가지고 왔다. 십 년이 채 안 되어 항구와 시가가 건설되고, 백 개 이상의 초석 회사가 설립되고, 철도는 이천 킬로미터 이상 뻗어나갔다. 그러나 이십 세기에 들어서자 노동자의 소요가 시작되었고, 1900년에서 1925년 사이에 무려 칠천 명의 노동자가 학살되었다.

　칠레의 군대는 노동자 학살의 오랜 역사를 가지고 있다. 군대의 만행은 산타마리아데이키케에서 그들이 자행한 학살만으로도 충분히 알 수 있다. 이키케에서는 단 삼십 초 동안에 삼천이백 명이 학살되었다.

　—사베사의 증언.

　사베사 : 군사 정권 아래에서의 세월은 너무나 가혹했어요. 사람들은 공포에 떨었지요. 노동자들의 투쟁은 궤멸되고 숱한 망명자, 유형자, 투옥자가 생겨났어요.

　—턱수염이 멋진 청년, 학생운동 지도자의 증언.

　청년 : 어떤 사람은 목숨을 바쳤고, 어떤 사람은 투옥되었고, 어떤 사람은 추방당했어요. 그렇지만 사람들은 탄압에 대한 공포보다는 새로운 조국을 창조하려는 의지가 더욱 강해요.

　—사베사의 증언.

　사베사 : 솔직히 말해서 1973년 이후 모두 와해된 상태예요. 그러나 절망하지는 않습니다. 왜냐하면 학생들이 다시 일어섰기 때문이죠. 정신을 구원하는 것은 청년들이라고 나는 확신해요. 이제 새로운 이상을 가져야 합니다. 과거를 한탄하거나 자만만 할 것이 아니라 미래를 향해 온 힘을 쏟아야 합니다. 우리가 바라는 것은 정의와 자유와 평화가 지배하는 사회입니다. 그런 것들이 없다면 우리가 무엇을 위해 살아가겠습니까?

　—동상이 있는 광장.
　—정렬한 병사들.
　—사열하는 장군.
　—국기를 게양하고 국가를 부르는 군인과 시민들.

리틴의 내레이션 : 피노체트의 정치·사회 사상이 가장 명료하게 드러나는 곳은 칠레 북부이다. 그곳은 기괴한 파시즘의 사회로, 배타적인 사이비 민족주의가 지배하고 있다.

합창(칠레 국가)
투명한 칠레는 푸르른 하늘
신선한 바람이 지나는
그 화원은 에덴 동산
웅대한 하얀 봉우리는
신이 주신 방벽
속삭이듯 밀려오는 바다는
아름다운 미래를 약속한다
정다운 조국이여
칠레는 맹세한다
자유인의 묘지가 아니면
억압에 항거하는 성채가 될 것을

─잉카데오로 광산촌, 흙먼지가 이는 도로, 낮은 처마의 집들.
─유형자 세르히오 아기레의 증언.

아기레의 목소리 : 나는 세르히오 아기레라고 합니다. 산안토니오 시의 항만노조 위원장이고 칠레 항만노조 연합위원장이기도 하죠. 나는 3월 29일 이곳으로 유형당했어요.

리틴의 내레이션 : 이 마을도 다른 수많은 마을처럼 군정에 대한 반대파들의 유형지로 변했다.

아기레 : 이 마을은 1975년경부터 유형지가 되어버렸어요. 많

은 동지들이 이곳으로 끌려왔죠. 그때부터 이 마을은 쇠퇴해 버렸습니다. 발파가 금지되어 채광이 정체되었기 때문이죠.

광산 생활은 고독하죠. 여덟 시간 내내 동료들과 얘기 한마디 못하고 식사도 혼자서 하고 잠도 돌 위에 자루를 깔고 잡니다. 그래서인지 이 지방 광부들은 말수가 적어요.

―갱 안에서 일하는 남자들.

―낡은 목재를 운반하는 늙은이.

리틴의 내레이션 : 여자들은 이 불모의 땅에 몸서리를 치며 사라져갔다. 남자들만이 남아서 돌과 모래와 먼지가 황금으로 바뀌기를 꿈꾸고 있다. 그들의 고통은 지명들에서도 나타난다. '인종(忍從)의 평야, 기만의 팜파, 버려진 땅, 고독한 역, 안개의 북쪽, 불행의 암벽.'

―아기레의 증언이 계속된다.

아기레 : 잉카데오로의 광부들은 우리들을 환영하면서 그들도 우리와 같은 생각을 갖고 있다고 이야기해주었어요. 물론 독재 체제를 두려워하는 사람들도 있지만 그건 어쩜 당연한 일이죠. 그러나 마음 깊은 곳에는 누구나 계급 의식을 갖고 있어요.

―쓸쓸하기 이를 데 없는 빈촌.

―보이는 것이라곤 모래와 흙뿐인 황량한 풍경.

리틴의 내레이션 : 타나, 차카, 치산, 카리살 등 이들 버려진 마을들은 외국에 종속된 산업화의 귀결이자 신식민지 사회의 냉혹한 법칙을 그대로 나타내는 보기이다. 대지의 풍요가 주민들을 빈곤으로 몰아넣은 것이다. 이 황량하고 거대한 땅이 칠레의 비극을 아로새겨왔다. 급기야 1879년에는 페루―볼리

시나리오 259

비아와의 전쟁을 야기했다. 1891년에는 발마세다 대통령이 초석 산업의 국유화를 시도했지만 그것은 내전으로 확대되고 대통령은 자살하고 말았다. 그로부터 한 세기가 지난 1971년, 아옌데 대통령은 구리 광산을 국유화했다. 그러나 삼 년이 지난 1973년 9월 11일, 또다시 발파라이소에서 해군이 반란을 일으켜 쿠데타가 발생했고 아옌데 대통령은 모네다 궁에서 전투 끝에 죽어갔다.

아옌데의 목소리(마지막 연설) : 적의 힘은 강대합니다. 적은 우리를 굴복시킬 것입니다. 그러나 사회의 진보는 범죄와 무력으로도 결코 막을 수 없습니다. 역사는 우리들의 것입니다. 역사는 민중이 창조하는 것입니다.

리틴의 내레이션 : 1891년에는 영국군 장교가 칠레의 운명을 결정했고, 1973년에는 미 제국주의의 힘이 그것을 결정했다. 19세기 말부터 칠레 북부에서는 사회주의가 싹트고 있었다. 유럽에서 이민 온 사람들이 아나르코 생디칼리슴(무정부주의적 노동조합주의)을 전하고, 스페인의 인쇄공들은 렌카바렌과 함께 노동자 신문을 발행했으며, 파리코뮌의 투사들은 공산당 선언을 가지고 왔다. 한편 1885년에는 프러시아에서 파견된 교관이 칠레 군의 훈련을 맡았다.

─철모를 쓰고 행진하는 군악대.
─코피아포 시장의 증언.
─고등학교 고적대의 행진.
─무장한 군인들의 행진.
─국가를 부르는 군인들, 소년 소녀들의 대열.

코피아포 시장 : 나는 코피아포 시의 시장입니다. 일요일마다

군·민의 합동 퍼레이드가 열려 조국을 찬미합니다. 차례가 된 학교의 학생들이 대오를 지어 악대와 함께 행진합니다. 일 년 동안 모든 학교가 교대로 참가하게 됩니다. 그리고 독립기념일엔 도시 전체가 퍼레이드에 참가합니다.

　리틴의 내레이션 : 권력을 탈취한 군인들은 백오십 년에 이르는 칠레 민주주의를 장사지내고 말았다. 사상의 자유는 박탈당하고 책은 불살라지고 법률은 무참히 짓밟혔다. 지금 칠레는 시대착오적인 파시즘이 지배하고 있다. 교육은 군사화되었고 군사 퍼레이드, 브라스 밴드, 군복 차림의 어린이들은 1973년에 일어난 반혁명의 단면일 뿐이다.

　1973년 9월 11일, 쿠데타 파의 한 장군은 만족스럽게 이렇게 말했다.

　"칠레 군은 세계에 남아 있는 최후의 프러시아 군대다."

　사실 그렇다.

　　합창(국가)
　　칠레의 주인, 용사들이여
　　그대들의 이름을 가슴에 새긴다
　　우리들의 후손들도 또한
　　그대들의 이름은 죽음의 외침
　　자, 출격!
　　자, 출격!

　─황야를 달리는 폐차나 다름없는 열차.
　리틴의 내레이션 : 발마세다, 렌카바렌, 아옌데.

초석, 구리, 인간.
이것이 칠레 역사의 축소판이다.

제3장 국경에서 칠레의 내부로, 타오르는 불꽃

―차창 밖으로 보이는 빈민가, 척박한 땅.
리틴의 내레이션 : 산티아고에서 콘셉시온까지는 약 오백 킬로미터. 철로 연변에는 빈곤의 광경이 펼쳐지고 있다. 로타이슈바거 탄광은 콘셉시온에 가기 전에 있다. 탄광은 검고 사나운 바다 밑까지 들어가 있다. 기차를 타고 가는 동안 나는 파블로 네루다를 떠올렸다.
온 세상에는 빵, 쌀, 사과.
―광대한 정원, 울창한 초록, 하얀 벽의 저택, 대리석 여신상, 분수가 있는 연못 등이 아름답다.
―탄광의 시설, 산처럼 솟아오른 폐탄 무더기, 석탄 부스러기를 줍는 사람들이 보인다.
―슬럼화된 탄광 주거지.
―석탄 부스러기를 찾아 땅을 파헤치는 사람들.
리틴의 내레이션 : 미로 같은 탄광촌의 꼭대기에는 광대한 공원이 있다. 1862년 탄광왕 쿠시뇨가 애인을 위해 조성한 공원이다. 지옥을 발 밑에 둔 사랑의 낙원. 그는 칠레 전국으로부터 수목을 옮겨심었다. 기쁨과 슬픔과 실연을 상징하는 여신상. 공원 안쪽에는 동화 속의 궁전이 있고, 거기에서는 태평양이 한눈에 들어올 정도다. 공원의 대리석상은 그의 사랑의

징표다.

산기슭에는 어둠 속에서 콩알처럼 보이는 사람들이 석탄 부스러기를 찾아 축축한 땅을 파헤치고 있다. 석탄은 그들에게 검은 빵이다. 산 위에는 웅대한 공원, 초록의 수목들, 신선한 공기. 산기슭에는 진흙투성이의 지친 사람들과 겉늙은 아이들. 이 얼마나 대조적인 현실인가. 거짓말 같은 이야기다. 그러나 이것이 바로 칠레의 현실이다.

로타이슈바거 광산은 산업혁명기의 영국을 연상시킨다. 광부의 가족들은 단칸방에서 우글거리고 사방에 철골이 앙상하게 그 모습을 드러내고 있다. 마을은 석탄가루를 뒤집어써 거무튀튀하고 주민들은 옷과 폐와 영혼까지도 시꺼멓게 물들어 간다. 로타이슈바거에는 희망이 없다. 십구 세기 작가 발도메로 리요는 탄광과 광부의 생활을 상세하게 묘사했는데, 현실도 그의 묘사와 똑같다. 탄가루 뒤섞인 안개, 열악한 노동 조건, 모든 면에서 백 년 전의 웨일스와 똑같다.

노랫소리(앙헬 파라)
옛날은 이제 남아 있지 않다
하나뿐인 내 삶을
헛되이 끝낼 수는 없다
옛날의 나는
행복했다

─깊은 주름살이 잡힌 남자의 얼굴.
─갱 안에서 웃통을 벗고 일하는 남자들.

리틴의 내레이션 : 거친 석탄가루가 날아와 얼굴과 목과 앙상한 가슴에 박힌다. 기침을 할 때 흘러나온 피가 땀과 뒤섞여 갈라진 피부 사이로 스며들어 번져간다. 그들은 벽을 파내는 죄수처럼 결사적으로 일하고 있지만, 그들에게는 죄수를 유혹하는 탈출에 대한 희망이 없다. 햇살과 신선한 바람과 자유가 넘치는 새로운 생활에 대한 희망이 없다.

노랫소리(앙헬 파라)
대지의 배를 가른다
자신의 관을 사기 위해
파도가 바위를 때린다

─들판 가득 널려 있는 빨래.
─빨래하는 여인들.
여인의 목소리 : 이곳에는 실업자가 많아요. 모두들 굶주림에 허덕이는 가난뱅이들뿐이죠. 이제 우린 잃을 거라곤 목숨밖에 없어요. 그렇기 때문에 우리는 무슨 수를 써서라도 목숨을 지켜야 해요. 우리는 억압으로부터 우리의 생명을 지키기 위해 조직을 만들었어요. 예전엔 우리가 생각한 대로 말할 수가 있었죠. 맞아죽을 염려 없이 거리를 거닐 수도 있었다구요. 먹을 권리도 있었어요. 그런데 1973년도부터는 완전히 달라졌어요. 그렇지만 우리는 옛날을 잊지 않고 있어요.
─아르마스 광장으로 다가오는 리틴.
─경비 중인 경찰관과 얘기하는 리틴.
리틴의 내레이션 : 우리는 지금 산티아고의 아르마스 광장에서

촬영하고 있다. 이 광장은 칠레 역사의 중심부이다. 대성당의 스피커에서 비올레타 파라의 〈삶에 감사를〉의 선율이 들려왔다. 우리가 촬영하는 것을 경찰이 알아차렸다. 그래서 나는 그에게 다가가 거리와 건물의 유래에 대해 물어보는 척했다.

—파도가 할퀴는 해안.
—봉쇄된 이층집.
—시를 쓰고 있는 네루다의 사진.

리틴의 내레이션 : 산티아고와 발파라이소 사이의 이슬라네그라에는 파블로 네루다의 집이 있다. 그는 바다가 바라보이는 창가에서 시를 썼다. 그가 살아 있을 때 펄럭이던 물고기가 그려진 깃발은 지금 없다. '방문 금지.' 출입구가 폐쇄된 집에는 이런 식으로 군부의 명령이 붙어 있다. 석조 건물을 둘러싸고 있는 나무 울타리가 보인다. 그 무수한 목판에는 군의 명령을 어기고 네루다에게 전하는 연인들의 메시지가 적혀 있다. 정열과 정치적 항의를 담은 무수한 사랑의 메시지가 새겨져 있는 것이다. "그대는 자유를 사랑했다. 그래서 우리는 그대를 기억한다, 파블로." 갑자기 시간을 거슬러올라가 과거의 어느 오후처럼 한가롭게 해변을 거니는 네루다의 모습이 떠오른다.

—어두운 실내로 인도되는 리틴.
—어두운 실내, 남자들의 실루엣, 등 뒤에는 벽이 보이고 책상 위에는 마누엘 로드리게스 애국전선의 붉은 깃발이 놓여 있다.
—리틴이 질문하면 실루엣으로 나타나는 남자들이 대답한다.

리틴의 내레이션 : 어느 날 아침 마침내 기다리던 소식이 왔다. 지하에서 독재 정권과 싸우고 있는 마누엘 로드리게스 애국전선이 인터뷰를 허락했던 것이다. 낯선 길을 몇 시간이나 달려서 마침내 독재 정권에 맞서 무장 투쟁을 벌이고 있는 애국전선의 청년 지도자들을 만났다.

리틴의 내레이션 : 산티아고에 막 도착한 사람들이 언뜻 보기에는 모든 것이 평온한 것 같은데요, 실제로도 그렇습니까?

남자 1 : 지금 칠레가 평온하다니요? 굶주림, 가난, 굴욕, 고문, 실종자들로 얼룩진 칠레가 어떻게 평온할 수 있겠습니까?

남자 2 : 표면적으로는 평온해보이지만 그 이면에는 비약적인 운동이 준비되고 있습니다. 산티아고를 비롯한 모든 도시는 폭발 직전의 화산과 같아요.

리틴의 목소리 : 정부는 당신들을 테러리스트라고 비난하고 있는데…….

남자 1 : 칠레에는 단 한 사람의 테러리스트밖에 없습니다. 바로 피노체트죠. 그자야말로 민중을 고문하고 납치하고 살해하고 굶겨죽이는 테러리스트 두목이에요. 우리들의 행동은 피노체트의 테러에 대한 정당방위에 불과합니다.

리틴의 목소리 : 피노체트를 어떻게 생각합니까?

남자 1 : 그자의 권력 기반은 군대입니다. 그는 지금 정치적으로 국내외에서 고립되어 있어요. 따라서 그는 어떻게 하든지 군을 붙잡아놓으려고 혈안이 되어 있지요. 매수, 월급 인상, 권력을 통한 억압 등 온갖 방법을 다 동원하고 있습니다.

리틴의 목소리 : 당신들에게 있어 인생의 의미는 무엇입니까?

남자 1 : 내 개인적인 문제의 해결보다는 인민이 빼앗긴 것을 되찾는 데 인생의 의미가 있습니다. 빼앗긴 웃음, 가족, 그리고 미래, 자유롭게 선택할 수 있는 인민의 권리 등을 되찾는 데 말이죠.

리틴의 목소리 : 당신들의 목적은 무엇입니까?

남자 1 : 애국전선 참가자들의 공동 목적은 현 정권을 타도하는 것입니다. 그 다음은 인민이 결정할 것입니다.

남자 2 : 독재를 타도하고 민주주의로 복귀하는 것입니다.

남자 1 : 인민의 투쟁을 강력히 조직·추진하고, 무장 투쟁을 포함한 모든 수단을 동원해야만 피노체트를 무너뜨릴 수 있습니다.

리틴의 목소리 : 당신들에게 아옌데의 의미는 무엇입니까?

남자 2 : 아옌데는 칠레 역사의 중요한 한 페이지임과 동시에 우리가 계승해야 할 모범입니다. 헌법과 인민을 짓밟는 자들에 맞서 그는 손에 총을 들고 싸웠습니다. 칠레 인민에게 아옌데는 살아 있고, 그것은 애국전선의 투쟁으로 계승되고 있습니다.

—군대와 시위대가 충돌하고 있다.
—투석전을 벌이는 학생들.
—최루탄을 쏘는 군인들.

리틴의 내레이션 : 이 영상들은 부에노스아이레스의 어떤 망명객이 내게 들려준 이야기를 상기시켜 준다. "살바도르 아옌데는 역사다. 역사를 죽이지는 못한다." 쿠데타가 일어났을 때 코흘리개에 불과했던 학생들이 이렇게 가두에서 바리케이드를 친 채 생명을 걸고 싸우고 있다. 그 행동 속에서 아옌데의 마

지막 연설의 목소리가 되살아난다.

―지금은 말끔히 새로 수리된 모네다 궁의 외관.
 리틴의 내레이션 : 사흘 후 우리는 모네다 궁 내부를 촬영할 수 있었다. 대통령 관저 모네다 궁은 칠레 정치·권력의 중심이다.
 모네다 궁은 1973년 9월 11일 아침에 폭격으로 파괴된 뒤 독재 정권에 의해 복구되었다. 그들은 아옌데의 흔적을 지우려고 모네다 궁의 모습을 완전히 바꾸었지만 그에 대한 추억은 생생하게, 아주 생생하게 되살아난다.

제4장 아옌데, 하나의 역사

―필름 편집실.
―텔레비전 모니터에 무개차를 타고 군중의 환호에 답하는 아옌데 대통령의 모습이 되살아난다.
 리틴의 내레이션 : 이것은 용감한 불꽃 같은 한 남자에 대한 기나긴 이야기다. 그에 대한 추억은 꺼지지 않는 투쟁의 횃불이다.

   노랫소리(앙헬 파라)
   이것은 용감한 불꽃 같은 한 남자에 대한
   기나긴 이야기다
   그에 대한 추억은

꺼지지 않는 투쟁의 횃불이다

—작가 가브리엘 가르시아 마르케스의 증언.
—아옌데가 대통령에 당선되었을 때의 뉴스 릴 필름이 겹쳐진다.
가르시아 마르케스 : 아옌데는 그해 7월에 예순네 살이 되었습니다. 그는 완강하고 결의에 찬 한 마리의 사자처럼 보였어요. 그는 인생을 사랑하고 꽃과 개를 좋아했죠. 그의 최대의 미덕은 일관성이었어요. 그러나 운명의 장난은 그로 하여금 낡아빠진 부르주아의 법률을 총을 들고 지키게 하는 기묘한 처지에 빠뜨렸습니다. 그는 나중에 자기를 비난하고 살인자에게 정통성을 부여하는 대법원을 옹호했고, 자기를 위법이라고 선언하고 권력 찬탈자에게 기꺼이 자리를 양보하는 의회를 옹호했으며, 자기가 총검을 쓰지 않고 끝장내려고 했던 썩은 체제를 옹호했고, 영혼을 파시즘에 팔아먹은 야당의 자유를 옹호했기 때문에 결국 자신이 총을 들고 싸우는 처지에 빠져버렸던 것이죠. 그 사건은 칠레인에게 불행한 드라마였습니다. 하지만 그것은 동 시대의 모든 사람이 관계된 역사적 사건이었죠. 영원히 잊혀지지 않을 거예요.
—오르텐시아 부시 아옌데 여사(아옌데의 부인)의 증언.
—젊은 시절의 부부 사진.
—아옌데 여사가 자기 서재로 안내한다.
—아옌데와 함께 활동하던 딸 베아트리스의 사진.
아옌데 여사 : 그분을 처음 만난 것은 1939년 1월 25일 밤이었어요. 그날 치얀을 중심으로 대지진이 발생했죠. 그것은 '치얀 지진'이라고 알려져 있어요. 그분은 프리 메이슨(비밀공제

결사회)에서 돌아오는 중이었지요. 그분은 당시에 젊은 의사로 활동하다가 보건상으로 입각해 일하고 있었어요. 나는 그날 영화를 보러 갔죠. 그날 밤에 우리 두 사람은 우연히 만났어요. 그때부터 교제가 시작되었죠. 그분은 담요와 의약품 등의 구호 물자를 싣고 몇 번이나 치안으로 갔어요. 그분이 들려준 지진의 참상에 큰 충격을 받았던 기억이 나는군요. 그러다가 1940년에 결혼을 하고 다음해 1월에 딸을 낳았습니다. 여기가 내 서재인데 그동안 모아온 책과 사진이 정리되어 있어요. 그분과 딸 베아트리스의 추억이 간직된 물건들이죠. 베아트리스는 1977년 10월 11일 아바나에서 죽었습니다. 다행히 그애가 생전에 아버지와 함께 찍은 사진들을 모아서 보내주었어요. 그애는 모네다 궁에서는 딸이라기보다는 남편의 훌륭한 협력자였지요. 그애는 아버지의 죽음을 결코 받아들이지 않았어요.

─뉴스 릴, 밤늦게까지 거리에서 열광하는 군중들. 불꽃이 밤 하늘을 수놓는다.

리틴의 내레이션: 1970년 9월 4일, 아옌데가 대통령 선거에서 승리함으로써 과거와는 다른 종류의 혁명이 시작되었다. 그것은 사회주의를 향한 칠레적인 방식이었다.

─피델 카스트로 쿠바 수상의 증언.

카스트로: 아옌데는 당당한 사람이었습니다. 항상 자신감에 차 있었어요. 그는 정계의 기사(騎士)였습니다. 고결하고 진실되고 언변이 뛰어난 사람이었죠. 게다가 대단한 지성의 소유자이기도 했습니다. 그는 자신이 이루어야 할 일에 아주 탁월한 정열을 쏟아부었습니다. 그리고 인생의 마지막 순간에 그

는 자신이 위대한 인간성의 소유자임을 보여주었지요.

　　—뉴스 릴, 연설하는 아옌데.

　아옌데 : 내빈 여러분! 여러분은 우리 나라의 가난한 모습을 직접 보셨습니다. 칠레 역사의 전환점을 맞아 인민이 자신의 손에 운명을 쥐고 사회주의를 향한 민주주의의 길을 걷기 시작했습니다. 이제 봄을 맞이한 칠레는 온 세계 사람들과 형제가 되기를 원합니다. 이 점을 꼭 전해주십시오.

　　— 'ITT(국제전신전화 회사)' 등의 사진.

　리틴의 내레이션 : 아옌데는 대통령에 당선되기 이전부터 선거에 이기는 것도 힘들지만 정권을 담당하는 것은 더욱 어려운 일이라고 말해왔다. 실제로 아옌데 정권이 발족하자 국내 독점 자본과 다국적 기업은 반(反)아옌데 음모를 꾸미고 있었다. 그들은 중남미와 제3세계 나라들이 칠레의 길을 따르는 것을 두려워했기 때문이다.

　　—뉴스 릴, 연설하는 아옌데.

　아옌데 : 개발도상국들은 더 이상 외채의 중압을 견디낼 수 없습니다. 개발도상국들은 칠백오십억 달러의 외채를 안고 있습니다. 이제 원리금 지불은 불가능합니다. 개발도상국들의 국민들은 기아, 실업, 주택난, 무지에 신음하고 있습니다. 원리금 지불에 응한다면 기아는 더욱 심각해지고 발전은 저해받을 것입니다.

　　—필름 편집실에서 증언하는 아옌데 대통령의 전 보좌관 후안 가르세스.

　가르세스 : 쿠데타가 일어나기 전 몇 개월 동안 대통령은 폭력이 확대되는 것을 크게 우려하면서 어떻게 하든 그것을 막

으려고 애썼습니다.

―앞의 뉴스 릴이 계속되고, 연설하는 아옌데.

아옌데 : 우리는 제국주의자들에게 분명히 경고했습니다. 우리를 굴복시키려 하지 말라, 우리가 자신의 운명을 개척해나가는 것을 막지 말라고 말입니다. 우리는 폭력을 바라지 않습니다. 그렇지만 반혁명과 반동의 폭력에 대해서는 우선 법을 적용해서 응징하고 그래도 안 되면 혁명적인 폭력을 행사할 것입니다.

―뉴스 릴, 아옌데 정권 3주년 기념 집회. 노래, 구호, 환호성으로 아옌데 지지 의지를 표시하는 군중들, 그에 답하는 아옌데.

리틴의 내레이션 : 1973년 9월 4일, 수많은 군중이 산티아고 거리를 메웠다. 그날은 대통령 선거 승리 3주년이 되는 날이었다. 아침부터 밤늦게까지 수십만 군중이 아옌데 앞에서 행진했다. 그러나 그날 밤 사람들의 기대에도 불구하고 아옌데는 연설하지 않았다. 연설은 일 주일 후 9월 11일에 행해졌다.

―모네다 궁으로 이어지는 산티아고의 조용한 거리.

리틴의 내레이션 : 1973년 9월 11일, 그날 아침의 산티아고를 나는 거의 기억하지 못한다. 길게 이어진 잿빛 거리는 안개에 휩싸여 있었다. 도시의 공기는 불투명했다. 그리고 그날 모든 것이 갑자기 국방색으로 변했다. 나무들이, 공원이, 생활이, 특히 죽음이. 괴로운 회상이다. 뭐라고 말하면 좋을까. 그날부터 우리들의 시간은 파괴되고 기억은 영원히 단절되었다.

―복구된 현재의 모네다 궁.

―모네다 궁의 아름다운 내부 모습.

리틴의 내레이션 : 그들은 아옌데의 흔적을 지우기 위해 모네

다 궁의 모습을 완전히 바꾸었지만 그의 추억은 생생하게 되살아난다. 우리는 그의 모습을 새로 복구된 궁의 그 어느 방에서나 느낄 수 있다. 네루다는 이렇게 쓰고 있다.

"공중 폭격이 가해진 후 탱크가 몰려왔다. 수많은 탱크가. 단 한 사람과 싸우기 위해. 과연 용맹스러운 군대다. 아옌데는 집무실에서 기다리고 있었다. 위대한 정신만을 가슴에 품고 화염 속에서. 그들은 이 절호의 기회를 놓칠 수 없었다. 아옌데를 벌집으로 만들어버려! 사임하지 않을 테니!"

 —의사 다니로 발트린의 증언.

발트린 : 아침 여섯 시쯤이었어요. 혼란스럽기 이를 데 없었죠. 발파라이소에서 해군의 일부가 반란을 일으켜 산티아고로 진군 중이라는 것을 알고 있었어요. 아옌데는 경찰군에 그들의 진군을 저지하라고 명령했어요. 육군의 브레이디 장군에게도 얘기했습니다만 그는 반란군에 대한 정보를 가지고 있지 않다고 보고했어요.

 —편집실에서 증언하는 가르세스.

가르세스 : 아옌데가 일곱 시 삼십 분에 모네다 궁에 들어왔을 때 그가 알고 있었던 사실은 발파라이소에서 해군의 일부가 반란을 일으켰다는 것뿐이었어요. 산티아고 주둔 사단장 브레이디 장군은 일곱 시 십오 분에, 육군은 정부를 지지하며 반란군 진압에 나섰다고 아옌데에게 보고했죠. 일곱 시 삼십 분 아옌데가 모네다 궁으로 들어왔을 때, 경찰군 사령관들은 모두 모네다 궁에 모여 그곳을 지키고 있었어요. 여덟 시 삼십 분에서 아홉 시 사이에 육군이 반란군에 합류하고 경찰군 사령관이 경질되었음이 차츰 밝혀졌던 거죠.

—필름 편집실에서 증언하는 아옌데 대통령의 주치의 오스카르 소토.

—모네다 궁의 외부 모습.

소토 : 일곱 시 삼십 분경, 아옌데로부터 반란이 일어났으니 급히 모네다 궁으로 들어오라는 전화를 받았어요.

—아옌데 대통령의 전 비서 밀리아 콘트레라스(여인)의 증언.

콘트레라스 : 대통령이 사저에서 모네다 궁으로 떠났다는 사실을 차에서 라디오를 통해 들었어요. 이탈리아 광장 안쪽은 통행이 금지되어 있었기 때문에 도심으로 들어가지 못한 차가 되돌아나오더군요.

—뉴스 릴. 완전무장한 군인들이 트럭을 타고 이동한다. 탱크도 보인다.

—무전을 받는 목소리.

통신병 : 부서 1에서 부서 5로. 파트리시오로부터 아우구스토에게로.

피노체트 장군 : 뭐요?

카르바할 제독 : 자살은 역선전이었습니다. 지금 무관과 얘기하고 있습니다.

—발트린, 소토, 가르세스의 증언이 계속된다.

발트린 : 상황은 혼돈스러웠습니다. 아옌데는 정보 수집에 힘썼지만 상황을 확실하게 파악할 수는 없었지요.

소토 : 백방으로 수소문을 해보았지만 사태의 전모는 전혀 손에 잡히지 않았습니다. 그렇지만 전반적으로는 낙관적인 분위기였죠.

발트린 : 여덟 시 삼십 분, 군사평의회의 성명 제1호를 듣고
서야 아옌데는 4군이 모두 쿠데타에 가담하고 있다는 사실을
알게 되었습니다.

가르세스 : 군사령부의 배신에 대해 아옌데는 아주 현실적인
반응을 보이더군요. 내가 아옌데에게 물어보았습니다. "각하,
한 연대도 빠지지 않고 모두 가담했습니까?" 그는 착 가라앉
아 있었습니다. "그렇다네." 방 안에는 우리 두 사람뿐이었습
니다. 그는 테이블에 한 손을 얹고 멀리 창 밖으로 시선을 돌
리면서 되뇌더군요. "세 사람이 나를 배신했어. 세 사람이 나
를 배신······."

—모네다 궁. 카르바할 제독이 무전을 받는 목소리가 화면에 겹
 친다.

카르바할 제독 : 곧 폭격이 있으므로 경찰군에게 모네다 궁에
서 철수하라고 전했죠.

—발트린, 소토, 콘트레라스의 증언이 계속된다. 증언하는 동안
 현재의 모네다 궁의 모습이 여기저기에 삽입된다.

발트린 : 해군과 육군의 대통령궁 무관은 공군의 산체스 무관
에게 대통령께 항복을 촉구하라고 얘기했습니다. 곧 회담이
시작되었죠. 나도 그 자리에 있었습니다만 무관들의 요구로
퇴장했어요. 그러나 문틈에 귀를 대고 안에서 오가는 이야기
를 들었습니다. 모두들 문 앞에서 대기하고 있었어요. 대통령
을 혼자 군인들과 있게 하는 것이 걱정스러웠기 때문이죠. 무
관들은 "쿠데타에 전군이 다 가담하고 있습니다. 승산이 전혀
없으므로 항복합시다"고 주장했습니다. 그러나 아옌데는 "나
는 항복하지 않겠네. 자네들은 임무를 다해서 상관의 명령을

따르게. 모네다 궁에서 철수해도 좋아"라고 말했습니다. 육군과 해군 무관은 안절부절못하더군요. 한편 공군 무관은 대단히 감동하는 기색이었습니다. 육군과 해군 무관은 처음부터 쿠데타에 관련되어 있었던 것 같습니다. 그에 반해 산체스 무관은 충격을 받고 있더군요.

소토: 산체스 무관이 이 층에서 내려와 내게 말했습니다. "각하께 국외 탈출용 비행기 제공을 상신했지만 단호히 거절하셨습니다"라고요.

콘트레라스: 아옌데는 자신이 모네다 궁을 살아서 나가는 일은 없을 거라고 항상 말해왔죠.

—뉴스 릴, 연설하는 아옌데, 환호하는 군중.

아옌데: 나는 구세주나 순교자가 아닙니다. 나는 사회운동가로서 인민이 내게 맡긴 임무를 수행할 뿐입니다. 하지만 다수의 의사를 무시하고 역사의 흐름을 거스르는 자들에게 분명히 말해두겠습니다. 나는 한 발자국도 물러서지 않겠습니다. 끝까지 임기를 채운 후에 모네다 궁을 떠나겠습니다. 인민의 강령을 실현하려는 내 의지를 꺾으려면 나를 벌집으로 만들지 않고서는 불가능할 것입니다.

—가르세스, 발트린, 콘트레라스, 소토의 증언이 계속된다.

가르세스: 비상 사태에 대비해서 세 개의 라디오 방송국과 직통 전화가 가설되어 있었어요. 그날 아침에는 일곱 시 삼십 분부터 국민들에게 호소했습니다. 그러나 방송국도 폭격으로 하나 둘 불통이 되고 아홉 시 십오 분에는 마가야네스 방송국만이 연결될 뿐이었어요. 그 방송국을 통해 아옌데 대통령의 마지막 연설이 나갔습니다.

발트린 : 아옌데는 총을 책상 위에 놓고 마가야네스 방송국에 전화를 걸었습니다. 좀처럼 통화할 수가 없더군요. 간신히 연결이 되었을 때, 아옌데가 이렇게 말했습니다. "나는 대통령이오."

가르세스 : 긴장된 분위기였습니다. 총탄 때문에 모든 출입문과 창문이 잠겨 있었어요. 민간인들만 서른 명 정도가 총탄을 피해서 벽 틈에 몸을 숨기고 있었죠. 아옌데는 수화기를 들고 항상 그러했듯이 즉흥적으로 연설을 시작했지요. 모두들 가슴이 미어져 잔기침소리 하나 들리지 않았어요. 우리는 생사의 기로에 놓여 있다는 것을 감지하고 있었지요.

콘트레라스 : 가장 인상에 남는 것이 그 당시 대통령의 얼굴입니다. 그것이 인민과 얘기하는 마지막 순간이라는 것을 그 자신도 알고 있었죠. 이윽고 마지막 연설이 시작되었어요.

소토 : 아옌데는 군이 법 준수의 전통을 파괴했다고 비난했어요. 그리고 군사평의회에 대해 언급하면서 멘도사 장군의 이름을 들어 그가 바로 며칠 전만 해도 입헌 정부에 충성을 서약했던 일을 얘기하고 그를 비열한 군인이라고 공격했습니다.

콘트레라스 : 올리바레스 등 측근들의 모습과 얼굴이 지금도 선하게 떠오르는군요. 모두 눈물을 흘리고 있었습니다. 가슴이 찡하더군요. 아옌데는 사랑했던 인민과 작별하고 있었습니다.

―모네다 궁을 습격하는 쿠데타 군대.

―무전을 하는 목소리.

카르바할 제독 : 브레이디 장군은 모네다 궁에서 철수하는 부대에 발포하지 않는다는 것을 알고 있었습니다.

피노체트 장군 : 알았소. 3군 사령관이 항복을 권고하러 간다고 해군 참모차장이 전화로 전해왔소. 그새끼, 밟아죽여버려요. 항복하면 국방성으로 오면 되오. 열한 시 정각에 폭격하고, 그후 보병부대가 진격하시오.

―소토, 콘트레라스, 발트린의 증언이 계속된다.

소토 : 군의 무선에서 폭격이 열한 시부터라고 하더군요. 열시 삼십 분쯤 아엔데는 전원을 이 층으로 불러놓고 말했습니다. "나는 인민이 선출했으므로 사임을 하지 않겠소. 항복도 하지 않아요. 싸우겠소"라고요.

콘트레라스 : 당시 대통령과 함께 있었던 사람들의 얼굴이 떠오르는군요. 수가 상당히 많았어요. 대통령은 내보내야겠다고 생각한 사람들을 내보냈어요.

발트린 : 열한 시 조금 전에 일종의 휴전 상태가 되었어요. 대통령은 전원을 소집했죠. 그리고는 무기를 다룰 수 있는 사람만 자기와 남고 나머지는 모네다 궁을 빠져나가라고 명령했어요.

콘트레라스 : 아엔데는 "나는 여기를 떠나지 않겠소. 항복도 하지 않아요. 그러나 헛된 희생도 원치 않소"라고 얘기했습니다.

발트린 : 모네다 궁이 탱크로 포위되고 양쪽에서 보병이 진격해오고 있음을 안 대통령은 전투 준비를 지시했지요.

콘트레라스 : 가슴이 뛰었어요. 살아남을 것인지 죽을 것인지를 선택해야 할 순간이었으니까요.

발트린 : 우리는 일 층과 이 층으로 흩어졌어요. 그때 헬기가 보이더군요. 아엔데는 전투 준비를 명령했어요. 궁 안에는 여

자가 여덟 명 있었어요. 아옌데의 두 딸도 있었는데 한 명은 임신 팔 개월이었어요. 여자들도 모네다 궁을 떠나고 싶어하지 않았죠. 아옌데는 나에게 여자들을 데리고 나가라고 명령했어요. 나는 모란데 가(街)의 통로까지 따라가서 여자들이 시청 건물로 가는 도로를 무사히 횡단하는 것을 보고 돌아왔죠. 여자들이 빠져나가자 아옌데는 적이 안심하는 모습이더군요. 그런데 모네다 궁에는 아직 두 명의 여자가 남아 있었어요. 한 사람은 우연히 남게 된 내무성의 비서였고, 또 한 사람은 이름이 밀리아 콘트레라스였는데 우리가 '파이타'라고 부르는 여인이었어요.

콘트레라스 : 난 그때 다른 동료와 함께 남아서 대통령의 곁을 지켜야 한다고 결심했죠.

발트린 : 그때 아옌데는 전화 수화기를 옆에 내려놓고 있었기 때문에 국방성의 통화 내용을 들을 수 있었어요. 바예사 장군의 부하들이 전화로 얘기하고 있었는데, 남은 거점은 모네다 궁밖에 없고, 육상과 공중에서 모네다 궁을 파괴시킨다는 내용이었죠. "쥐새끼처럼 박살을 내주겠다"고 하더군요. 피노체트는 한때 아옌데에게 회담을 제의했습니다. 그러나 아옌데는 얘기하고 싶으면 모네다 궁으로 오라고 전했습니다. 물론 피노체트는 오지 않았죠.

― 모네다 궁 아옌데의 스틸 사진.

― 피노체트 등의 무전 목소리.

피노체트 장군 : 무조건 항복이오. 의논할 여지가 없소.

카르바할 제독 : 그러면 국외 탈출 제안은 아직 유효합니까?

피노체트 장군 : 아직 유효하오. 그러나 비행기를 비행 중에

격추시켜요!

　—발트린, 콘트레라스, 소토의 증언이 계속된다. 모네다 궁을 향해 방아쇠를 당기는 반란군, 응전하는 모네다 궁 사람들, 철모를 쓴 아옌데의 사진 등의 영상이 흐른다.

발트린 : 우리는 바주카 포로 탱크 두 대를 파괴시켰어요. 탱크는 백 미터쯤 후퇴했다가 다시 포탄을 퍼부으며 다가왔어요. 아옌데는 식당 바닥에 엎드려서 알라메다 거리의 반란군에게 사격을 가했지요. 그는 남아 있는 전투원을 지휘하며 사격을 멈추지 말라고 명령했어요.

콘트레라스 : 아옌데는 소총을 들고 창문으로 가서 응사하기 시작했어요. 대통령이 다치면 안 되었기 때문에 몇 사람이 억지로 아옌데를 창가에서 떼어놓았죠.

발트린 : 열두 시 십 분 전쯤 비행기 소리가 나더니 이내 폭탄 터지는 소리가 들렸습니다.

　—제트기가 날아와서 로켓탄을 떨어뜨린다.

　—폭탄을 맞아 불길이 솟구치는 모네다 궁.

　—무전 소리가 흐른다.

피노체트 장군 : 열두 시 정각에 모네다를 공격하시오. 그자가 아직 항복을 하지 않고 있소. 놈은 탱크 속에 숨었소?

카르바할 제독 : 아닙니다. 아닙니다.

피노체트 장군 : 알았소. 놈이 빠져나가지 못하도록 하시오. 공격 준비! 완전히 개죽음을 만들어놓겠소.

　—발트린, 소토, 콘트레라스의 증언이 계속된다.

　—폭격에 맞아 불길이 치솟는 모네다 궁. 모네다 궁을 습격하는 반란군, 거리에 쓰러져 있는 모네다 궁 직원들, 뉴스 릴, 스틸

사진.

발트린 : 두 대의 비행기가 모두 열네 번 날아왔어요. 폭탄이 스물여덟 발 떨어졌죠. 폭격은 약 삼십 분 간 계속되었습니다.

소토 : 정오에 폭격이 시작되었을 때 우리는 이 층에 있었어요.

콘트레라스 : 아옌데는 우리를 일 층으로 내려보냈어요. 그 편이 더 안전하다고 판단했던 거죠. 아래층을 자신의 몸으로 감싸고 우리를 지키려는 마음에서였어요.

소토 : 폭격으로 근처에서 대폭발이 일어났어요. 창, 출입문 할 것 없이 모네다 전체가 파괴되었지요. 화재가 발생해서 연기가 자욱하고 뜨거운 불기운 때문에 이제 더 이상 건물 안에 있을 수가 없었어요.

콘트레라스 : 그 당시 우리의 기분을 이해하겠습니까? 비행기는 포탄을 쏟아붓고, 눈앞에는 탱크가 진을 치고 있고, 국방성 쪽에서는 총알이 핑핑 날아왔어요. 발파라이소에서는 해군이 반란을 일으키고 있었어요. 아옌데는 단 한 주먹도 안 되는 사람으로 육·해·공군 전체를 상대했던 거죠. 너무나 일방적인 전쟁이었어요.

발트린 : 나는 사람들이 걱정되어서 아래층으로 내려갔어요. 바로 그때 정원과 모란데 가에서 군인들이 들이닥쳤어요. 열다섯 내지는 스무 명 정도의 완전무장한 군인들이었는데 미친 듯이 날뛰더군요. 사람들을 쓰러뜨리고 개머리판으로 찍는 것이었어요. 순식간에 서너 명이 포로가 되었죠. 아마 우리가 제일 먼저 사로잡혔을 거예요.

콘트레라스 : 살아 있는 아옌데를 마지막으로 본 것은 오후 두

시경이었어요. 나는 포로가 되어 일 층에 있었는데, 그들은 나를 일으켜세우더니 대통령과 얘기해보라면서 이 층으로 데리고 가더군요. 대통령은 바로 몇 미터 앞에 있었지만 격렬한 폭음 때문에 내 목소리를 알아듣지 못했어요. 좀더 가까이 갔죠. "무슨 일인가?" "각하, 항복하고 밑으로 내려오시라고 합니다." 그게 마지막이었어요.

    콘트레라스 : 그때는 이미 완전한 전쟁 상태였어요.

    발트린 : 군인들은 우리를 바깥으로 끌어내고 계단을 오르기 시작했어요. 그들은 이 층에 대고 오 분 간 여유를 줄 테니 항복하고 내려오라고 대통령에게 최후 통첩을 하더군요.

    콘트레라스 : 그때 대통령은 독립선언서를 응시하더니 그것을 벽에서 떼어내도록 지시했어요. 그리고 그것을 내게 건네주며 이렇게 말했습니다. "여기에서 살아서 나갈 수 있는 사람은 바로 자네뿐이네. 이 선언서를 무사히 가지고 나가야 하네. 이것만은 남아야 할 것 아닌가." 나는 독립선언서를 가지고 계단을 내려왔어요. 그러나 군인들이 개머리판으로 나를 난타하고서 그것을 빼앗아갔습니다. 나는 "찢지 마!" 하고 외쳤지만 아무 소용이 없었습니다. 증오심에 불타던 그들은 그것이 독립선언서인지 뭔지 알 턱이 없었지요. 무식한 군인들이었으니까요.

    소토 : 밖으로 나온 우리들은 팔을 뒤로 묶인 채 모란데 가의 출입구 옆에 집합해 있었어요. 옆 사람이 울고 있어서 왜 그러느냐고 물어보았죠. "각하께서 돌아가셨⋯⋯." 이 층에서 격렬한 총성이 들려온 지 얼마 안 되어서의 일이었죠.

    — 군용 트럭에 수용된 모네다 궁의 사람들.

―카르바할 제독의 무전음.

카르바할 제독 : 보병부대가 이미 모네다 궁에 진입했다고 합니다.

―콘트레라스, 발트린의 증언.

콘트레라스 : 9월 11일은 칠레 역사에서 암흑의 날이었죠.

발트린 : 잠시 후 소방차가 와서 불을 끄고 아옌데의 시신을 꺼내갔어요.

―시체를 옮기는 반란군의 스틸 사진.
―무전을 교환하는 목소리.
―화면은 검게 변하고, 피노체트의 목소리만 울린다.

카르바할 제독 : 혼선의 염려가 있으므로 영어로 얘기하겠다. 아옌데는 죽었다. 알았는가?

부서 : 알았습니다.

카르바할 제독 : 가족을 태울 비행기는 이제 서두를 필요가 없겠죠.

피노체트 장군 : 상자에 하나하나 쑤셔박아서 가족들을 모두 비행기에 태워버리죠. 어디 적당한 데 묻어버리라고, 쿠바라든지······. 이 자식 끝까지 처치 곤란이군.

―소토의 증언.

소토 : 나는 모네다 궁에 남았어요. 그게 나의 의무였으니까요. 오랜 기간 주치의로서 언제나 대통령과 함께 있었어요. 그러므로 모네다 궁은 내가 남아 있어야 하는 곳이었어요.

―질문하는 리틴, 대답하는 콘트레라스.

리틴의 목소리 : 9월 11일에 무엇을 빼앗겼다고 생각합니까?

콘트레라스 : 수없이 많습니다. 인생 그 자체라고 말할 수도

있겠죠. 우선 스무 살 된 아들을 잃어버렸어요. 총살당했죠. 가족도 뿔뿔이 흩어졌어요. 그리고 나는 칠레에서 살아갈 권리마저 빼앗겼지요. 하지만 마음은 언제나 칠레에 가 있어요. 세계의 끝이라는 칠레라는 나라에 말입니다.

　―콘트레라스의 슬픈 얼굴이 비치고 아옌데의 마지막 연설이 들린다.

아옌데의 목소리 : 역사의 전환점에서 나는 인민의 충성에 대해 내 생명을 바쳐 보답합니다. 우리가 수많은 칠레 인민들의 가슴에 뿌린 씨앗은 반드시 싹을 틔우게 될 것입니다. 적의 힘은 강대합니다. 적은 우리를 굴복시킬 겁니다. 그러나 사회의 진보는 범죄와 무력으로써는 결코 막을 수 없습니다. 역사는 우리들의 것입니다. 역사는 민중이 창조하는 것입니다. 곧 다시, 역사의 큰 길이 열려 자유를 찾은 사람들이 보다 나은 사회를 향해 전진하는 날이 반드시 올 것입니다.

　칠레 만세!

　칠레 인민 만세!

　칠레 노동자 만세!

　―결연히 반란군과 대치하는 아옌데의 사진.

　―콘트레라스의 증언이 이어진다.

콘트레라스 : 살바도르 아옌데는 그날 자신이 칠레의 역사가 되고 있다는 것을 확신했습니다.

　―반란군에게 검문당하고, 체포되고, 연행되고, 학살당하는 시민들의 스틸 사진..

　―파괴된 모네다 궁 내부.

　―아옌데 여사의 증언.

아옌데 여사 : 기억하기조차 괴롭군요. 그러니까 9월 12일 아침이었어요. 그분이 돌아가신 다음날이죠. 비냐델마르는 쾌청했습니다. 장례행렬은 슬픔에 싸인 채 산타이네스 묘지에 도착했어요. 묘지로 난 좁은 길을 오르는데 총을 든 군인들이 그곳 전체에 깔려 있더군요. 마치 우리가 못할 짓을 하는 것처럼 말입니다. 남편의 관을 매장하기 전에 나는 근처 묘지에 놓인 꽃을 가져와 관 위에 던져넣었습니다. 몇 명의 군인들이 지켜보고 있었기 때문에 나는 묘지기들에게 살며시 말했습니다. "지금 묻히는 사람은 대통령 살바도르 아옌데입니다. 이분은 어제 모네다 궁에서 운명하셨습니다. 국민들에게 알리고 싶지 않아 이렇게 식도 없이, 깃발도 없이, 꽃도 없이 보내드리고 있는 것입니다."

─뉴스 릴, 슬픔을 깨물고 아옌데의 유체를 묻는 사람들.

─비탄과 분노에 몸을 떠는 시위 군중들.

─탱크가 시위대를 감시한다.

리틴의 내레이션 : 수많은 사람들이 두려움을 떨치고 아옌데와 네루다의 유체를 지켰다. 네루다와 아옌데가 땅에 묻힘과 동시에 칠레 역사의 깊은 곳으로부터 민중의 반란이 솟구쳐 올랐다.

십삼 년 간 독재자는 단 하루도 마음 편히 지낼 수 없었다. 칠레의 양 끝은 안데스 산맥과 바다, 네루다와 아옌데이다. 그 사이를 유구한 역사의 새로운 강이 흘러간다.

─벽을 가득 메운 거대한 글씨, 군정 반대 낙서가 벽을 따라 이어진다.

노랫소리(앙헬 파라).

─라빅토리아 지역 여인(1)의 증언.

여인 1 : 아옌데라는 이름은 희망의 단어예요. 그는 멋진 사람이었죠. 우리들의 대표로서 충실하고 정직하게 민중과의 약속을 지켰어요. "나를 모네다 궁에서 끌어내는 것은 죽음뿐이다." 그는 이처럼 자신이 말한 대로 행동했지요. 멋있게, 남자답게 모네다 궁에서 죽었던 거예요. 그리고 우리에게 유언을 남겼어요. 보다 나은 내일을 창조하는 사람들이 나타날 것이라는. 큰 길이 열리고 우리 모두가 그 길을 걸어갈 날이 올 것이라는.
— 여인(1)의 증언, 그녀가 웃는 표정에서 화면이 정지된다.
— 현재 칠레에서의 반정부 시위, 거대한 집회.
— 플래카드, 현수막을 불사르는 군중, 불타는 집, 칠레 국민의 분노만큼이나 거세게 타오르는 불꽃.

리틴의 내레이션 : 십삼 년 간의 독재 치하에서도 희망이 생겨났다. 미소를 머금은 가식 없고 완고한 한 남자의 손에서 펄럭이던 하얀 손수건 같은 희망이. 아옌데라고 불리는 그 남자는 예순네 살의 나이에도 불구하고 칠레에서 가장 뜨거운 정열에 불타는 청년이었다.

노랫소리(앙헬 파라)
사랑하는 그대여
이제 오고 있구나 새롭게 태어나는구나
아옌데여, 큰 길이 열린다
진실을 꿰뚫고
대지의 검은 밑바닥에서
사랑의 열매처럼

학대받은 자들의 영혼이 자라난다

봄이 오면 새벽 하늘에
깃발이 휘날리고
새로운 조국은
자라고 있다

거센 폭풍우에 꽃잎이 떨어져도
빛을 찾는 자는
반드시 어둠을 몰아낸다
생명으로 생명을
사랑으로 사랑을 지킨다

투쟁 속에서, 끝내는 한 길에서
다시 하나가 되어
꿈 속처럼
그대와 나는 부활한다

― 텅 빈 편집실.
― 검은 화면에 크레디트 타이틀이 올라간다.

■ 역자 후기

노벨문학상 수상작가와
진보적 영화감독이 쓴 칠레 현대사

1983년 모스크바 영화제에서 금상을 수상한 〈아르시노와 콘도르〉라는 니카라과 혁명에 관한 영화와 칠레에서 일어났던 실제 사건에 기초한 〈나우알토로의 표범〉이라는 영화로 국제적인 명성을 얻은 제3세계의 대표적인 영화감독이자 문화예술인인 칠레 출신의 영화감독 미겔 리틴(1942~)은 아옌데 정권하에서 국립 영화사 '칠레 필름'의 대표를 맡았다. 그러나 그는 1973년 9월 피노체트 군사 쿠데타가 발생하자 온 가족을 이끌고 정처 없는 망명의 길에 오른다.

망명지에서 답답하고 우울한 삶을 영위하던 그는 '잃어버린 조국'을 위해 영화감독으로서 할 수 있는 일이 무엇일까 고민한 끝에 군부 독재 치하의 칠레 현실을 고발하기 위해 우루과이 출신의 부유한 광고업자로 위장하여, 유럽에서 활동하고 있는 세 나라 영화 제작 팀과 함께 망명한 지 십이 년 만에 비밀리에 칠레로 잠입한다.

그는 경찰들의 물샐틈없는 감시 속에서도 신분을 노출시키지 않은 채 칠레에서 활동하던 비밀 조직의 청년들로 구성된 여섯 개 촬영 팀의 협조까지 받아가며 육 주일에 걸쳐, 칠레 역사의 과거와 현재가 드러나 있으며 독재 정권의 압제가 계속되고 있는 산티아고 중심지나 빈민가, 칠레 전역의 역사적인 현장, 그리고 당시 피노체트의 집무실이 있던 대통령궁 안까지 촬영하고 체포되기 직전에 무사히 출국한다.

온갖 우여곡절을 겪으며 비밀리에 촬영한 결과 무려 삼만 이천이백 미터에 이르는 방대한 분량의 필름이 소요되었고, 스페인으로 공수된 그 필름은 최종적으로 텔레비전 방영용 네 시간짜리 영화 한 편과 극장 상영용 두 시간짜리 영화 한 편으로 완성된다.

이때 스페인에 머물고 있던 노벨문학상 수상자이자 세계적인 대문호 가브리엘 가르시아 마르케스의 귀에 미겔 리틴의 소식이 들려온다. 현실과 허구를 뒤섞으면서 우화적인 방식으로 라틴아메리카의 뒤틀린 역사를 그려내며 중남미인들의 정체성을 문학예술로 승화시킨 '마술적 사실주의'라는 독특하기 이를 데 없는 글을 통해 기존 소설 구도에 새 바람을 일으키고 있던 가르시아 마르케스는 미겔 리틴을 만난다. 그는 미겔 리틴을 집요하게 설득해 약 일 주일에 걸쳐 인터뷰한 결과 그 동안의 감동적이고 흥미진진하고 긴박감 넘치는 모험이 열여덟 시간 분량의 테이프에 녹음된다.

가르시아 마르케스는 녹음 테이프에 수록된 약 육백여 쪽에 달하는 내용의 글을 자신의 탁월한 감각과 스타일을 투영시켜 소위 '취재 리포트적 일인칭 소설' 형식에 의해 백오십 쪽(스페인어 출판본 분량)으로 압축·기술해 출판한다.

　이상의 탄생 연원을 가지고 있는 이 책은 언뜻 보면 미겔 리틴이라는 어느 망명 영화감독의 개인적인 모험담이라고 할 수도 있다. 그러나 어느 면에서는 사만 명 이상이 죽고, 이천 명 이상이 행방불명되고, 백만 여 명이 추방당했던 비참한 군부 독재의 잔학상을 고발하는 그의 숭고하기까지 한 예술적 정열, 사회적 사명감, 그리고 인간과 삶, 조국에 대한 사랑이 대작가 가르시아 마르케스의 눈과 정신을 통해 융합·여과되어 나타난 결정체라고 할 수 있을 것이다. 이 책에는 작가의 기존 작품 속에서도 면면히 흐르고 있는 중남미 현실에 대한 문제 제기와 역사 의식, 그리고 중남미 사람들에 대한 애정이 한때 저명한 신문기자로 활동했던 작가의 간결하고 명쾌한 문체를 통해 잘 드러나 있다.

　또한 가르시아 마르케스 특유의 문장을 통해 자유분방한 예술가가 남의 눈을 속이기 위해 그토록 싫어하던 부유층 인물로 변장, 잠입해서 겪었던 여러 가지 흥미롭고 긴박감 넘치는 사건들이 생동감 있게 전달되고 있을 뿐만 아니라 위급한 상황에 처한 주인공의 심리가 뛰어나게 묘사되어 있어 마치 고급 스파이 소설이나 모험 소설을 읽고 있는 듯한 착각에 사로잡히게 될 정도다.

　장소를 옮겨가면서 진행된 영화 촬영 중 변장한 미겔 리틴이 비밀리에 작업을 지휘하는 모습과 각 촬영지에서 겪게 되는 여러 사건들, 각 촬영지와 연관된 역사적인 사실들과 그것에 관한 주인공의 독특한 해석, 주인공의 추억과 감회 등이 계속해서 묘사된다. 예를 들면, 길을 걷다가 우연히 만난 장모가 변장을 한 주인공을 알아보지 못하고 비켜지나가는 장면, 어느 지방 도시에서 수염을 깎으러 갔다가 생긴 에피소드, 칠레의 비밀 조직 지도자들과의 교묘하고 흥미로운 접선 과정, 비밀리에 시내를 돌아다니던 중 사복 경찰의 낌새를 눈치채고 숨어든 극장에서 스트립 쇼걸이 음탕한 장난을 걸어오자 진퇴양난에 빠져 난처해하는 장면, 독재자 피노체트가 집무실로 사용하는 모네다 궁을 촬영하러 들어갔다가 피노체트의 모습을 아주 가까이에서 보고 그의 목소리를 들은 일, 독재 정권의 비리를 발설할 장군을 만나기 위한 집요한 과정, 마지막 순간 칠레를 탈출하는 장면 등 흥미로운 모험이 다양하게 전개된다.

더불어 사회주의자로서 세계 역사상 처음으로 직접 선거를 통해 대통령에 당선된 살바도르 아옌데의 과거 행적과 그에 얽힌 비화, 그리고 민중 사이에 신화처럼 존재하는 그의 이미지 등이 과거 그의 곁에서 대통령 선거운동을 도왔던 미겔 리틴의 눈과 귀를 통해 우리로 하여금 마치 아옌데의 삶의 궤적을 직접 밟아보는 듯한 느낌을 갖도록 한다.

그리고 《스무 개의 사랑의 시와 절망의 노래 하나》라는 시집으로 우리 나라에도 널리 알려진, 칠레의 국민적 시인으로 추앙받는 노벨문학상 수상작가 파블로 네루다의 예술가로서의 삶과 그가 아옌데의 대통령 당선을 위해 대통령 후보를 사퇴하는 등 칠레 민주화를 위해 남긴 족적들이 감동적으로 전달된다.

이 책은 계엄령하의 칠레 상황에 대한 이야기이기 때문에 외부에서는 좀처럼 들여다볼 수 없는 군정 치하 칠레의 구체적인 모습을 살펴보는 데 중요한 자료가 될 것임은 두말할 나위가 없다. 더욱이 아옌데 정권 당시 문화예술계의 대표적인 인물로 활동했던 반체제 인물의 예술과 사회를 바라보는 시각뿐만 아니라 그만의 독특한 '영화' 촬영 과정에 대해 다루고 있기 때문에 일반 독자들뿐만 아니라 영화에 종사하거나 영화에 관심이 있는 독자들에게도 아주 흥미로우리라고 확신한다.

그리고 이 책은 창조적 상상력에 기반을 둔 마술적 사실주의의 대가인 가르시아 마르케스의 문학성과 기자로서의 현실고발성이 조화를 이루는 특유의 문학 형식에 속하는 작품이라고 할 수 있기 때문에 우리 나라의 가르시아 마르케스 애독자들에게 그의 기존 소설과는 다른 유형의 글쓰기에 대한 선을 보이는 작품이라고 할 수 있을 것이다. 더욱이 노벨문학상까지 받은 세계적인 문호가 왜 어느 망명 영화감독의 모험담을 글로 썼을까 하는 사실에 주목해본다면, 이 책의 존재 가치가 더욱 두드러진다고 할 수 있다.

어느 망명 영화감독의 모험을 통해 칠레라는 중남미 국가의 아픈 현실에 대해 이야기하고 있는 이 작품은 조국에서 추방당하는 설움과 고통을 처절하게 느꼈던 한 예술가가 그 역경과 좌절을 딛고 일어나 자신과 사회와 민족을 위해 얼마나 고귀하고 가치 있게 살아갈 수 있는가를 감동적으로 보여준다.

어찌 보면 이 책은 인간과 삶에 대한 진한 애정과 사회의 미래에 대한 진보적이고 독창적인 시각을 가지고 있는 영화감독과 중남미의 왜곡된 현실을 비판하고 중남미의 정체성을 추구하면서 그 끝없는 상상력과 창조력으로 미래에 대한 비전을 제시하고, 세계 문학을 선도하고 있는 한 위대한 작가가 새롭게 쓴 칠레 현대사라고 할 수 있을 것이다.

이런 여러 가지 특징 때문인지 라틴아메리카와 스페인에서는 이 책이 출판되자마자 베스트셀러가 되었고, 서구 여러 나라에서는 말할 것도 없고 가까운 일본에서도 번역 출판되어 독자들의 심금을 울린 바 있다.

이 책의 한국어 번역과 아울러 미겔 리틴이 '칠레 필름'의 대표로 활동하던 1970년대 초 뉴욕을 방문했을 때 가졌던 칠레 영화의 전망에 대한 대담 기사와 망명 후 칠레에 잠입해 만들었던 영화의 시나리오도 함께 싣는다. 이 두 가지 글이 한국의 관심 있는 독자들에게 보충적인 자료가 될 수 있을 거라고 판단했기 때문이다.

역자는 가르시아 마르케스가 태어나고 살았던 땅을 발로 밟으며, 역자와 함께 공부하던 칠레인 동료 유학생이 조그만 하숙방에서 기타를 치며 부르던 반독재 가수 비올레타 파라의 노래를 생각한다. 그리고 그때 느꼈던 가슴 짜릿한 감동에 이 책이 주는 감동을 더해, 아직도 독재의 잔재가 남아 삶을 왜곡시키고 미래를 불투명하게 하는 한국이라는 나라에서 살아가는 독자들에게, 진정한 민주주의의 실현과 살맛 나는 세상이 이루어지기를 기원하며 이 책을 소개하는 즐거움을 함께 누리고자 한다.

에필로그

　이 책은 1989년 지난 한 차례 잠시 출간되어 일부에게 소개된 바 있다.
　외부에서는 좀처럼 들여다 볼 수 없는 정권(군사, 독재)의 구체적인 모습을 벗겨내는데 다시없는 자료가 되는 것이다.
　다시 재 출간하게 된 동기는 불과 몇 년 전 우리의 입장과 별반 다르지 않다라는 사실 때문이며, 이 글이 한국의 관심 있는 독자들에게 보충적인 자료가 될 수 있을 거라고 판단했기 때문이다.
　인간의 삶에 대한 진한 애정과 조국의 미래에 대한 비전을 제시한다는 입장에서 이 존재가치가 더욱 두드러진다고 할 수 있다.
　아직도 독재의 잔재가 남아 삶을 왜곡시키고 미래를 불투명하게 하는 한국이라는 나라에서 살아가는 독자들에게 진정한 민주주의의 실현과 살맛 나는 참 세상이 이루어지기를 갈망하며 이 책을 소개하는 즐거움을 함께 누리고자 한다.